KB237600

한국교회를 향한
시대적 물음

한국교회를 향한 시대적 물음

초판 인쇄 2009년 6월 20일
초판 발행 2009년 6월 25일

지은이 이 억 주
발행인 이 명 수
발행처 도서출판 세줄(등록번호 2-4000)
　　　　서울시 중구 인현동 1가 111-6
　　　　☎ 02)2265-3749
총　판 선교햇불 ☎ 02)2203-2739 FAX. 2203-2738

저자 이메일　 hmj-1009@hanmail.net

ISBN 978-89-92211-19-2 03230

값 15,000 원

기독교정신 | 성직자의 입 | 탁상담화 | 하나님의 입

한국교회를 향한 시대적 물음

이 억 주 지음

도서출판 세줄

목 차

1부 기독교정신(Forums)

교회와 사회

언론과 방송의 도전

기독교와 안티기독교

성직자와 윤리

교회와 개혁

에피소드(Episode)

2부 성직자의 입(Interviews)

3부 탁상담화(Table Talks)

4부 하나님의 입(Sermon)

의로운 목소리의 결정체를 봅니다

김승동목사|한국교회언론회 대표, 구미상모교회

사랑하고 존경하는 이억주 목사님이 그 동안 한국교회를 사랑하는 마음으로, 의로운 목소리로 외쳤던 내용들을 하나로 모아 책으로 만들어 낸다고 하니 너무나도 반갑고, 기대가 됩니다.

목회자들은 보통 많은 글을 쓰는 편입니다. 특히 설교를 위한 글은 누구나 쓰는 일입니다. 그러나 복음적 시각으로 교회 문제와 사회 이슈에 대한 것을 깔끔하게 정리하기는 쉽지 않습니다. 글은 생각의 표현이지만, 생각한다고 모두 글로 다듬어져 이해되기 쉽게 묘사되는 것은 아닙니다.

그런데 이 목사님의 글을 보면, '어쩌면 이다지도 생각을 가지런히 잘 정리 할 수 있었을까' '아하! 이런 생각과 시각으로 바라보니, 충분히 공감이 되는구나' 하는 생각을 할 때가 많습니다. 이 목사님은 젊은 목회자이면서도, 지난 10여년을 말없이, 그리고 이름도 없이 빛도 없이, 교계에서 맹활약해 온 분입니다. 어떤 때는 방송에서, 어느 때는 신문에서, 어느 경우에는 토론의 장소에서, 한국교회를 위한 입장에 서 있었습니다.

　본인과는 한국교회단군상대책위원회에서 처음 만났는데, 일제의 신사참배 이래 가장 큰 우상숭배가 될 뻔한, 단군상 문제로 한국교회가 갈피를 잡지 못할 때, 이 목사님은 몇 날밤을 울면서 기도하여, 성명서를 만들어 조선일보 등 일간신문 전면에 한국교회 입장을 알리는 글을 올렸습니다. 한국교회가 단군상의 목을 자르고, 우상 숭배를 일방적으로 반대한다고 매도를 당하고 있는 상황에서, 일대 반전을 일으킨 놀라운 사건이었습니다.

　그 후에도 단군상 문제에 관하여, 교회를 위한 공과를 만드는데 결정적인 역할까지 하여 다시는 단군상 문제로 한국교회가 밀리거나 흔들리지 않도록 하는데 일등 역할을 했습니다.

　작년에는 모 지상파 방송의 예수를 부정하는 방송 때문에, 본인은 대책위원장으로서 언론중재위원회까지 가서 그 방송관계자들과 그야말로 주먹다짐 직전까지 가는 싸움 끝에 '유감' 표명을 받아내기에 이르렀습니다. 그 때에도 이억주 목사님은 논리와 격려로 본인과 함께 싸운 영적 전쟁의 전우였습니다.

　현재는 한국교회를 대변하고 홍보하는, 한국교회언론회에 본인은 대표이며, 이 목사님은 대변인으로, 탁월한 안목과 복음적 기준으로 모든 사안들에 대하여, 교회 입장에서, 분석하고, 평가하고,

입장을 전달하여 교계 안과 밖에서 한국교회의 입장은 무엇이냐고 물어 올 정도로 선명하게 역할을 잘 감당하고 있습니다.

예수님은 성경 마태복음 25장에서 천국을 말씀하시면서, 달란트 비유를 들었습니다. 하나님이 주신 달란트는 각자 다릅니다. 그런데 결과는 두 가지로 귀결됩니다. 하나는 '착하고 충성된 종'이고, 또 하나는 '악하고 게으른 종'입니다. 우리는 이 시대 하나님의 부르심을 따라 살아가고 있습니다. 그런데 어떤 분들은 복음의 본질적인 것에 최선을 다하려는 분이 있는가 하면, 어떤 분들은 비본질적인 것에 목숨 걸고 사는 분들이 있습니다. 이 목사님은 전자에 속한 분이라고 생각합니다.

이번에 이 목사님이 낸 책의 내용을 보면, 얼마나 처절하게 그리고 의롭게 싸웠는지를 보여 주는 대목이 많습니다. 그 글들의 이면에는 절박하고, 외롭고, 고뇌에 찬 순간들이 있었음을 기억해 주시기 바랍니다. 누구든지 생각과 말은 얼마든지 할 수 있습니다. 그러나 표현과 행동으로 하기는 결코 쉽지 않습니다. 거기에는 책임이 따르기 때문입니다.

정말, 앞으로도 이 목사님과 같은 분들이 한국교회에 많이 나와서 활동하게 되기를 바랍니다. 세상과 나는 간 곳 없고, 오직 주님만 높이는 분 들 말입니다. 앞으로도 이 목사님, 하나님 나라를 위하여, 한국교회를 위하여, 의로운 주먹 불끈 쥐고 교회보호! 주님 변증! 교회 개혁을 위해 힘차게 전진해 나가시기 바랍니다.

한국교회 지도자들과 교회를 사랑하는 모든 분들이 꼭 읽어야 할 귀한 책의 출간을 다시 한번 축하의 말씀을 전하며 적극 추천하는 바입니다.

명쾌한 해법을 제시한 내용들입니다

박영률목사(국가발전기독연구원, 교육학박사)

주님께서 귀히 여기시고 사랑하시는 이억주 목사님이 그 동안 교계와 사회가 난마(亂麻)같이 얽혀진 현실에 대하여 예리한 지성과 바른 판단으로, 분명한 문제 제기와 명쾌한 해법을 제시한, 그 동안의 글들을 모아 책으로 발간하게 된 것을 진심으로 기뻐하며 축하를 드립니다.

이 목사님을 처음 만나게 된 것은 아주 특별한 만남이었던 것으로 기억합니다. 그것은 어느 정신없는 사람이 가짜 단군상을 만들어 전국에 3천 6백 개를 세우기로 계획하고, 이미 368개를 제작하여 공공장소(공원이나 교정)에 세움으로, 사회적으로 큰 물의를 일으켰을 때, "가짜단군상건립반대대책위원회"에서 필자와 뜻을 같이 하면서부터 입니다.

그로부터 본인이 사무총장으로 있던 한국교회언론회(처음 명칭: 한국교회언론위원회)를 통해서 여러 가지 성경 진리에 어긋나는 일들이 일어날 때마다 우리는 뜻을 같이 하고, 마음을 같이하며 대응하게 되었습니다. 예를 든다면 축구국가대표팀 응원단의 명칭이 붉은 악마일 때, 모 일간지에서 "예수는 신화다"라는 책자를 출판하여 시중에 판매하고 있을 때, 판매를 중지시키는데 앞장서서 활동하였습니다.

한국교회언론회는 모 공영 TV 방송에서 교회의 단점과 약점만을 부각시켜 방영함으로 전도를 막고 한국교회에 해를 끼친다고 판단하여, 교계의 어른들과 함께 "한국교회언론대책위원회"를 결성하였다가 2001년에 새롭게 조직된 단체입니다. 이 단체를 만들 때도 이억주 목사님의 도움이 컸으며, 2008년에는 SBS '신의 길 인간의 길'이 방영될 때, 이억주 목사님과 필자는 앞장서서 이에 관한 문제점을 강력히 제기 했었습니다.

이같이 이억주 목사님과 필자는 한 결 같이 한국 교계의 현안문제가 생길 때마다 밤잠을 자지 못하며, 눈물로 기도하는 가운데 의기투합 했던 것입니다. 어떤 때는 새벽 2시에도 서로 통화하며 의견을 나누고, 기도했던 기억들이 지금도 생생합니다.

역사는 기록을 통하여 해석되고 전승되게 마련인데 작금의 한국 기독교계의 여러 문제가 일어날 때 마다 이억주 목사님은 한국교회언론회의 대변인으로서 한국 교회를 보호하고 대변하는 일에 앞장서고 계심에 대하여 얼마나 감사한지 모르겠습니다.

이 책을 읽음으로, 이억주 목사님과 이 목사님이 핵심적으로 일했던 한국교회언론회가 한국교회를 위하여, 어떻게 바른 대책과 명쾌한 대처를 했는지를 알게 되리라고 믿어 의심치 않습니다. 여기에 있는 내용 하나하나는 모두가 그 때마다, 긴급하거나 중요하지 않은 것이 없습니다. 이에 한국 교회의 지도자는 물론, 뜻 있는 성도들이 반드시 읽고 교계와 관련된 상황을 알아야 하겠기에 기꺼이 추천하는 바입니다.

우리시대 최고의 크리스챤 논객의 글

강정진 | University of Dordt 한국 총장

우리 시대 교계를 대표하는 탁월한 논객인 이억주(Jeremiah E. Lee) 목사는 일찍이 프랜시스 쉐이퍼(Francis A. Schaeffer), 헤이코 오버만(Heiko Oberman) 그리고 쟉끄 일랄(Jacque Ellul)의 사상에 천착(穿鑿)했다. 그는 리챠드 포스터(Richard J. Foster)가 일 갈한 '피상성(Superficiality)'을 우리 시대의 저주라고 보고 우리 시대에 절실히 필요한 것은 많은 수의 지성인이나 유능한 사람들이 아니라 "깊이 있는 사람들(man of profundity)"이라고 천명해 주고 있다.

그는 우리시대의 시대정신(Zeitgeist)의 핵심을 하나님을 주변부로 내몰아서 하나님이 매일매일 일상적인 삶을 영위하는데 개입하지 못하도록 밀어내는 경향성, 즉 초자연성에 대한 인정을 배제시켜 나가는 세속화(Secularization)로 간주하고 그것에 대해 온몸으로 저항하고 있는 사람이다. 진정 그에게 있어서 이 저항은 결코 정치·문화·사회적 문제가 아니라 영적(Spiritual)인 문제로 귀결되어 있다고 생각하고 있기 때문이다.

따라서 그는 17세기 경건주의자(Pietist)들이 딤후3:5을 근간으로 하여 주장한 슬로건의 하나인 "경건의 모양보다는 능력"을 (kraft gegen schein)강조하면서 이러한 '경건성의 부재'가 한국교회 위기의 배종(胚種)임을 절감하고 아픈 한국교회의 현실을 결코 상여꾼이 아니라 상주(喪主)의 슬픔을 지니고 애통해하는 영적인 지식인이다.

그리고 그는 지금의 한국교회의 위기를 전적으로 목회자의 몫으로 돌리고 그 역시 목회자로서 교회(Chapel)의 뿌리가 외투(Capella)라는 말에서 연원(淵源)했고 따라서 진정한 목회자(Chaplain)는 헐벗고 소외된 거지에게 외투 반쪽을 걸쳐주는 심정으로 교회를 섬기는 사람이라고 생각하는 사람이다.

포스트 모던 문화가 편만한 우리시대, "당신이 과거에서 기쁨을, 미래에서 소망을 가질 수 없다면 그저 현실에 만족하고 살아가라"고 부추기는 스탠리 그랜츠(Stanley Grenz)가 말한바 사회구조를 좀먹어버리고 있는 "갉아먹는 비관주의"(Gnawing Pessimism) 문화 속에서 온몸으로 그리스도의 주되심을 변증하는 이억주 목사의 글들은 진정 오늘을 살아가는 모든 그리스도인들에게 '심각한 시대'(Serious Times)에는 더욱더 '진지한 삶'(Serious Lives)을 요구하며 나아가 풀러(Fuller Theological Seminary)의 리처드 마우 (Richard Mouw)가 말한바 '비상한 정중함'(Uncommon Decency) 을 지니고 살아가야 함을 절감케 해 줄 것이다.

이와 같은 측면에서 이억주 목사는 실로 한국교회에 보내주신 하나님의 보배와 같은 존재라 믿어 의심치 않는다.

이 책은 이 심각한 위기의 시대를 향한 정말로 진지한 명령이라고 사료된다.

이 책 전체에서 드러나는 신학적 깊이와 면밀한 논리의 전개 그리고 정련(精鍊)된 사고는 이러한 다양하고도 중요한 주제들을 다루는 목회자나 주일학교 교사 그리고 성숙한 평신도들에게 큰 힘이 될 것으로 믿어 흔쾌히 본서를 추천한다.

저자 서문

현실의 정황을 토대로 하여 정말로 진지한 삶에 관한 통찰력 있으며 중심 깊은 글을 쓴다는 것은 대단히 험난한 과정이다.

항상 절감하는 일이지만 저술을 통해 하나님의 도구로 사용된다는 것은 필자에게 있어서는 너무나 과분한 선물이다. 하나님께서는 참으로 많은 방법으로 필자의 지성과 영성의 우물을 채우셨으며 필자가 그 물을 길어 많은 사람들과 나누길 원하신다고 믿는다.

필자가 본서를 집필함에 있어서 반드시 언급해야만 하는 사람들이 있다. 그들은 디트리히 본훼퍼 (Dietrich Bonhoeffer), 쟉끄 엘룰(Jacque Ellul), 아브라함 카이퍼(Abraham Kuyper) 그리고 프랜시스 쉐이퍼(Francis A. Schaeffer)등이다. 이 사람들은 이 세상을 향해 그들이 처해있는 삶의 자리에서 깨어 있는 지성과 하나님을 향해 생동력 있는 삶을 개혁주의적, 신칼빈주의적 그리고 복음주의적 관점으로 조화시키려 부단히 노력했던 역사속의 인물들이었다.

필자는 본서에서 하나님께서 하고 계시는 일의 최전선(front line)에 서며 쓰임 받는다는 것이 무엇인지 경험을 통하여 인식하게 되었으며, 나아가 그 전선이 얼마나 광범위한 것인가, 그리고 이 싸움, 이 전투가 얼마나 교묘하며 치열한 것인가 역시 절감하고 있다.

주님의 신들메도 진정 감당할 수 없는 목회자요 남들을 가르치기에 너무도 부족한 학자이며 언론인으로서 필자는 우리가 살고 있는 심각한 시대를 정말 진지하게 살아보려 애써왔다.

그리고 우리 시대를 효과적으로 분석한 책들이라고 생각되면 어떠한 책들이라도 섭렵하려고 애써왔다. 최근 십수년 이래 복음과 교회를 시대에서 제외하려는 기독교 안티세력들에 의한 공격은 우리 사회를 위험스럽게 하고 있다는 판단이다. 그동안 교회의 입으로서 활동한 한국교회언론회에 수고의 얼마만큼은 이 책에 담겨있다.

그러나 이러한 심각한 시대에 과연 우리는 어떻게 살아야 할 것인가?(Now How Should We Then Live?)라는 실제적 질문에 영적인 통찰까지 함유된 책은 그다지 많지 않았다.

필자는 본서를 통해 다음과 같은 답변을 모색하려고 했다. 이 책은 특별한 주제에 맞추어 새로 쓴 책이 아니라 시대의 이슈가 필자로 하여금 만들지 않으면 않되도록 강요한 글들이다.

이 책의 내용에는 다음과 같은 것들이 있다.

- 우리 시대 제기되는 문제들의 동기는 무엇이며 성경적, 신학적, 목회학적 대안은 무엇인가?
- 우리는 어떻게 하면 이 세상 속에서 진지하게 '왕을 위하여'(pro lege), 그리스도를 위하여 충성하며 세상을 향한 영향력을 발휘할 수 있겠는가?
- 그러면 우리는 어떻게 살아가야 하는가? 시대의 요구라는 위

장으로 공격해 오는 안티 세력들에 대하여 어떻게 맞설 수 있는가?

가슴아파하는 시대적 고민이 주님께 가까이 하는 통로가 되며, 피로써 사신 주님의 영광된 교회에 작은 기여가 되리라는 믿음이 있다.

제임스 화이트(James White)는 오늘을 살아가는 우리 그리스도인들에게 엄숙히 명령하고 있다. "어둠을 몰아내고 빛을 비추기 위해 당신은 피 흘리기까지 싸우라" 그러나 분명 우리가 싸우는 방식은 우리의 영혼의 깊이를 더하고, 경신성(輕信性)을 초극(超克)하여 우리의 지성을 계발하는 데까지 나아가야 한다.

"주님 우리의 교회를 성숙한 그리스도인들로 채워 주시되 나로부터 시작되게 하옵소서"

하나님께 더 큰 영광을 돌리며 (Ad Majorem Dei Gloriam)

주후 2009년 계절의 여왕 5월에

저자 이억주

1부

기독교 정신
(Forums)

한국교회와 목회자를 비난하고 비방하는 일이 유행처럼 번지는 시대에 침묵만 할 수가 없었다.

예수 그리스도의 구원복음, 진리소유권을 담보하고 있는 한국교회가 이제도 우리 사회와 민족에 희망임을 말하지 않을 수 없었다.

지혜로운 사람들은 좌우 살피느라 나서지 못하고 있었으나, 미련한 사람들은 주님의 교회를 위해서 다윗과 같아야 한다고 믿었다.

교인들 중에서도 어찌 그토록 용감하게 거룩한 주님의 교회를 비난할 수 있는 건지, 그리고 그들이 어떻게 양심세력이라고 추켜세워져야 하는 건지.

그러나 진정 주님을 사랑하는 이들이라면 상주(喪主)처럼 속으로야 어찌 눈물이 없었겠는가?

사회를 향해서는 기독교 선한 가치를, 교회를 향해서는 조심스런 진정성을 담은 외침이다.

교회와 사회

1. 주5일 근무제 논쟁

2001년 "한국교회 주5일 근무 절대 반대" 라며 정부의 노동정책에 교회가 반대하는 일에 대하여 다시 반대한 일은 참으로 고민이 많았던 일이다.

당시는 노사정위원회를 중심으로 주5일 근무제에 대한 논의가 진행되던 중이었고, 찬반 논란이 극심했다. 그 와중에 한국기독교총연합회(이하 한기총) 교회발전위원장 이모 목사는 조선일보에 주5일근무제를 반대한다는 내용의 "한국교회 주5일 근무 절대 반대"라는 글을 기고하여, 노동계의 거센 비판에 직면하게 되었다. 자칫 한국교회 전체가 주5일 근무제를 반대하는 것으로 비쳐져, 노동계가 한국교회를 적대적 세력으로 인식하여 돌이킬 수 없는 강을 건너게 하는 신호가 될 수 있는 상황이었다. 이런 위기감 속에서 필자는 주5일 근무제를 반대하는 것이 성경적인 것이 아니므로 한국교회가 반대할 이유가 없다는 것을 밝히기 위해 2001년 8월 23일 조선일보에 "교회 주5일 근무 반대 근거없다"는 반론의 글을 기고했다.

그 뒤에 한국복음주의협의회에서 "한국교회가 주5일을 절대 반대한다"고 하던 목사와 "한국교회 주5일 반대 근거 없다"고 주장하는 필자를 불러내서 이제는 얼굴을 맞대고 토론하라고 해서 한국여전도회 회관에서 서로의 입장을 발표했다.

그 분은 자타가 공인하는 한국교회의 대표적 신학자요 대 교회를 목회하는 분이다. 그런데 참으로 실망스러웠다. 그에 대한 것은 필자의 대응 글을 보면 이해 할 것이다.

참으로 어이없는 주장을 하는 것을 보면서 또 한 번 실망했다. 그 분은 현란한 수사를 사용하여 주5일이 비성경적이며, 국가와 사회를 위험에 빠뜨릴 것이며, 경제를 망하게 할 것이며, 교회를 텅 비게 할 것이라는 요지의 장광설(長廣舌)을 폈었다.

세월이 8년이나 지난 지금 그 분을 만나면 묻고 싶다. "정말 주5일 근무가 비성경적이고 한국교회와 사회를 위험하게 하는 정책이었다고 생각한 것이 옳은 것이었는가?" 그리고 "목사인 당신은 주 6일을 근무하고 있는가?", "주 6일 일해야 하기 때문에 휴가나 공휴일 없이 일하는가?", "인간은 진정 주 6일을 일하기 위해서 태어났는가?", "주5일 근무제를 실시하는 유럽 선진국들은 하나님의 계명을 어겼기에 지옥행인가", "지금 한국사회가 주5일 근무제를 실시하는데 천국에 들어가지 못할 사람들인가"

돌아 보건데, 교회 지도자인 목사의 잘못된 판단에 의한 그릇된 길안내가 교회를 얼마나 위험스러운 곳에 빠지게 할 수 있는가를 알게 한 하나의 중요한 사건이라고 생각한다.

복음 진리의 문제가 아닌, 국가 정책에 관한 일에 교회가 나서서 반대하는 것, 그것도 인류보편 정의에도 위반되는 일이라면 얼마나 큰 오점으로 남을 것인지를 생각할 때에 부끄럽기 짝이 없는 일이 될 뻔하였다. 필자의 주장에 반대편에 있었던 분은 동의하지 않을

지 모르겠으나 현대판 갈릴레오 사건이 될 뻔하였다.

교회 주5일 근무 시대를 생각한다
2002년 한국복음주의협의회

1. 주5일 근무제, 위기이며 기회

우리는 지금 큰 변화를 강요받는 시대 앞에 있다. 주5일 근무제 도입이 그것이다. 역사 이래로 한 번도 경험해 보지 못했던 일이기에 사회 환경의 큰 변화를 예견하여 두려워하는 이들도 있고 저항하는 계층도 있다. 주5일 근무는 사용주와 근로자뿐만이 아니라 교회 구성원들 사이에서도 뜨거운 논쟁과 비상한 관심이 되어있다. 찬성과 반대의 이견(異見), 환영과 우려의 목소리를 내는 데는 나름대로 이론적 근거를 가지고 있다. 그렇지만 교회는 부정적인 요소가 염려된다는 생각에서 반대의 목소리를 먼저 높이는 것은 옳지 못하다. 교회는 쟁점사안일수록 신중해야 하며 이익단체처럼 행동해서는 안 될 것이다. 이익단체처럼 행동하면 반드시 적을 만들기 마련인데 벌써 근로자들에게는 곱지 않은 시선을 받고 있다.

교회는 세상 사람들에게 희망을 주어야 하는데 연이은 바람직하지 못한 행동으로 인하여, 실망과 불쾌감 그리고 박탈감을 주고 있다는 인상이 깊어지고 있다. 어느 네티즌의 충고처럼 기독교가 주5일 근무를 반대한다면 실시하기도 전에 사람들의 마음이 기독교

에서 먼저 떠날지도 모른다. 그러므로 주5일 근무 문제는 교회의
위기일 수도 있고 반대로 기회일 수가 있다.

2. 주5일 근무 반대 주장, 성경적이 아니다

교회의 목소리와 행동의 근거는 언제나 성경을 우선하고 다음으
로 사회정의 그리고 보편적 가치에 두어야 한다. 주5일 근무 반대
론자들도 성경을 우선하고 있는 것으로 안다.

그들의 주장은 주5일 근무가 성경에서 명하신 십계명을 위반한다
는 것이다. 안식일을 지키되 일주일에 6일은 반드시 일을 해야만
십계명을 준수하는 것이라는 것이다. 그런데 그들의 주장은 성경
해석상의 오류를 지니고 있다.

출애굽기 20장 8절은 "안식일을 기억하여 거룩히 지키라"고 하
셨다. 이 말씀이 십계명 중에 네 번째 계명이다. 뒤를 이어서 나오
는 9절 이하의 말씀은 종속절 혹은 양보절로써 안식일을 어떻게 지
킬 것인가를 해석해 주고 있는 것이다. 그런데 그들의 주장은 9절
에 "엿새 동안은 힘써 네 모든 일을 행할 것이나"라는 말씀을 근거
로 해서 하나님께서 6일 동안 일하라고 하셨기 때문에 5일 근무가
십계명을 위반한다는 것이다.

이는 "달을 보라"고 가리키는 손가락만 바라보고 달은 보지 않는
것과 같은 우(愚)를 범하는 결과이다. 16세기 탁월한 종교개혁자이
며 성경해석자였던 존 칼빈은 십계명을 설명할 때에 "안식일 계명

이 6일 동안의 수고를 요구하는 것으로 받아들이는 것은 어리석은 사람들이다"고 했다.

하나님께서는 탐욕스런 인간들이 하나님의 날인 제 7일도 욕심을 채우기 위해서 일을 함으로 안식일을 지키지 않을 것을 경고하시는 말씀으로 "엿새 동안은 힘써 네 모든 일을 행할 것이나"라고 하셨던 것이다. 하나님께서는 안식일을 지키도록 그 백성을 광야에서 훈련하실 때에 안식일에는 만나를 내려주지 않으셨다.(출16:26-29) 그러므로 십계명은 안식일을 성별(聖別)하여 하나님의 날로 거룩하게 지키라는 명령이지 6일 동안을 일하지 않는 것을 십계명을 어긴 것이라고 말씀하지 않으셨다. 성경은 안식일을 지키지 않았음을 인하여 벌을 주셨을 뿐(출31:14-16) 어디에도 주 6일을 모두 일하지 않는 것을 책망한 일이 없음을 유의해야 한다.

만약에 주 6일을 반드시 일해야 한다고 주장한다면 주중에 들어 있는 국가 공휴일이나 연말 연시의 휴식이나 휴가 그리고 토요일에 반(半)만을 일하는 것은 또 어떻게 설명할 것인가? "네 모든 일"이라고 하신 것은 직장에서의 일뿐 아니라 일상적인 개인의 일과 가정일 까지를 포함하는 것으로 보아야 할 것이다. 그러므로 주5일 직장근무가 십계명을 어긴것이라는 주장은 잘못된 것이다.

다음으로 성경 해석의 문제는 안식일을 구속사적인 관점에서 해석하는 것이 아니라 율법적인 해석에 문자적으로 적용하고 있는 것이다. 문자적으로 지키려 한다면, 일주일에 마지막 날을 지키지 않고 첫날을 지키라고 하는가? 금요일 오후부터 시작하여 토요일 오후를 안식일로 하지 않고 일요일을 안식일로 지키는가? 라는 질문에 대해서 답을 해야 할 것이다.

주5일 근무 문제는 원칙과 현실의 문제에서 원칙인 성경의 문제가 없다면 이제 현실적인 주제로, 사회정의와 보편적 가치를 살펴야 한다. 국가나 사회는 사람들을 행복하게 할 의무를 지닌다. 그래서 헌법에 행복할 권리를 명시하고 있다. 그러나 사람들이 행복하게 되는 것은 국가헌법 이전에 하나님이 주신 축복인 것이다.(신 10:13, 33:29, 겔18:23) 주5일 근무가 사람들의 삶의 질을 높이기 위한 것이라면 사회정의에 부합되는 것이다. 그렇다면 그것을 반대하는 것은 사회정의에 반(反)하는 것이 아닌가? 유럽의 일부국가에서의 주5일 근무가 기독교인들의 삶의 질을 높이기 위한 취지에서 출발하였다고 한다. 일주일에 6일 즉 월요일부터 토요일까지 직장에 매여 일하다가 쉬는 날인 주일을 교회에서 하루종일 지내다보면 그야말로 자신의 삶을 위한 시간이 전혀 없는 것이다. 그래서 네델란드의 경우는 성도들에게 쉴 수 있는 날을 주자는 취지에서 주5일 근무를 서둘러 시행했다는 것이다.

주 5 일 근무는 가난한 사람들이 간절히 바라고 있다는 사실을 알아야 한다. 주일을 새벽부터 혹은 토요일 저녁부터 주일저녁까지 봉사하는 진실한 그리스도인들에게는 쉴 수 있는 기회이다.

또한 국민 대다수가 근로자로써 주5일 근무를 찬성하고 있는데 교회가 나서서 반대한다는 것은 보편적 가치를 외면하는 처사라고 보기에 충분하다.

주5일 근무를 반대하는 또 다른 이유로써 유럽교회의 쇠퇴를 예로 들고 있다. 그러나 유럽교회의 쇠퇴의 원인은 계몽주의 사조와 진화론 등의 인본주의의 득세로 인한 것이며 주5일 근무와는 직접적인 관련이 없다.

3. 주5일 근무에 따른 교회의 준비

주5일 근무로 인한 경제적인 이해나 득실은 경제주체들이 잘 알아서 할 것이라고 믿어야 한다. 그들이 전문가이기 때문이다. 주5일 근무가 당장 오늘이나 내일에 전면적으로 시행되는 것이 아니며 사용주와 근로자 그리고 정부의 심도 있는 논의 후에 시행되리라고 본다. 그러므로 주5일 근무가 정치적인 계산이 있느니 시기의 상조이니, 또는 노동시간의 길고 짧음의 문제 등에 관하여는 교회가 나설 일이 아니라고 본다.

교회는 변화되는 환경을 이끌 수 있는 준비를 해야 할 것이다. 부정적인 요소는 줄이고 긍정적인 요소는 살려야 하며 기독교 문화를 창출할 기회로 여겨야 한다.

부정적인 요소라는 것은 휴일이 늘어남으로 주일성수에 어려움이 있을 것이라는 것이다. 한마디로 교인이 줄어들 것이라는 말이다. 그러나 몇몇 기관에서 발표한 설문조사에 의하면 목회자들의 그 같은 염려는 성도들의 생각과는 동떨어져 있다. 한 예로 가정 사역연구원이 조사한 바에 따르면 주5일 근무제가 되어도 주일을 성

수 하겠다는 성도가 응답자 중에서 94%였으며 토요일에 교회행사
가 있으면 참여하겠다는 응답도 87%에 이른다고 했다.

지금의 사회환경, 노동환경이 변하면 안 된다는 강박관념은 교회
가 건강치 않다는 증거이다. 주5일 근무제가 시행되면, 매주 2박3
일 휴가를 떠난다고 보는 것은 근로자들의 근로조건을 모르는 사람
들의 예측이다. 경제적인 문제 즉 한 가정 4인 기준으로 2박3일을
놀러 다녀오는데 드는 비용은 30 여만 원이며 자녀들의 교육문제
와 맞물려 있기 때문에 쉽지 않다.

한국교회는 격주마다 하루만 쉬었던 1970년대 이전의 노동환경
에서도 주일성수를 신앙의 생명처럼 지켜온 교회이다. 그러므로
이제 휴일이 늘어남으로 인하여 주일성수를 게을리 하여 교회의 쇠
퇴를 가져올 것이라는 우려에서 오는 반대보다는 주일을 더 잘 지
킬 수 있도록 교육하며 선한 다짐을 하도록 해야 할 것이다. 선한
다짐이란 주일성수 서약 같은 것을 말한다. 예를 든다면 순결서약
처럼 사회가 변하고 노동환경이 변해도 주일성수를 생명처럼 지킨
다는 다짐이다. 각 교단은 목회서신 등을 보내고 성도들의 신앙 교
육에 힘쓰고, 세속적인 성공을 말하는 것보다 복음을 강조하며 구
원받은 하나님의 자녀로서의 삶을 교육하고 도와주어야 할 것이다.

또 다른 부정적인 요소는 일부 대형교회가 지금도 주일예배를 못
드리는 사람들을 위해서 토요일에 예배를 드려 주는 일로 인하여
주일성수를 안 하는 이들에게 면죄부(?)를 주고 있는데 이제는 주5
일 근무가 전면적으로 실시된다면 금요일에 예배를 드려줌으로 주

일성수 신앙을 크게 훼손시키지 않을까? 하는 것이다.

주5일 근무로 인하여 얻게 될 긍정적 요소는 살려야 한다. 먼저 주일인 일요일에 치르는 국가자격증 시험이나 공무원 시험을 토요일로 옮기는 일이다. 다음으로 새로운 교회의 문화를 창출해내야 한다. 지금까지는 주일예배문화, 기도원문화, 청소년들의 복음송 부르기 문화였다면 이제는 온 가족이 함께 참여하는 말씀실천의 문화가 되어야 할 것이다. 봉사활동, 전도활동, 계층별 혹은 부부가 함께 하는 성경공부를 장려하고 휴일을 건전하게 보낼 수 있는 방안을 제시해 주어야 한다.

4. 위기를 기회로 바꾸자

교회는 역사적으로 언제나 레드 카펫이 깔려있는 길을 걸어왔던 것이 아니다. 험난한 길에서 장애물을 제거하면서 교회가 나아 가야할 앞길을 개척해 왔다. 이제 한국교회는 머지않은 미래에 교회와 사회 환경의 큰 변화를 가져올 주5일 근무 시대를 맞이하고 있으나, 두려워하지 말고 새시대의 기회라고 여겨 준비하고 받아들여야 한다. 바람에 흔들리는 나무줄기를 붙들고 있다고 해서 부는 바람이 멈추는 것은 아니다. 물론 '우리가 반대한다고 해서 주5일 근무제가 취소되겠는가?' 라는 자조섞인 말도 의미가 없다. 새 역사는 이미 진행되고 있는 것이다. 새 술은 새 부대에 담아야 한다.

신채호는 '역사란 아(我)와 비아(非我)의 투쟁' 이라고 했고, 토인

비(A. J. Toynbee)는 '도전에 대한 응전'으로 설명했다. 교회와
민족의 내일을 위하여 위기를 기회로 바꾸기 위한 지혜로운 대처가
요구된다.

2. 2008년 촛불집회

2008년 5월 초부터 시작되어 2개월 넘게 계속된 서울거리 촛불집회는 우리 사회 구성이 불안정하다는 현주소를 확인하는 계기, 그 이상이었다. 그간 우리 사회는 촛불집회로 해가 뜨고 촛불집회로 해가 지는 불안하고 불확실하고 불쾌했던 날들을 기억하고 있다.

촛불집회는 우리에게 무엇을 의미하며, 우리는 이 현상을 어떻게 읽어내야 하는가? 그리고 이 문제에 있어서 사회정의 관계는 어떤 것인가? 또한 우리는 거대한 촛불물결 속에서 무엇을 하여야 하는가? 에 대한 고민이 있었던 것이 사실이다.

1. 민심이해의 기회

촛불집회의 프리즘(prism)을 보면, 먼저 정권을 잡고 있는 현 정부, 즉 MB의 입장에서는 민심을 이해하는 기회가 되었을 것이다. 영국의 17세기 정치 혁명가 올리버 크롬웰(Oliver Cromwell)의 이런 일화가 있다. 크롬웰은 찰스(Charles I)왕의 왕당파 군대를 물리치고 전쟁에서 승리한 후 런던에 입성할 때에 군중의 환호에 들떠서 "보십시오 군중의 이 환호를" 이라고 감격하던 부하 장군을 향해 "민심은 믿을 것이 못 된다네"라는 명언을 했다고 전한다. MB

정부가 이것을 일찍 알았으면 좋았을 교육적 가치가 있는 말이 아니었을까?

민심은 조석(朝夕)으로 변한다. 지난 2007년 12월 대선에서 절대적 지지로 대통령에 선출되었고, ‘경제를 살려내라, 좌파적 정권을 몰아내고 대한민국의 정통성을 굳건히 하라’는 국민들의 큰 기대 속에 2008년 2월 25일 출범했으나, 3개월도 못되어 거대한 역풍을 만난 MB는 아마도 이런 사회 현상이 오리라고는 상상도 못했을 것이다. 지지율도 10%대로 떨어지리라고는 더욱 생각도 못했으리라. 촛불시위는 대선 승리에 도취되어 무엇이고 자신들의 뜻대로 나라를 이끌어갈 수 있으리라는 기대와 환상을 일거에 깨는 태풍과 같은 사건이었다.

2. 촛불집회의 프리즘

촛불집회는 우리 국민들이 얼마나 감정이 풍부한가? 를 생각하게 되는 사건이 되었다. 사실 감정이라는 것은 논리를 제압한다. 좋다, 싫다, 밉다 등의 감정은 사실을 중요하게 생각하지 않는 경향이 짙다. 감정은 마음으로 받아들이는 것이지 머리로 따지고 합리적으로 이해하는 것이 아니다. 그렇다고 해도 우리 국민들은 너무 감성적이다. 쏠림현상도 심하다. 미국산 쇠고기 먹으면 모두 광우병 걸린다는 상상은 아무래도 너무 심하다. 그 같은 감정전이(感情轉移)가 미국이 싫다, MB가 싫다 등으로 폭발해 버린 것이다.

정치권은 더욱 한심스럽다. 원래 정치라는 것은 옳고 그름보다 민심의 향배를 따른다는 것을 모르는 바는 아니지만 좌고우면(左顧右眄)도 분수가 있는 것이지, 실망스러워 국회의원 세비를 지급하지 말라는 소리가 옳다고 여겨지게 되는 상황이 되었다.

성직자들의 모습은 어떠한가? 성직자들의 입장에서 촛불시위는, 진리의 문제가 아닌 것은 분명하다. 무엇이 옳고 무엇이 그릇되었는지 확신이 서지 않았을 수도 있다. 그러나 대다수의 성직자들은 이 같은 폭력적이고 선동적(煽動的)인 세상일에 대하여 용기 있는 모습을 보여주지 못하였다. 반대로 잠잠하고 숨숙이고 있다가, 꺼져가던 촛불에 불을 다시 지피려고 거리로 나선 종교인들 중에 기독교 성직자들도 있는 것을 보면서 한국교회의 분열상을 다시 생각하게 되어 염려스럽다.

3. 촛불집회의 주범

무엇이 이처럼 많은 군중을 거리로 나오게 했는가? 1987년 6월 민주항쟁이후 21년 만에 최대의 인파를 거리로 이끈 원인이 어디에 있는가?

그에 대한 간단한 답은 정부와 언론이라고 정의한다. 촛불집회의 주범은 미국소가 아니다. 소는 무죄다. 미국산 소든, 한국산 소든 소는 아무 죄가 없다. 먹으라는 대로, 사람이 주는 대로 먹었다. 죽으라면 도살장에서 죽어갔다. 자신들이 다우너 증후군(downer syndrome)에 걸려서 허우적 거리는 것을 광우병이라고 떠들어대도, 끝없이 젖을 짜내서 칼슘이 너무 빠져나가 골다공증으로 고통하며 일어서지 못하는 것을 광우병 의심이라고 TV에서 반복적으로 계속 비춰대도 아무 반론도 할 수 없었던 소는 무죄다. 그런가하면 촛불집회의 원인 제공, 범인은 미국인도 아니며, 대한민국 국민도 아니다. 대한민국 정부와 대한민국 언론이 주범이다.

그 이유는 명백하다. 정부는 분명히 원인을 제공하였고, 그 후에 정부 대책은 어설프고, 안일하여 교만하게까지 보였다. 정부가 처음 국민들에게 보고한 소고기 협상의 주요 내용은 "미국산 쇠고기 협상이 잘 되었으니 값싼 쇠고기 안심하고 드시라" 였다. 광우병의 문제나, 그에 대한 정부의 조치 등은 전무한 것처럼 보이고 졸속 회담처럼 보였고, 국민의 건강은 안중에도 없는 것처럼 보인 것이 국민들로 하여금 분노하게 하는 원인이 되었다.

다음으로 언론은 정부가 제공한 그 원인을 확대 제공하되 대단한 지속성을 가지고 무차별적으로 재생산하였다. 게다가 교묘하기까지 하였으며, 국민의 공기(公器)인 언론을 자신들의 사적인 목적을 위하여 사용하였고, 그 방향으로 엮어나갔다는 것이 점차로 밝혀지고 있다. MBC의 경우는 '뉴스 후' 라는 프로에서 미국산 쇠고기 먹었다가는 영락없이 광우병 걸린다고 믿게끔 하는 방송 전술을 보였다. 심지어 고의적으로 영어번역을 조작하여 미국인 여성, 아레사 빈슨(A. Binson)의 죽음이 광우병에 의심된다는 거짓 보도도 서슴지 않았다. 그런데 그 같은 일들은 정보 분석능력과 비판능력이 부족한 국민들에게는 감정으로 이해하기에 이르렀고, 그 결론은 '촛불 들고 거리로 나가자' 였다 는 분석이다. 나가서 'MB를 몰아내자' 는 선동의 대중적 힘이 결집 되었던 것이다.

4. 촛불집회의 공과

우리 사회에 촛불집회, 혹은 촛불이 시위에 처음 등장한 것은 2002년 6월 미군장갑차 사건 때이다. 훈련 중인 미군 장갑차에 의해 희생된 신미선, 심효순, 두 여중학생을 반미 운동에 최대한 활용하려고 촛불을 들고 거리로 나왔을 때다. 다음으로는 2004년 3월 당시 노무현 대통령 탄핵 결의안이 국회를 통과한 후에 탄핵반대를 위한 집회에 촛불이 등장하였다. 그리고 지난 2008년 5월 2일 시울 시청 앞에서 미국산 쇠고기 수입반대를 위한 촛불집회가 시작된 이후 2 개월이 넘도록 촛불집회가 계속 되었다.

이 촛불집회는 우리나라 헌정사에도 유래를 찾아볼 수 없는 일로써, 한 사안에 대하여 국가 원수가 두 번씩이나 국민 앞에 사과하는 일이 발생하였다. 그렇다면 대통령이 두 번씩이나 국민 앞에 사과하고, 경찰은 집회를 원천봉쇄하고, 집회주모자들을 체포할 수 있도록 법원에서 영장을 발부받아 체포에 나서고, 일부종교인들이 거리 집회, 법회, 기도회, 미사 등을 여는 것을 어떻게 이해하여야 하는가?

촛불집회는 단순한 국민적 의사표현으로 끝나지 않는 것이다. 자신들의 의사를 관철시키기 위하여 평화적 시위를 표방한 촛불 드는 것과는 달리, 촛불을 놓고 폭력적 도구를 잡는 것이 문제다. 또한 순수하게 광우병을 염려하여 촛불집회에 나선 다수의 선량한 시민들과 달리 여러 복합적인 사정들이 숨겨져 있었다. 2008년 6월 10일 최대의 시위자가 참가한 시위에는 MB 정부 들어서 정책에 대한 불만, 혹은 불안을 느낀 수많은 이익단체들이 총 동원되다시피 하였다. 노동조합원들은 물론이지만, 공기업 민영화에 반대하는 대부분에 공기업 직원들, 심지어 사회 불만세력들, 지난 10년간 누렸던 정치권력을 내어준 자들의 분풀이 성격도 많이 있다는 분석이다.

이 같은 촛불집회는 국민적 여론 분열을 가져왔다. 촛불집회는 마침내 찬성과 반대의 대립으로 표출되었다. 이것은 또한 이념대립 양상으로 발전하였다. 촛불집회를 반대하는 이들은, 촛불집회가 불순한 의도를 가진 자들이 조종하고 있다고 주장한다. 그 증거로 광우병대책위 사람들이 장갑차 사태 촛불집회를 주도하여 반미를 외치던 자들이며, 노무현 탄핵반대 촛불집회를 주동한 자들이며, 또한 평택 미군부대이전 반대와 인천 맥아더 동상 철거 시도 주동자들이라고 주장한다.

촛불집회는 평화집회가 아닌 폭력집회로 변질되었고, 자신들의 견해와 다르면 인민재판식의 군중폭력도 나타나 문제점으로 지적되었다. 그런가하면, 공권력이 무력화되었다는 것이다. 수 십대의 경찰차가 파손되고 부상시위자 보다 더 많은, 수백 명의 경찰들이 부상당한 사태는 우리의 치안 질서까지 염려해야 하는 상황을 맞았다. 더 큰 문제는 인터넷에 의한 무차별적 유언비어나 거짓된 자료의 유포와 확산이다. 그 폭발적 영향력은 오프라인을 제압하였다.

IT 세계최강 한국이라는 빛의 반대편 그림자로 사회적 문제점이 함께 적나라하게 드러나서 인터넷 실명제의 당위성을 증명하게 되었다.

다음으로 공영방송의 문제점이다. 이념적인 렌즈로 이 사태를 이해하려는 이들은 지난 10 년간 누려온 좌파적 언론의 발악으로 이해한다. KBS는 사장의 퇴진 압력을 대 정부 전쟁으로 방어하려고 하고 있다는 분석이며, MBC는 민영화 정책을 저지하려는 것으로 이번 미국산 쇠고기 문제를 결정적 호재로 삼고 있다는 분석이다.

촛불집회는 성과도 있었다. 정부가 국민건강에 대한 정책강화, 그리고 미국과의 쇠고기 추가협상으로 국민적 불안이 어느 정도 해소되었다는 분석이다. 그러나 국가정책이 마음에 들지 않으면 언제든지 촛불을 들고 거리로 나올 수 있다는 선례가 되지 않을까 하는 염려도 있다.

직접민주주의는 고대 도시국가 시대에 채택했던 정책결정 방식이었다. 촛불집회가 어느 정도 국민적 목소리를 드러내는 긍정적 요소가 있다고 해도, 현대는 대의민주주의를 택하고 있다. 그래서 국가정책의 방향과 결정을 거리에서 시민들이 드는 촛불의 향배를 따라서 결정할 수는 없는 것이다.

5. 예수님 정신으로

　이번 촛불집회는 우리 사회의 많은 과제를 남겨준 사건으로 기록될 것 같다. 무엇보다 사회 구성이 안정되지 못하다는 것, 그래서 시급히 치유되어야 한다는 신호라고 본다. 그것은 불신의 문제였다. 건강 사회는 서로를 믿고 사는 사회이다. 정부와 국민, 그리고 사회 구성원들 서로가 신뢰하는 가운데 인류가 함께 보람되고 행복하게 하는 목표를 세워 나아가야 할 것이다. 그리고 기독교인은 이 시대에 어떤 사람들이어야 하는가를 장로 대통령의 정치현실을 보면서 다시 고민해 보는 기회가 되어야 하리라고 생각한다. 배타(排他)가 아닌 이해와 포용, 불신이 아닌 믿어 줌, 그리고 미움이 아닌 사랑으로, 예수 그리스도 정신이 세상을 밝게 할 영원한 진리임을 확신해야 한다.

3. 친일과거사 문제

우리나라는 일제에게 당한 침략과 식민 역사가 큰 상처로 남아 있다. 그 쓰라린 아픔과 기억들을 해방이 되면서 제대로 걸러내지 못한 것이 두고두고 역사의 부담이 되고 있다.

과거 세계 제 2차 대전 당시, 4년여 동안 나치 독일 치하에 있었던 프랑스, 벨기에, 네덜란드 등은 2차 대전이 끝나고 전시에 반민족 행위를 한 사람들에게 엄격한 심판을 내려, 수만 명을 처형해 역사의 본보기로 삼았다.

그러나 우리나라는 36년 동안 일제 치하에 있으면서 친일을 일삼아온 반민족 행위자들에 대해 제대로 처벌하지 못했다. 반민특위(반민족행위자처벌특별위원회)와 같은 활동이 초대 정부 권력자들의 폭력에 의해 지지부진하다가 해체됐기 때문이다. 그러나 참여정부가 들어서면서 과거 진상 규명을 위한 '반민족 행위 진상 규명 특별법'이 국회에서 통과되면서 가속화되고 있다.

우리는 일제 강점기 지난(至難)한 삶을 살면서도 민족의 정통성을 지켜온 조상들의 의기를 흠모한다. 반면에 일제의 간악한 흉계에 항거하지 못하고 오히려 자신의 영달(榮達)을 위해 반민족행위를 한 사람들을 연민과 함께, 규탄하지 않을 수 없다. 선조들의 친일 행위를 밝혀 반민족 행위가 역사적으로 얼마나 부끄러운 일인가를 교훈 삼자는 것에 반대할 사람은 없다. 그러나 60여 년이 지난 지금, 이미 대부분의 '인적 청산(人的淸算)'은 끝난 상황이고 '역사적 청산(歷史的 淸算)'을 위해 뒤늦게 매달리는 형편이라 제대로 된 청산과 그 효과에 대해서는 미지수라는 데 안타까움이 있다. 또 이것이 과거 지향적 담론으로 흐르거나 정치적 목적에 이용되어 본래의 의미와 목적이 훼손될까 염려된다.

사회 일각에서 벌어지는 '과거 청산'에 맞춰 교회 내에서도 일제 시대 일부 지도자들의 친일 행위에 대한 '고발'과 '비판'의 목소리가 들린다. 당시 교회 지도자들의 문제점은 '신사참배(神社參拜)', '동방요배(東邦遙拜)'와 같은 교리적 문제와 '침략 전쟁 지지'와 같은 윤리적 문제가 있었다. 당연히 잘못에 대해서는 비판을 받아야 한다. 그러나 여기에도 민족 수난의 고통과 당시 지도자들의 고민에 대한 내재적 접근이 동반돼야 한다.

당시 교회 지도자들에 대한 객관적 평가와 사실들이 제대로 밝혀졌으면 좋겠다. 그러나 '정죄'나 '비난'을 위한 것이 아니라 후손들에게 역사적 교훈을 세우고 가고 오는 세대에 '화해'와 '용서'를 위한 것으로 마무리돼야 한다.

그러기 위해 3가지를 제안한다.

첫째, 전문가들로 구성된 '백서발간위원회'를 발족시켜 과거 일부 교회 지도자가 저지른 친일 범죄 행위에 대한 진상을 올바르게 밝히는 것이다. 이것은 범죄가 재연되지 않도록 하는 역할을 할 것이다.

둘째, 현재 교계 지도자들이 과거 선조들의 잘못을 시인하고 고백하여 부끄러운 역사를 청산하는 것이다.

셋째, 일제가 우리 민족과 교회에 가한 박해와 잔악한 죄악상을 밝히는 기회로 삼아야 한다. 당시 출옥 성도 주남선목사가 "일제 치하 모두 고생했습니다"라고 말하며 신사참배에 참여했던 인사까지 감싸안았던 마음을 품어야 한다.

우리는 역사의 주인이신 하나님을 믿는다. 하나님의 심판을 믿고, 비뚤어진 역사 속에서도 신앙을 지키고 민족과 나라를 지키는 데 의연해야 된다는 역사의식을 가르치고 배우는 것은 매우 중요하다. 또한 기독교인들은 현재 개인의 삶에서 매일 자기를 성찰하고 그리스도의 모습이 이 사회에 투영되도록 하여 과거 청산 못지않은 중요한 과제를 지켜 나가야 한다.

4. 단군상 파동

1999년부터 약 6개월 동안에 전국 초 중 고교와 공공장소에 단군 상을 세워놓고 단군상에 어린학생들을 참배케 하려는 시도는 참으로 위험한 일이었다. 단군상을 세운자들은 전국에 3,600 개를 세우려는 계획이었으나 한국교회의 강력한 제지로 인하여 368개를 세우는데 그쳤다.

일부의 목회자들이 단군상을 훼손하는 일이 있었으며, 그 대가는 성직자 8명과 장로 집사 등 10 명의 구속자가 생겼다. 그분들은 단군교(檀君敎) 확산과 우상 숭배를 막으려는 일념으로 조국을 사랑하고 주 하나님을 경외하는 일념으로 이 일을 행하였었다. 필자도 악한 자들의 위협에 낮에도 문을 걸어 놓고도 안심하지 못하던 날들을 지냈다. 경찰서와 검찰에 불려다니던 일들은 주님을 위한 고난이라고 여겨 즐거웠던 날들로 기억된다.

언론들은 단군상 문제와 관계없는, 불교와의 갈등으로 비춰질 수 있는 화면까지 동원하여 기독교의 부정적인 이미지 부각에 열을 올렸다. 일순 기독교는 폭력적이고 독선적인 종교로 낙인 찍혀 가고 있었다.

KBS 1 TV 심야 토론회 프로에서 단군상 세운 측 인사 등 2명과 기독교계인사 2명을 출연시켜서 양측의 토론을 벌이게 했다. 그

날, 2000년 8월 5일은 날씨만큼이나 뜨거운 설전이 벌어졌었다. 단군이 우리 민족의 조상이며, 나라를 세운 최초의 군주, 국조(國祖)라고 주장하는 사람들은 애국자처럼 보이는 환경이었다.

그런데 그 주장은 매우 비역사적이며, 비과학적인 주장이다. 아마도 필자가 지상파 방송에서 "단군이 우리 민족의 유일한 조상이 아니다"라고 말한 최초의 사람일 것이다. 그 근거는 단군이 우리나라를 세우고 최초의 군주였다면, 우리 민족의 조상은 아닌 것이다. 단군이 우리의 조상이라면, 다음의 두 가지 조건을 충족시켜야 한다. 하나는 단군이 우리나라 전역을 다스렸다는 증거가 있어야 하며, 다른 하나는 단군이 군주로서 다스리던 나라의 사람들은 모두 자식을 낳지 못하고 죽었으며, 오직 단군만 자식을 낳아서 이 땅에 사람들이 되었다는 증거가 있어야 한다.

단군이 실존했던 인사라고 한다면 우리 민족의 조상 중에 한 분일 수 있을 것이다. 단군이 다스렸다는 수많은 사람들도 자손을 낳았을 것이기 때문이다. 이 같은 가장 기본적인 상식을 망각하고, 단군 와-와 를 외쳐대는 것은 민족주의에 몰입되어 비(非) 역사에 환호하는 위험한 환경으로 빠져들고 있었던 것이다.

필자는 말했다. "민족주의는 민족의 어려움을 극복하는 처방으로는 약값이 적게 들고 효과도 뛰어난 처방이다. 그러나 그 부작용은 치명적이다. 독일의 나치즘과 일제의 군국주의, 이태리의 파시즘으로 증명된 것이다."

KBS 1 TV 토론 후에 이승헌 씨는 "나는 왜 단군상을 세웠는가"

라며 중앙일간지에 성명서를 냈는데, 기독교를 능멸(凌蔑)하는 내용으로 그에 대응하지 않으면 안 된다는 공감대가 있었으나 그 일을 떠맡은 것은 미련한 필자였다. 참으로 여러 날을 기도하며 씨름한 결과 "단군상 파동에 대한 기독교 입장을 밝힙니다" 라는 성명서를 중앙일간지에 게제하였다. 기독교가 젊잖게 대응했고 국민들이 설득될 것 같다는 정보 분석이 어느 정도 적중했다.

아직도 다 해결되지 못한 일이지만, 치열하게 싸웠던 날들을 돌아본다. 몇 되지도 않는 자들이 교회를 조롱하고 우리 주님을 능멸할 때에 거룩한 분노를 품고서 용기 있게 나서서 이 일을 위하여 수고하신 수많은 주의 종들과 성도들의 후원은 하나님께서 반드시 기억하실 것이다. 하나님께서 한국교회를 너무도 많이 사랑하시며, 진정 21세기 세계를 향하여 복음의 큰일을 이루게 하시며, 제사장 나라를 삼으시려는 것이 분명하다.

단군상 파동에 대한 기독교의 입장을 밝힙니다

2000년 9월 6일 조선일보 광고

1. 단군상을 건립한 의도에 대하여

단군상을 건립한 것이 한문연인가? 아니면 이승헌 개인인가?하는 것부터 물어야 한다고 봅니다. 한문연의 책임 있는 사람은

KBS1 TV(8월5일) 심야 토론회에 나와서 말하기를 "이승헌은 단군 상을 세우는데 발의만 하였지 단군상 설치에 실제적인 관여는 하지 아니하였다"고 했으나 이승헌은 대 국민 광고를 통해서 "내가 세웠 다"고 밝히고 있습니다. 어느 것이 사실인지 우리는 알 수 없으나 분명 저들은 국민들을 상대로 정직하지 않은 언행을 일삼고 있다는 것은 움직일 수 없는 사실입니다.

단군상을 세우는 것이 전혀 종교적인 의도가 없다고 항변하고 있 지만 그것은 지금까지 나타난 사실과 전혀 다른 말입니다. 그러므 로 역사적으로 이해하려는 단군과 이승헌이 세운 단군상은 그 성격 과 차원이 전혀 다르다는 것입니다.

2. 단군에 대한 이해와 단군상 건립에 대하여

기독교계가 그 동안 수차례 걸쳐서 "단군에 대한 학계의 동의가 없었고 국민적 합의가 없었다"고 밝혔습니다. 단군에 대한 학계의 동의라는 것은, "믿고 싶은 역사"를 쓰고 있는 국수주의적인 사람 들이 그들의 학설에 이의를 제기하거나 과학적인 역사연구 결과를 말하면 일제의 식민사관이라고 몰아 부치는 일이 학계에 팽배하다 는 것입니다. 이것은 "역사는 사료(史料)가 말하게 하라"는 독일의 역사학자 랑케가 말한 평범한 학문적인 진리에도 어긋나는 처사인 것입니다.

단군에 대한 이해는 그 사료가 매우 소략하기 때문에 어려움이 있습니다. 그러나 반면에 간단할 수도 있습니다. 단군신화의 해석이 어렵고 문제가 많으면 신화 그 자체를 그냥 두자는 것입니다. 『삼국유사』의 저자 일연도 그 내용이 신비하고 믿기 어려운 내용도 있다고까지 했으며 기이(紀異)편에 분류하고 있습니다.

이렇게 설명하는 것입니다, "신화(神話)로써 기록되어진 고조선의 건국이야기가 있다. 그 신화의 내용은 이런 것이며, 그 신화에 대한 해석은 여러 가지인데 다음과 같은 해석들이 가능하다"라고 하면서 절대적인 해석을 유보하는 것입니다. 그것도 그럴 것이 『삼국유사』의 내용과 『제왕운기』의 내용이 다르며 여러 책의 내용이 많은 차이점을 보이고 있기 때문입니다. 또한 삼국유사의 내용대로 말해도 3,600여년이나 입에서 입으로 전해 내려 오면서 이야기가 보태지기도 하고 변형되기도 한 기이한 이야기를, 승려 일연이 불교적인 세계관과 불교적 용어와 도교적 용어를 사용하여 정형화(定型化) 시켜놓은 것이 어찌 단군의 건국설화 그 자체이겠는가? 말입니다.

다음으로 국민적 합의라는 말에 오해가 있을 수 있습니다. 그 말은 기독교의 동의를 구하라는 말로 이해해서는 안 된다는 것입니다. 단군이라는 존재는 이미 오래전부터 현재에 이르기까지 무속인들에게는 최고의 신으로 섬겨지고 있다는 것을 인정해야 합니다. 여러 연구 논문에 의해서 단군이란 무당(巫堂)이라는 고대 언어라는 것입니다. 실제로 지금도 무당집을 당골래 집이라고 부르고 있지 않습니까? 무당들이 최고의 신으로 섬기고 있는 단군영정을 보면 두려워진다는 많은 사람들이 있다는 것입니다. 이들에게도 기독교인들에게 처럼 납득할 수 있는 설명이 있어야 한다는 것입니다.

신화는 당시의 세계관의 반영인 것입니다. 고대 원시 시대의 세계관입니다. 고대 로마의 신화를 보면, 인간이 불을 사용하게 된 것이 프로메테우스가 하늘에 올라가서 제우스 신전에서 불을 훔쳐서 인간에게 주었다고 전해오고 있습니다. 당시의 사람들은 비가 오는 것은 신의 눈물이라고 생각하기도 했습니다.

그런가하면 우리나라의 신화들은, 용이 입에서 불을 뿜는다든지 혹은 날개 달린 용이 큰 알을 낳고서 하늘로 날아올라 갔는데, 사람들이 그 알을 집으로 가져다가 방안에 놓아두었더니 여자 아이가 태어났다는 식의 이야기입니다. 신이 사람이 되는가 하면, 짐승이 사람이 되기도 하고, 사람이 신이 된다는 식의 이야기들은 모두 원시적인 세계관의 반영입니다. 이 같은 이야기들을 그대로 역사화 하려는 것은 신화를 모르는 무지에서 오는 처사라고 봅니다.

기독교에도 단군에 대해서 크게 두 가지 견해가 있습니다. 하나는 성주무가와 동일한 단군신화 이야기는 건국신화이기에 앞서 무속신앙자들이 신을 부르고 찬양하는 노래가 발전한 것이라고 생각하여 신화이지 역사일 수 없다는 견해입니다.

다른 하나는, 단군신화에 대한 이해가 일반 역사학자들의 견해와 다르지 않습니다. 제사장과 군장의 일이 분화(分化)되지 아니하였을 때의 무당으로서 읍락을 다스리던 때의 칭호가 단군왕검이라는 것입니다. 신채호 선생이 밝혔듯이 왕검은 이두문자로 통치자라는 뜻입니다. 단군신화는 건국신화이기는 하나 조심스럽게 비신화화의 과정을 거쳐서 건국의 시조로 존경하는데 무슨 문제가 있느냐는 것입니다. 이때에도 단군 신격화 내지는 단군 민족주의화는 안 된다는 주장입니다.

그런데 단군상 건립취지문은 초역사적인 내용과 종교적인 의도가 숨김없이 드러나고 있습니다. 느닷없이 단군 조형물을 공공장소, 특히 아무 비판능력이 없어서 학교의 가르침을 그대로 답습하는 초.중.고교 교정에 세워놓고 현재의 교과서 내용을 정면으로 반박하는 취지문을 읽게끔 하고, 단군 조형물 앞에 참배케 하는 일은 기형적인 애국자를 양산할 수 있다는 것입니다. 올바른 민족사랑은 왜곡된 역사 위에 세워질 수 없는 것입니다. 더욱이 어떤 형상을 세워 놓고 참배케 하는 것은 그릇된 역사현상을 입력케 할 수 밖에 없는 것입니다. 또한 어떠한 형상을 만들어 놓고서 거기에 참배케 함으로 원시 샤머니즘적 행사를 유도하는 것은 시대를 역행하는 어리석은 발상이라 아니할 수 없습니다.

3. 국조와 민족의 조상. 그리고 민족정신에 대하여

우리 모두가 익히 알고 있는 대로 국가는 단일 민족국가와 다 민족국가로 대별될 수 있습니다. 단일 민족국가란 하나의 민족이 하나의 국가체제 안에 거하는 것입니다. 우리나라가 이에 속한다고 볼 수 있습니다. 그러나 이때도 "혈통적으로 누구의 자손이다" 라고 말하는 것은 과학적으로나 역사적으로 옳지 못한 것입니다. 다민족 국가는 여러 민족이 하나의 국가라는 테두리 안에서 공존하는 것입니다. 예를 든다면 미국 같은 나라가 이에 해당된다고 할 수 있을 것입니다. 단일 민족국가나 다 민족국가나 그 역사가 일천(日淺)한 나라를 제외하고는 모두 유구한 역사를 자랑으로 여길 것이며 그 최초의 국가를 세운 존재를 존경의 대상으로 여길 것이 분명합니다.

그런데 우리는 일제의 식민시대를 지내오는 동안 일제의 의한 민족정신 말살정책 또는 민족역사 말살책동에 의해서 우리의 고대사를 제대로 복원하고 국민들에게 이해시키는 일에 제약을 받을 수밖에 없었습니다. 그로 인하여 양극의 시각이 현존하고 있다는 것을 인정합니다. 그 양극이라는 것은 국수주의적이고 우월적인 자문화 중심 혹은 우월적인 자역사 중심의 시각과, 고대의 역사를 인정하지 않으려는 역사이해에 문외한적(門外漢的) 또는 그야말로 식민사관적(植民史觀的)인 시각이 그것입니다. 이 두 가지 시각은 모두 옳지 못하다는 것입니다.

그런데 기독교인들을 고대의 역사를 무시하려는 일제의 식민사관적 사람들로 오해하고 있는 것은 옳지 않다고 봅니다. 기독교인들도 대한민국 사람들이며 누구보다도 민족을 사랑하는 사람들이라는 자부심이 있습니다. 기독교인들도 최초의 나라를 세운 국조를 존경해야 한다고 생각합니다. 그렇게 생각하는 것은 당연한 일입니다. 다만 어떠한 인간이라도 인간은 창조주 하나님의 피조물이기에 하나님이 금하신 우상으로 혹은 하나님을 대신한 신으로 섬길 수는 없다는 사실입니다. 이 점을 분명히 하려니까 국조 자체도 인정치 않는 사람들로 오해되었던 것이라고 봅니다.

여기서 우리가 분명히 하고 싶은 것은, 국가의 시조와 민족의 시조는 같지 않다는 사실입니다. 단군이 이 땅에 나타나기 오래 전부터 이 땅에는 우리의 조상들이 평화롭게 살고 있었습니다. 최초의 나라가 설립되기 전에 이미 수십 만 명 혹은 그 이상의 사람들이 살고 있었습니다. 때문에 민족의 시조가 누구라고 말하는 것은 비역사적인 주장인 것입니다. 그러므로 단군은 민족의 시조요 동시에 국조라는 논리는 역사적으로 과학적으로 맞지 않기에 거부하는 것입니다.

민족정신은 캠페인이나 운동, 그리고 강요에 의해서 갖게 되는 것은 아닙니다. 그 시대에 민족 구성원들이 자연스럽게 공유하고 있는 바람직한 사상이 곧 민족정신이어야 한다고 보는 것입니다. 또한 과거와 현재 그리고 미래를 관통할 수 있는 진리는 종교적인 진리 외에는 존재할 수 없다고 봅니다.

환웅이 제시한 홍익인간 재세이화의 정신은 고대 전제군주의 통치이데올로기라는 주장에도 귀를 기울여야 합니다. 홍익인간(弘益人間)이란 인간이 인간을 이롭게 할 수 있는 사상이 아니라 신의 입장에서 인간을 널리 이롭게 한다는 해석이 옳으며, 재세이화(在世理化)란 통치의 대상이 미개하다고 생각하여 깨우쳐 주어야 한다는 고대 군주의 통치이념중 하나라는 것입니다.

여기에 참고로 기체조를 가르친다는 아무개씨의 홍익인간, 재세

이화의 해석을 기록합니다. "홍익인간이란 진화되지 아니한 자손이 진화한 천손으로 변화한 것", "홍익인간은 인간이 신이 되는 것" 이라고 말하고 있으며, 재세이화는 이화세계라고 말을 바꾸어 사용하면서 "10차원의 의식을 실현시키고 있는 게 홍익인간 이화세계라", "전 세계의 인류가 천지기운을 알고 정말로 우리가 아는 조화주 하나님, 모든 거와 같이 통하는, 어느 종교 어느 사상이든지 모든 예술 모든 생명과 다 두루 통하는 조화주 하나님을 천지기운을 통해서 천지마음을 통해서 알게 해 줌으로 인해서 지구촌을 성립시키는 것을 원래 이화세계라고 한다" 라고 주장합니다.

현대는 누가 누구를 깨우쳐야 한다고 할 만큼 미개하지도 않습니다. 새 술은 새 부대에 담아야 한다고 봅니다. 그러므로 창조적이어야 할 세계화의 21세기를 맞이하여 그 의미도 분명하지 못하며 해석에 따라 그 내용이 크게 달라지는 사상을 억지로 끼워 맞추려는 것은 자연스럽지 못하다고 보며, 더욱이 강요에 의한 것은 옳지 못한 것입니다.

4. 외래종교와 외래사상 운운에 대하여

L씨는 '집주인과 세입자' 라는 식의 치졸(稚拙)하고 악의 찬 괴변으로 1,000만 명의 기독교인들을 능멸하고 있습니다. 이것은 그가 기독교인들의 인내의 한계를 시험하고 있다고 생각지 않을 수 없는 것입니다. 그 같은 행태는 그 개인을 위해서도 그러하거니와 국가

를 위해서도 사려 깊지 못한 언행이라 아니할 수 없습니다. 그러면 과연 우리의 고유한 사상이 무엇인가요? 그것은 샤머니즘 혹은 정령신앙 정도인데 그 사상만을 부여잡고 살아야한다는 논리가 유아기적 사상이 아니고 무엇이겠습니까? 불교나 유교도 외래 사상이 아니고 무엇입니까? 지금부터 1,700여 년 전에는 불교나 유교가 이 땅에 들어와서 사상과 종교를 바꾸었다면 기독교는 약 120여 년 전 혹은 220여 년 전에 이 땅에 들어와서 종교와 사상을 자리 매김하고 있는 것이 아닙니까?

"사랑하라"는 간단하고도 명료한 예수 그리스도의 명하심을 따라서 이웃과 국가를 사랑하면서 살아가며, 창조주의 선물인 자연에 무임승차하여 훼손하고 파괴하면서 살아가는 것이 아니라, 자연을 애호 개발하여 세계 인류가 함께 평화롭게 살아가는 기독교 정신이 많은 국민들의 마음속에 자리하고 있다면, 이것이 새로운 민족정신의 하나의 대안이 아니고 무엇이겠습니까?

문화와 문물, 그리고 사상과 종교는 세계의 국경이나 울타리가 없습니다. 서로 공유하는 것입니다. 서로 이롭게 하는 것입니다.

그런데 외국에서 들어온 것이니까 양복을 벗어 버리고 바지 저고리만 입어라. 구두는 서양 신발이니까 이것도 벗어 던지고 짚신이나 나막신을 신어야 한다고 말하며, 수학이나 과학, 음악이나 의학 등 외국에서 들어온 것은 모두 벗어버려야 한다면 그것은 어찌 넌센스가 아니며, 시대착오적인 코미디가 아니겠습니까?

어려운 시대를 극복하는 것은 복고적인 방법이 아니라 전향적이고 창조적이며 적극적인 사고에 의한 정신력에 있는 것이라고 믿고 있습니다.

5. 세워진 단군 조형물을 훼손하는 문제에 대하여

지금 사회를 들끓게 하고 있는 것은 세워진 단군 조형물을 물리력에 의해서 훼손시킨 문제라고 알고 있습니다. 극히 일부의 기독교 인사들에 의해서 행해지는 일이라도 기독교의 이름으로 자행된 것은 매우 유감된 일이 아닐 수 없습니다.

사실 기독교가 실력에 의해서 단군 조형물을 폐쇄하려고 한다면 하루의 시간도 다 필요치 않을 것이지만 그렇게 하지 않습니다. 다만 단군 조형물을 세운 주체들이 자신들이 행한 일에 오류를 인정하고 국민의 국론분열의 책임을 지고서 자진 철거하기를 바랄 뿐이었습니다.

그런데 극히 일부의 기독교 인사들이 하나님의 법에 충성하려 하고, 또한 우상을 숭배하는 국가의 장래는 없다는 생각으로, 국가를 사랑하는 우국충정이 지나쳐 때를 기다리지 못하고 행한 일이라고 이해해 주시기를 바라 마지않습니다.

6. 국민에게 드리는 말씀

기독교는 국가와 민족의 국난의 시대에 이 땅에 도래하여 우리 민족과 운명을 함께 하여 왔습니다. 국가가 어려울 때는 함께 형극(荊棘)의 길을 걸어왔습니다. 외세를 몰아내는 일에는 몸이 부서져도 앞장서 왔습니다.

3.1 독립운동 때에는 민족의 대표자 33인중에 16명이 기독교인이었고 이화여학교, 배재학교 등의 학생들은 일제의 눈을 피하여 밤새워 태극기를 제작하였고 교회들을 통하여 독립선언문과 태극기가 전국에 배포되었습니다. 국내외에서 독립운동의 중추적 역할을 맡았던 것도 기독교였습니다. 네델란드 헤이그 밀사사건도 기독교인들이 주도했습니다.

국채 보상운동에 앞장섰고, 물산 장려운동도 주도했습니다. 백범 김구선생은 상동감리교회의 청년회원으로 활동하였으며, 그의 일기에 기록하기를 "하나님이 내게 네 소원이 무엇이냐고 물으신다면 조국의 독립이라고 대답할 것입니다"라는 조국 사랑과 아울러 하나님을 섬기는 뜨거운 글을 남기기도 했습니다. 일제가 민족정신을 말살하려는 신사참배 강요에 맞서서 목숨을 아깝다 아니하고 싸운 것도 기독교인들이었습니다. 신사참배를 반대하다가 순교한 기독교인이 50명이 넘으며 감옥에서 해방을 맞이한 사람들도 5,000명에 달합니다. 해방후에는 무너진 국가를 재건하는 일에 힘썼으며, 군사독재 시절에는 민주화에 앞장서고 국가와 민족을 위해서 국민과 함께 울고, 함께 고통하며, 함께 영광을 나누기를 원했습니다. 이제도 국가를 사랑하는 마음에는 변함이 없습니다. 그것은 성경이 없어지기 전에는 변할 수 없는 약속입니다.

다시 한번 드리고 싶은 말씀은 기독교인들은 지금도 민족을 사랑하고 국가의 장래를 염려하고 있다는 사실입니다. 기독교인들도 대한민국 국민이며, 조상 대대로 물려받은 이 땅을 아름답게 가꾸어 가며 모두 같이 살아갈 이 땅의 주인입니다. 지극히 평범하고 건전한 사상을 지니고 있는 사람들입니다. 인간의 존엄성을 인정하고 가정의 행복을 귀히 여기는 사람들입니다. 내일의 주인공인 어린이들을 귀히 여기는 사람들입니다. 사랑할 줄 알고, 용서할 줄 알며, 눈물을 흘릴 줄도 압니다. 함께 살아가는 법도 아는 사람들입니다. 평화주의자들입니다. 가장 높으신 창조주 하나님을 섬기고 사람들을 사랑하며 사는 사람들입니다.

오른손이 하는 것을 왼손이 모르게 은밀한 중에 계시는 분께만 보이기 위해서 조용히 선행을 베풀며 사는 착한 사람들입니다. 단순히 단군 조형물에 대하여 반대한다는 이유만으로 기독교인들이 반민족주의자로 매도(罵倒)되고 있는 현실에 1,200만 명의 기독교인들은 분노하고 있습니다. 이일은 분명 국민 모두가 원하는 일도 아닐 것입니다.

단군상을 세움으로써 국민들을 이분법적으로 분열케 하는 것이 과연 옳은 일이며 국가와 민족의 장래를 위하여 바람직한 일인가를 깊이 통찰해주시기를 부탁드립니다.

단군상을 세움으로써 자신의 숨은 이익을 도모하고, 평안하던 국민의 감정에 불신과 분열을 조장하는 사람들의 불순한 의도가 낱낱이 밝혀져야 한다는 것을 말씀드립니다. 불법적으로 단군 조형물을 공공장소에 세워 놓고는 민족주의라는 방패 뒤에 숨어서 기독교인들이 국민들에게 괴리(乖離)를 당하는 것을 즐기고 있는 자가 있다면 그것은 악한 자의 태도입니다. 국가의 장래를 위해서도 바람직하지 못한 일입니다.

위의 말씀 곳곳에서 밝혔듯이 우리 기독교가 다시 한 번 천명하는 것은, 몇 안 되는 자들의 불순한 동기에 의해서 자행되고 있는 초역사적이고 비교육적이며 종교적인 의도로 세워진 단군 조형물이 공공장소에서 완전히 철거 될 때까지 가능한 모든 방법을 동원하여 투쟁할 것입니다.

전에도 그러했듯이 이제도 기독교인들은 이 땅에서 미력하나마 국가와 조국을 위하여, 빛과 소금이 되라고 하신 성경 말씀에 근거하여 예수정신 민족사랑 운동을 힘써 실천해 나아갈 것입니다.

7. 정부당국에 강력히 촉구합니다

1. 단군 조형물은 초역사적이고 비교육적이며 종교적인 의도가 분명해졌기 때문에 즉시 해체해 주시기 바랍니다.(참고로 조선대학교, 파주 심학초등학교, 무주초등학교 등은 위와 같은 내용을 인지하고 자진 철거하였음)

2. 단군 조형물 건립으로 인하여 국민감정이 심각하게 이분화 되어 가고 있으며, 이를 방치할 때는 돌이킬 수 없는 민족 불행의 사태를 몰고 올 수도 있다는 것을 인지하여 즉시 해체토록 할 것을 촉

구합니다.

　3. 사태의 원인제공자는 그냥 둔 채 조형물을 훼손한 인사만을 구속 수사하는 것은 형평성의 문제와 국민화합 측면에서도 옳지 않음으로 사태의 재발방지를 약속하는 한 불구속 수사를 촉구합니다.

5. 한국교회언론회

사회적 기구와 도구들은 필요에 의한 산물이다. 한국교회언론회는 우리시대, 교회가 필요로해서 생겨난 기구이다.

2000년 12월 초에 MBC TV에서 한국교회 내부의 문제점을 시사고발 프로에서 방송하기로 하였다. 교계에서는 왜 하필이면 기독교의 축제인 성탄절을 코앞에 두고 교계의 긍정적인 내용을 방송하는 것이 아니라 기독교에 찬물을 끼얹는 방송을 하느냐며, MBC는 늘 기독교에 대하여 못되게 한다며 흥분했다. 그러나 여러 항의에도 불구하고 방송을 진행했다.

한국교회는 거대한 방송권력 앞에 속수무책이었다. 이에 교계는 대 언론대책위를 구성하기에 이르렀다. 2001년 3월에 당시 한기총 총무인 박영률 목사에 의해 각 교단장과 단체장 등 38 개 교단 및 단체가 모여 한국교회언론대책위원회가 출범하였다. 그런데 한국교회를 언론의 부당한 공격으로부터 지키려는 노력에 교계가 힘을 합해야 함에도 불구하고 어느 진보 세력에서는 대책위 반대 시위까지도 벌였다.

한국교회언론대책위는 2001년 7월 23일에 명칭을 한국교회언론위원회로, 변경했으며, 2003년 3월 21일에 한국교회언론회로 개칭하여 활동해 오고 있다. 그러므로 대언론대책을 위하여 출범한 단체가 언론관계에서 문제가 발생하였을 때에 대책이 아니라 한국교회를 대변하고 홍보하는 기능으로 확대하게 된 것이다.

지난 9년 여 동안 활동해온 한국교회언론회는 교계 어떤 연합기관보다 더 현장감 있게, 그리고 효과적으로 활동해온 것으로 인정받고 있다.

2001년도에는 중앙일간지에 무속점술광고를 모니터링 하여 신문윤리규정에도 어긋나는 것임을 지적하고 강력하게 대응하여 2개 신문에서는 무속광고를 완전 중단하게 했고, 나머지 중앙일간지들도 50-70%를 줄이는 결과를 가져왔다.

2002년 당시 월드컵 때에 열광적이던 축구응원단 명칭, '붉은 악마'를 개명해야 한다는 운동을 펼쳐서 붉은악마 응원단 명칭이 해체되는 결과를 이끌어 냈다.

무엇보다도 2008년 MBC의 교회 비방이 극에 달했을 때에 "한국교회 이제도 민족의 희망이다"는 내용의 전면 성명서를 조선일보, 한겨레신문 등에 실어서 대응했다. 그런가 하면 2008년 SBS TV가 기독교 신앙을 신화로 다룬 '신의 길 인간의 길'에 대응하여 'SBS 사태대책위원회'를 구성하여 방송의 잘못과 한국교회의 입장을 중앙일간지 조선일보 동아일보, 중앙일보, 한겨레신문 등에 성명서로 알리고, 결국 언론중재위원회에 까지 가는 대응 끝에 사과성 유감을 받아내기도 하였다. 돌아보면 '한국교회언론회가 없었더라면 어떻게 대응할 수 있었을까?'를 생각하게 된다.

언론을 제 4의 권부(權府)라고 부르는 현대는 언론의 영향력이 더욱 커져만 가고 있다. 한국교회는 언론에 대한 대응을 넘어서 언론을 활용하는 복음 사역을 새롭게 모색해야 할 때라고 본다.

한국교회언론위원회 출범에 부쳐

2001년 7월 국민일보

1. 하나님의 뜻이며 시대적인 요청

한국교회는 짧은 선교 역사에도 불구하고 괄목할만한 성장을 이루어 현재 국가 인구의 약 1/4인 1000 만 명의 신도를 헤아리게 되었다. 외적인 인구뿐만이 아니라 조국 근현대사의 중요한 역할을 감당하여 왔다. 복음전래 초기에 외세의 침략과 국권상실이라는 민족 국난의 때에는 함께 고난을 겪어 형극(荊棘)의 길을 마다 아니했으며 애국계몽과 신교육 운동에 온 힘을 다 기울였다.

당시(1917년)의 일을 춘원 이광수는 '기독교가 조선에 준 은혜 8가지'를 말하기도 했다. 기독교는 교세가 미약했어도 3.1 독립운동을 주도했으며 전후 조국 재건운동에 앞장섰으며, 군사독재의 암울했던 시대에는 진리의 불을 밝히기도 했다. 현재 북한돕기와 북한교회 재건 운동, 그리고 세계 200여 개 국에 약 9,500여 명의 선교사를 파송하고 있으며 국내 복지기관의 약 80%를 운영하고 있다.

이같이 한국 기독교의 자랑으로 여겨질 이야기를 장황하게 늘어

놓은 것은 한국교회를 알아 달라는 의미보다는 한국교회의 과거와 현재를 바로 알리며 또한 교회가 나아가야 할 방향성을 제시하며 한국기독교에 대한 편견을 고치는데 도움을 주고자 함이다.

현재 한국교회는 내외적으로 많은 어려움에 직면해 있다. 그야말로 내우외환이라고 하겠다. '내우'라함은 이름이 기독교인이라고 하는 이들에 의한 교회의 무차별적인 공격을 말하는 것이며, '외환'이라는 것은 극히 일부 기독교인의 부패 등의 일이 기독교 전체의 모습인양 매도되고 있는 현실을 말하는 것이다.

이같은 현실 속에서도 한국교회는 민족의 미래를 품고 가야 할 사명이 있다. 이제 그 사명의 최전선에 한국교회언론위원회(이하 한국교회언론위)가 있다고 보아야 할 것이다. 한국교회언론위의 출범은 한국교회의 위상과 비중을 감안할 때에 오히려 늦은 감이 있다고 보는 이들이 많다. 한국교회언론위는 출범을 하기도 전에 기독교 안티그룹(anti-group)에 의해서 공격을 당하기도 하였으나 오해에서 빚어진 하나의 해프닝이며 이제 한국교회언론위의 출범은 한국교회를 향하신 하나님의 뜻이며 시대적 요청임에 틀림없다고 하겠다.

2. 언론위의 역할을 기대

한국교회가 언론위에 기대하는 바는 크게 두 가지로 요약할 수 있다. 하나는 하나님께 영광되는 일이며, 다른 하나는 교회의 덕을 세우는 일이다. 결국 인류를 향하신 하나님의 거룩하신 뜻을 선포하는 교회의 사명과 맥을 같이 할 수밖에 없으나 교회가 감당하기 어려운 대 국민과 대 언론의 창구 역할로써 위의 두 가지 기대에 부응해야 한다고 본다.

현재 한국교회는 과거 어느 때보다 교회 안팎으로부터 많은 비판의 소리를 듣고 있다. 그 중에는 악의에 찬 비판 그 자체인 것도 있지만, 대부분 교회에 대한 기대가 실망으로 나타난 사랑의 충고로 받아 들여야 옳다고 본다. 만약 한국교회언론위가 비판의 충고 듣기를 싫어한다면 일부에서 우려하고 있는 기득권(旣得權)의 나팔수라는 오명을 면치 못할 것이다.

그러나 신자들의 어머니인 교회를 상하게 하는 자들의 악한 일에는 용기를 갖고 대처해야 한다고 본다. 작금의 한국교회는 일부 기독교인들의 비리를 침소봉대하여 선전하므로 교회에게 상처를 주고 그 이익을 얻고자 하는 이들의 준동이 위험수위에 이르고 있다. 건전한 신앙을 가지고 있는 이들이라면 "교회가 부패했다"고 말하지 못할 것이다. 4세기에 있었던 도나투스(Donatus)와 어거스틴(Augustinus)의 논쟁을 역사의 교훈으로 인용한다면, 교회는 '그리스도의 몸(corpus christi)이기에 부패할 수 없다. 교회의 거룩성은 사람의 행위에 의하지 않는다. 교회는 항상 거룩하다. 다만 부패한 사람들이 교회에 있을 뿐이다. 이 같은 사상 기조 위에서 교회의 권익을 보호하는 대변자로서의 역할을 기대한다.

다음으로 한국교회언론위가 복음전파와 기독교문화창달의 유용한 도구로 사용되어지기를 기대한다. 인류를 구원하는 예수 그리스도의 복음을 전하는 것은 교회와 교회의 모든 구성원들이 지상사명(至上使命)으로 받들어 준행해야 할 일이다. 한국교회언론위가 단순히 언론정책의 산출자 혹은 조정자, 대변자 정도라면 그 역할 기대를 충족한다고 하지 못할 것이다. 한국교회는 그 동안 "오른손이 하는 것을 왼손이 모르게 하라"는 예수님의 말씀대로 수많은 선한 일을 하였음에도 불구하고 그 실상이 제대로 알려지지 않고 있기에 '교회가 무엇을 하였느냐' 는 오해를 사기도 한다. 그렇다고 교회의 일을 나팔 불 듯이 하라는 말은 아니다. 복음 전파를 위해서는 교회의 선행을 알려야 할 때는 알리며 교회들로 하여금 더 많은 일을 하도록 격려하고 조력하는 일을 하여야 한다는 것이다.

그 동안 대부분의 사람들은 기독교는 외래종교 혹은 외래문화이고 불교나 유교가 우리 나라의 전통종교 혹은 전통문화라는 인식을 갖고 있다. 그러나 유교나 불교도 1700 여년 전에는 이 땅에 전파되지 아니했던 외래종교나 외래문화였던 것이다. 이제 기독교 정신을 국민 대다수가 공유한다면 우리민족의 새로운 전통종교나 전통문화로 자리 매김 해야 한다고 본다. 하나님을 경외하고, 부모를 공경하며, 사람들을 사랑하고, 자연을 애호개발하며 세계 모든 민족이 함께 평화롭고 행복하게 살아가는 기독교의 숭고한 정신이 이 땅을 덮을 수 있도록 모두가 힘써야 하지만 특별히 한국교회언론위가 이 일에 전도자 역할을 해주기를 기대한다.

다원화된 사회 속에서 절대의 가치를 인정하지 않으려는 사상이 종교계에도 침투하여 기독교의 진리를 단순 상대화하려는 사단의 사상에서 기독교의 절대진리를 지켜 나아가는데 한국교회언론위가 큰 역할을 해주기를 기대한다.

그러나 다양한 목소리를 수용하는데 인색하다면 전체 교회 공동체를 하나로 묶는데 실패할 수가 있기에 이 일에도 세심한 주의를 기울여야 한다고 본다. 그러므로 비판과 수용 그리고 연합의 정신이 균형을 이루도록 하여 친근하지만 진부(陳腐)하지 않으며, 창조적이고 긍정적인 역할을 기대한다.

3. 막중한 책임

한국교회언론위는 또 다른 하나의 기독교 연합기관이 아니라 진정으로 한국교회와 민족의 내일을 준비하여 하나님께 영광이 되며 교회에 덕을 세우므로 이 땅에 희망의 등불을 밝히는데 그 역할을 다해야 한다고 본다.

한국교회와 사회의 기대 속에서 출범하는 한국교회언론위는 향후 어떻게 사역하느냐에 따라서 그 권위를 인정받고 찬사를 받을 수도 있으며 반대로 질책(質責)과 외면도 받을 수 있다는 것을 명심해야 하리라고 본다. 부단한 변화를 요구하는 시대에 한국교회와 민족을 위하여 긍정적이고 생산적인 역할을 기대한다.

언론과 방송의 도전

6. MBC TV의 교회비판방송

MBC는 왜 기독교와 잘 지내지 못하는가?

"한국교회 이제도 민족의 희망이다"라는 성명서를 내기까지는 참으로 숨가쁜 시간들이 있었다. MBC는 왜 기독교와 사이가 나쁜 것인지?

MBC는 왜 놀부 심보처럼 구는지? 성탄절과 부활절을 앞두고서 거의 해마다 교회 비방, 목회자 비리 폭로 등의 프로를 만드는 것 자체가 불온한 것이라고 판단할 수밖에 없다.

2008년은 초부터 MBC는 기독교 때리기를 작심한 듯하다.

2월에 3부작으로 '뉴스 후'라는 프로에서 교회의 부정적인 면을 방송하기 시작했다. 대형교회의 부정적인 면, 담임목사직 세습(世襲), 교회 재정의 불투명성, 세금안내도 되는 사람들, 등으로 교회를 망신주기로 작정한 듯하다.

어느 시간에 뜬금없이 한 교회를 자랑하는 방송을 하는 것이 다음날 이어서 교회들을 비판방송하기 위한 얄팍한 수작이었음을 아는 것은 어려운 일이 아니었다.

다른 종교가 기독교보다 모두 깨끗하다는 식의 방송은 매우 의도적인 왜곡이다. 사실 교회보다 더 재정이 투명한 종교기관이 또 있는지 모를 일이다. 매월 혹은 2개월에 한 번씩 교회의 재정을, 그것도 담임목사가 하는 것이 아니라 재정부에서 보고하는데도 불구하고 투명하지 않다는 식의 보도는 참으로 어이없는 일이다.

카메라의 앵글을 고정시키고, 시나리오에 짜 맞추고, 그런데 교회 내부의 고발자들은 자신들의 불만을 퍼 나른다는 전언이다. 교회를 비판하고 목회자들을 비방하는 것을 직업으로 하는 사람들에게서 교회의 비난거리를 제공받는 것임을 알 수 있었다.

MBC는, 당시 체제 부정이 유행처럼 번지던 때에 한국교회를 기득권층으로, 보수주의 세력으로 여기고 한국교회를 약화시키겠다는 분명한 목표가 있어 보였다. 한국교회를 자신들이 개혁한다는 오만한 발언들도 전해지고 있었다. 한국교회, 더 이상 한국사회의 희망이 될 수 없다는 공론화(公論化) 작업이었다. 매우 불순한 의도였다.

어찌하든지, 역사적 진실과 함께 한국교회의 진실을 알려야 한다는 일념으로 "한국교회 이제도 민족의 희망이다"라는 성명서를 내게 되었다.

가장 미련한 필자에게 성명서 내용을 작성하도록 하신 분은 하나님이시다. A4용지 12장 분량의 글을 7시간 만에 탈고할 수 있었다면 누가 믿겠는가? 그러나 성령께서 하시면 모든 것이 가능하다는 진리를 필자가 직접 경험했으니 감격한 은혜 어찌 다 증거 할 수 있을지.

성명서가 나간 날 한국교회언론회의 전화는 너무도 바빴다.

어느 독자는 새벽기도 후에 신문을 들어 읽고서 크게 울었다며 감사의 인사를 해 오기도 했다.

그렇다. 예수 그리스도의 복음이 인류의 소망이듯이, 그 복음진리의 소유권을 담보(擔保)하고 있는 한국교회가 이제도 민족의 소망이다.

MBC TV, 교회 비방방송을 어떻게 이해하는가?
2008년 2월 기독언론포럼

2007년부터 지금까지 계속된 MBC의 교회 비방방송은 고도로 계산되어진 목적에 의한 기획방송인 것으로 의심하기에 충분하다. 그렇지 않고서야 어떻게 공영방송이 동일한 인물, 동일한 내용을 주제만 조금씩 바꾸어서 수년간 지속적으로 방송할 수 있는가?

최근 방송은 2007년 3월 24일 '뉴스 후', 6월 12일 'PD 수첩', 2008년 1월 26일 '뉴스 후', 2월 2일 '뉴스 후', 2월 16일 '뉴스 후', 이다. 이것은 공공의 이익을 위한 공영방송의 방송태도와는 전혀 다른 지상파 방송권력의 횡포라고 보지 않을 수 없다. 왜 이토록 집요하며 스토커(stalker)적인가? 그 방향도 국민들에게 악감정을 불러 일으킬만한 내용으로 잡아가고 있는가? 다른 종교나 단체는 청정지역이고 기독교만 유일하게 반사회적이고, 반국가적인 종교라고 몰아가고 있는 것에 분노하지 않을 수 없다.

MBC 방송은 지능적인 방법을 택한 것이다. 시청자로 하여금 반기독교적인 감정을 가질만한 사회 시민적 요소를 부축이고 집중적으로 카메라 앵글을 그 방송으로 고정하고 있다. 또한 교회 일부의 일을 전체적인 것으로 몰아가고 있다. 이 말은 6만여 교회 중에서 대형교회 몇 곳을 선정해 집중적으로 공격하는 것이다. 그런가하면 몇 몇 교회의 선행을 보도함으로 균형잡힌 보도인 것처럼 꾸미고 있다. 지난 1월 25일 저녁 9시 뉴스 시간에 뜬금없이 서울의 한 교회의 선행을 보도했고, 그것은 그 다음날 본격적인 교회비방방송을 위한 일종의 눈속임이라고 밖에는 이해할 수 없는 일이었다.

MBC의 교회 비방방송은 기독교의 약점으로 등장한 내부 고발자들에 의한 정보를 편집 기획하여 기독교를 주저앉히기 위한 목적으로 활용하고 있는 것으로 보인다. 즉 이념적이고 사회이데올로기적이며 음흉한 정치목적에 의한 것으로 의심하지 않을 수 없다. 이념적이며 사회이데올로기라는 것은 지난 10년간의 정치적 지향점과 괘(卦)를 같이하는 방송행태라는 말이다. 또한 음흉한 정치목적이라는 것은 MBC가 기독교에 대하여 애정을 갖는다면 저렇게 할 수 없는 것이며, 기독교가 너무 컸다는 판단하에 기독교 주저 앉히기가 목적이며, 또한 MB 대통령 만들기에 절대적인 지원세력인 기독교를 국민들에게서 분리함으로 앞으로 있을 4.9 총선에서 MB 행보에 제동을 걸자는 목적이라는 이해가 가능하다.

그러나 그 같은 방송의 불순한 목적이 있다는 것으로 이해한다고 해서 교회에 가해진 피해가 돌이켜질 수 있는 것은 아니다. 또한 화면으로 비춰진 그림 자체가 진실은 아니더라도 시청자들로 하여금 화면에 나타난 현상만을 사실로 받아들이게 되었으니 딱히 변명할 여지가 좁아 보이는 것이 기독교의 고민이다.

이번 사태의 파장은 한국교회 전체에 전도의 문을 막고 있으며 교회 전도(傳導)에 큰 난관으로 등장했다. 당장 대형교회는 큰 영향이 없겠으나 작은 교회들에게는 심각한 문제를 드러내고 있다는 전언이다. 그러나 기독교는 역사적으로 수많은 도전을 하나님의 도우심으로 극복하고 오늘에 이르렀다. 그러므로 이제도 현재의 위기를 기회로 삼아야 한다.

먼저 이 사태를 풀어가는 데는 몇 가지를 함께 고려해야 한다. 첫째는 불신자 국민들의 기독교 오해에 대한 해명이다. 신약 신학자 윌리엄 헨드릭슨(W. Hendrikson)의 말대로 "세상 사람들은 성경에서 기독교 진리를 발견하는 것이 아니라 먼저 믿는 사람들의 삶에서 발견하게 된다"는 것인데 이번 일로 인하여 기독교에 대한 오해를 해소하는 데는 많은 시간과 노력이 필요할 것이다.

둘째는 신앙의 회색지대에 있는 확신이 없는 어린 신자들에게 확신을 심어주는 것이다. 그렇지 않아도 점집에 드나드는 사람들 중에 약 30%가 기독교인이라는 말이 있는데 금번 일로 인하여는 신앙에 확실하게 서있지 못한 교인들은 목회자에 대한 불신이 신앙적 낙심으로 발전하지 않겠는가라는 우려이다.

셋째는 대형교회에 대하여 반감을 가지고 있는 소형교회 목회자들에게 대한 위로가 있어야 한다. 그렇지 않아도 작은 교회는 대형교회로 옮겨가는 성도들을 보면서 화가 치밀고 있는 터에 '사고'는 대형교회가 치고 그 피해는 소형교회가 받는다는 불만의 소리가 높은 것이 사실이다. 그러므로 대형교회는 어떻게 하든지 소형교회와 함께 한다는 실제적인 조치가 필요하다고 본다.

넷째는 복음적이지 못했던 교회들과 성직자의 철저한 자기반성과 회개가 있어야 한다. 이것이 없이는 어떠한 말도 변명으로 들리고 만다. 문제 해결도 없을 것이다.

다섯째는 교회에 대한 오해 즉 교회존재론에 대한 설명과 교회의 사회적 사명에 대한 정리이다.

여섯째는 MBC 방송에 대하여 교회가 하나 된 힘으로 단호하게 대처하는 일이다.

일곱째는 변증법적인 입장으로, 이 기회에 세상을 향하여 기독교 복음을 확실하게 제시하는 일이다.

여덟째는 방송을 비롯한 언론에 대처하는 일에 시스템을 작동해야 한다. 항상 사후 약처방도 미봉책이고 단발식인 기독교의 무능한 대처를 언론들은 잘 알고 있다.

아홉째 마틴 루터(M. Luther)인 것으로 착각하고 있는듯하나 실은 가룟 유다의 행위를 하는 교회 내부의 교회 해악자들에 대한 정리이다. 쉽게 말하면 내부 고발자 해결문제이다. 실제로 방송사의 변명은 자신들이 방송을 능동적으로 편성한다기 보다는 고발자들이 정보를 제공하고는 방송을 하도록 계속 압력을 가한다는 것이다. 이 같은 방송사의 발언이 변명이든 혹은 해명으로 이해하든 간에 개연성이 큰 것은 사실이다. 자신들은 교회의 위험을 알리는 휘슬러(whistler)라고 강변할지 모른다.

그러나 교회를 사회단체중 하나로 인식하지 않는다면 어떻게 성경의 가르침을 무시하고 세상에서 교회를 이토록 망신당하게 할 수 있는가? 교회 내부 고발자의 문제는 어떤 형태로든지 정리가 필요하다. 그것이 대화가 되었든지 아니면 법적인 방법이 되었는지 정리되어야 한다. 물론 교회가 흠잡을 데가 전혀 없다면 문제가 다르겠으나 지상의 교회는 저 같은 고발에 의해서 변화되는 것이 아니다. 교회는 주님의 교회이기에 주님이 행하신다. 주님을 사랑하고 교회를 진정으로 사랑하는 이들에 의한 하나님의 역사로 새로워진다. 슬픔만난 교회를 끌어 앉고 상주(喪主)의 심정으로 우는 예레미야 같은 사람들에 의해서 변화된다.

위의 열거한 것 외에도 다른 것들이 있을 것이나 우선 위의 것을 크게 두 가지로 다시 요약하면, 하나는 교회가 교회다워지고, 성직자가 성직자다워지며 성도들은 성도다워지는 일이다. 이는 하나님의 말씀을 충성으로 순종하는 일이며 예수님의 가르침을 실천하는 삶이다. 성경은 "너희가 열심으로 선을 행하면 누가 너희를 해하리요"(베드로전서3:13) 라고 하셨다.

다른 하나는 MBC에 대한 범 교회적인 대처이다. MBC의 방송 내용은 지능적인 편파방송이다. 기독교의 선한 가치, 교회의 사회적 기여는 없는 것으로 짐싸서 감추어 놓고 교회가 사회악이라도 되는 것처럼 몰아가는 반기독교적이며 스토커적인 방송행태는 공

영방송으로서의 국민적 이익에 반하는 방송해악이기에 정리되어야
한다. 교회는 MBC에 대하여 하나 된 힘으로 소비자 운동을 벌여야
한다. MBC 시청 안 하기, MBC에 광고하는 회사의 상품 불매운동
과 사법적 대응도 필요하다.

공영방송인 MBC의 교회에 대한 비판은 도를 넘어 기독교 비방
을 일삼는 것과 기독교 없는 대한민국을 목표로 반기독교 운동을
한다는 자들의 주장과 유사함에 주목해야 한다. 칼 마르크스(K.
Marx)가 제일 먼저 행한 것은 기독교를 비판하는 일이었다. 그는
교회를 인본주의와 유물론적인 관점에서 비판하는 것이 세상을 진
정으로 인간답게 살게 하는 세상을 만드는 것의 첫걸음이라고 보았
다. 그 같은 연장선상인가, 오늘날 한국사회는 마치 기독교를 비방
하는 일이 사회 정의를 실현하는 일인 양 대범하게 나오고 있다.

사실 MBC는 문제가 많은 방송이다. 방송사고와 잘못된 방송으
로 인하여 수차례 사과한 경력도 있는 방송이다. 사과가 정직한 것
일 수가 있으나 너무 자주하는 것이 문제다. 비판자가 비판대상자
보다 더 깨끗해야 비판할 수 있다는 말에 대하여 동의하지 않을 수
도 있다. 그러나 그 같은 태도는 후안무치(厚顔無恥)한 행동이다.

MBC의 상암동 신사옥과 일산 장항동의 방송센터 건립은 불법
땅장사 의혹은 SBS가 방송한 내용이며 국회에서 제기한 일이다.

그 같은 MBC가 지난 수년간 기독교 비방과 흠집 내기에 열을 올
리고 있다. 시청률 때문인지, 강자 앞에서는 작아지고, 약자 앞에서
는 강해지는 보도 태도는 방송 언론의 양심과는 무관한 것인지, 정

치권력에게는 해바라기성이며, 약자에게는 하이에나식의 방송 태도는 공영방송의 특권인지, 지난 2007 대선에서 대통령당선자 확정 전과 확정 후에 180도 달라진 방송태도는 당연한 방송의 생존방식이라는 것인지….

MBC의 교회비방 방송은 기독교를 다루기 쉬운 대상으로 보고 있는 것이 분명하다. 그렇지 않다면, 타 종교는 청정(淸淨)하고 기독교만 부패한 것으로 몰아갈 수 있는가? 교계일각에서는 뒤에서 방송을 부추기는 다른 세력이 있지 않고는 이럴 수가 없다는 배후설을 제기하기도 한다.

이 같은 고민가운데 나온 한국교회언론회의 "한국교회, 이제도 민족의 희망이다"라는 중앙일간지와 교계신문에 전면 성명서 내용은 참고할 가치가 있다고 본다.

현재의 사태는 교회가 해방이후 최대의 위기로 인식하여 교회가 하나 되어 지혜롭고 단호하게 대처해 나가야 할 것이다. 이일은 잘 헤쳐나간다면 오히려 위기를 기회로 바꾸어 주시는 하나님의 은혜를 경험하게 되리라고 믿는다.

그러면 교회의 문제는 없는가? 교회가 스스로 고치고 바꾸어야 할 교회내의 문제는 없는가? 이번 MBC 사태를 보는 교계의 관점과 그에 대한 이해는 과연 통일되어 있는가? MBC와 내부 고발자만 문제인가? 교회 자기성찰의 기회로 삼아야 하는 것이 하나님의 뜻이 아니겠는가? 대형교회는 교만한 마음은 없었는가? 소형교회는 대형교회를 향한 미움과 질시라는 쓴 뿌리는 없는가? 교회의 대

사회에 대한 사명을 충분히 감당하였는가? 성직자들이 마땅히 일반인들에게 존경받을 만큼의 윤리적 수준을 지켜 가는가? 또한 교회자정능력을 묻고 있는데 그에 대한 오해를 풀어줄 수 있는가? '목회자가 탈세한다' 는 모함에 대한 근본적인 해결책은 준비되고 있는가? 교회문제는 성직자 문제인데 목회자 윤리강령 등은 있으며 준수되고 있는가? 목회자 대물림을 교회가 크게 잘못하고 있다고 문제를 제기하는데 그에 대한 답변이 정리되어 있는가? 이 같은 교회의 존재근거가 되고 비난의 요소가 되는 일들에 대한 정리가 있어야 할 것이다.

교회는 이 위기를 기회로 삼아야 한다. 지상의 교회는 완전하지 않다. 교회의 구성원들 역시 이 세상 죄의 위험성에 노출되어 있다. 그러나 고의적으로 하나님의 뜻을 어기려는 사람은 없다. 그러함에도 그에 대한 책임은 인간에게 있다. 하나님께 영광, 인간의 책임이라는 신앙적 대 명제 앞에서 교회 지도자들은 다시 한 번 마음의 옷깃을 여미어야 한다.

교회가 스스로도 무오(無誤)하다고 생각하는 것은 오만이다. 실제로 교회는 세상에 존재하면서 세상보다 높은 윤리적 기준을 제시하지만 그에 미치지 못하는 경우에 더 큰 고민과 슬픔이 있다. 그러므로 이제 작은 실수라도 자신에게 적용은 더 엄격해야 하며 타인의 잘못은 주기도문처럼 용서하는 하나님의 사람들이 되기를 기도하며 가야 한다. 행한 일 즉 뒤에 있는 것을 잊어버리고 위에서 부르신 부름의 상을 위하여 달려가는 신앙의 본을 보이는 삶을 서로 격려해야 한다.

세상의 소망은 오직 주 예수님의 가르치심의 실천뿐이라는 것을 인정해야 한다. 지금까지 성직자는 세금 그 이상의 것을 나누며 살고 베풀며 살았다고 하나 그것이 자랑이 될 수 없으며, 사회가 더 많은 것을 요구한다면 기꺼이 함께 할 수 있다는 것을 천명해야한다.

6만의 교회와 10만의 성직자 그리고 1,000만의 성도는 그 믿는바 주 하나님의 성령에 이끌리어 살아간다. 특별히 이름도 없고 빛도 없이 오직 하나님이 부르신 사명에 매여 눈물어린 헌신과 수고를 다하는 주의 종들에게 남다른 존경과 사랑을 보내야 한다. 교회가 그 사명을 충실히 행할 때에 사회의 희망임을 확신하며 MBC 방송 사태 해결과 함께 교회가 근본에 충실해야 할 것이다.

선교적 측면에서 "교회는 어떤 박애주의자 보다 더 박애주의자가 되어야 한다"는 로마 카톨릭 신학자 한스 큉(Hans Küng)의 말은 깊이 새겨보아야 할 말이다.

7. SBS TV '신의 길 인간의 길' 파동

2008년도는 교회를 향한 비난이 유행처럼 번지던 때였다.

빌미를 제공한 것은 교회가 맞지만, 그것을 확대 재생산하는 곳은 따로 있었다. 교회와 목회자를 비판하는 것을 직업으로 삼고 있는 자들이다. 기독교 안티들은 이곳에 숙주(宿住)를 대고 있다는 분석이다.

2008년 2월에 MBC에서 '뉴스후'라는 프로에서 일부 대형교회와 일부 목회자의 문제점을 집중보도함으로 한국교회는 희망이 없고, 마치 부패한 집단처럼 매도하더니, SBS TV 마저도 교회를 향하여 큰 해악을 끼치는 방송을 4 부작으로 기획 제작하여 방송하기에 이르렀다.

이 사실을 알게 된 한국교회언론회에서는 이 황당스러운 방송을 막아야 한다는 실행위원회의 결의에 의해서 긴급히 항의 공문과 함께 SBS를 항의 방문하였다. 당시 방송관계자들은 "방송에 별문제가 없다. 한국교회에 해가 가지 않는다고 본다. 담당 PD도 크리스천이다. 그 아버지가 목사님이다." 등의 말로 방송을 강행하겠다고 우리에게 양해를 구했다. 그러나 "니체(Friedrich Nietszche)도 기독교 가정에서 자라났다. 담당 PD의 그 같은 배경이 방송내용을 보증하느냐?" 반박하며 방송을 하지 말 것을 주장했다. 그런데 방송

관계자의 말은 문제가 된다면 자신이 책임지겠다고 까지 했다. 결국 방송은 강행되었고 그 반향은 실로 충격적인 것이었다.

한국교회 지도자들과 성도들이 강한 바람과 함께 장마 비가 몰아치는 가운데 SBS에 몰려가서 항의 집회를 하였다. 목회자들의 참여는 당연하다고 할지 모르나, 성도들의 적극적 참여에 대하여는 눈물 날 정도로 고마웠다. 그 결과 한기총에 반론보도라는 형식으로 2-3분의 한기총 대표의 방송이 있었고, SBS의 방송은 계획대로 4부가 모두 방영되었다. 참으로 한심스러운 일이었다. 반론보도가 아니라 정정보도였어야 했다.

기독교계가 분노한 것은 예수 그리스도의 역사성을 부인하고 성경의 내용이 신화라고 방송한 내용 때문이었다. 또 한편으로는 이슬람을 호의적으로 편성한 것이 이슬람과의 커넥션이 있다는 의심을 불러왔고, 그로인하여 이슬람에 대한 반대운동에 불을 지피게 되었다.

한기총 대표의 반론보도로 인하여 이 사태가 진정되기를 원했던 SBS는 한국교회언론회를 중심으로 한 'SBS 사태 대책위원회'의 출범과 행동에 대하여 내심 크게 당황했던 것 같다. 사태진전에 따라서 SBS노조는 한국교회 주장에 굴복하지 말라는 요지의 성명서를 5번이나 발표한 것만 봐도 알 수 있다. SBS 측의 주장은 '언론의 자유' 라는 것이었다. 그러나 언론의 자유가 타인이나 종교, 그리고 단체의 정체성이나, 그 이익을 침해해도 되는 것은 아니라고 본다. 더구나 크리스천들의 생명보다 귀하신 예수 그리스도의 신성(神性)을 모독하는 것은 신앙인으로서 용납될 수 없는 것이었다.

SBS사태대책위원회는 일간신문에 광고로서 그 부당성을 알리고 홈페이지를 개설하여 온라인과 오프라인을 동시에 가동하여 대응했다. 총 4차례에 걸쳐 신문에 게재된 성명서는 많은 물적 정신적 노력이 필요했었다. 방송사측의 최고 경영진과 실무진들과의 만남은 일촉즉발의 사태까지 가기도 했었다.

시간에 쫓겨서 결국 언론중재위원회의에 제소하기에 이르렀고, 중재위의 권고에 따라서 쌍방합의 하기에 이르렀다. 쌍방합의는 공개하기로 한 것 외에는 비망록이나 책으로든 어떠한 형태로든 공개하지 않기로 했기에 사건핵심에 있었던 본인으로서는 자세히 밝힐 수가 없는 부분이 많음을 유감으로 생각한다.

다만 SBS 방송사측도 사회와 국가를 위하여 기독교계와 함께 긍정적인 기여를 하기로 한 것은, 아쉽지만 잘된 일이라고 위안을 삼는다. 그러나 하나님께는 죄송하여 머리를 들지 못하겠다. 다시는 이 같은 일들이 재발되지 않기를 바라며, 거룩하신 주님의 교회가 이 세상의 참된 소망이며, 한국교회가 이 땅에 희망으로 우뚝 서기를 기도한다.

지면을 통하여 다 알리지 못하는 것이 있는데, 그것은 이 일에 힘써서 도와주신 교회들과 목회자들이며, 함께 기도하고, 의로운 분노로 일어섰던 대책위원회 위원장과 동역자들이다. 위에 계신 주님은 이 분들의 수고를 반드시 잊지 않으시고 복으로 갚아 주실 줄을 확신한다.

SBS TV '신의 길 인간의 길'에 대하여 답한다

2008년 7월 28일 조선 · 국민일보 광고

상업방송인 SBS가 지난 6월 29일부터 7월 13일까지 방송한 4부작 '신의 길 인간의 길'은 시청자들에게 크나큰 오해를 불러일으켰고, 기독교인들에게도 무한한 불쾌감과 분노를 일으킨 '방송 횡포'였다. 그 수준에 있어서 '함량이 미달되고 위험스럽고 엉터리이며 거짓으로 일관된 3류 방송 프로그램'에 대하여 과연 대응해야 할 필요가 있는가? 라는 의견도 있었지만, '너희가 믿는 도리에 대하여 사람들에게 말해 주라'고 하신 성경 말씀과 그리고 '어리석은 물음에도 현명한 답을 해주라'는 선인들의 가르침에 근거하여 우리는 다음과 같이 정통 기독교의 입장을 밝힌다.

1. SBS의 방송 내용은 이러하였다

SBS는 4부작을 스페셜이라고 선전하였으나, 스페셜이 금번 SBS에 의해서 그 의미가 달리 해석되고 있다. SBS 스페셜은 특별한 무엇이 아니라, 스퀼트(squirt 마구 뿜어대는)나 쉠(sham 속임, 사기꾼)으로 그 의미가 전도(顚倒)되었다. 우리는 SBS 스페셜이 기독교를 폄훼하기 위한 스페셜이고, 또한 이슬람을 선전하기 위한 스페셜이라고 평가한다.

1부 '예수는 신의 아들인가' 는 3류 코미디 물에 지나지 않아, 우리의 눈과 귀를 의심케 하였다. 기독교 역사 2,000년 동안에 수많은 비난과 핍박 중에서 변증되고 검증되어 현재 지구 23억의 인구가 신앙하고 있는 정통 기독교의 핵심 교리이며, 신앙의 대상인 예수 그리스도께서 어찌 일개 상업방송 SBS의 불순한 의도에 의하여 부정될 수 있다고 여기는가?

우리는 SBS의 무지를 엄중하게 책망하며, 방송 제작진의 고의성과 오만을 용서하기 어렵다. SBS는 예수 그리스도의 역사적 실존에 대하여서도 의문을 제기하였지만, 이는 이제 종교계는 물론 역사학계에서 조차 발붙일 곳이 없는 주장이라는 사실을 고의로 외면한 것이다. SBS는 초대교회 이단인 영지주의 주장을 반복적으로 보도하여, 예수 그리스도를 신화적 인물로 몰아 예수 그리스도의 신성을 모독하였다. 그런가하면 예수 그리스도의 역사성을 부인하기 위하여 인터뷰한 사람들은 대부분 학문 수준을 신뢰할 수 없는 비정통신학자들과 반기독교적인 인사들이다.

2부 '무함마드 예수를 만나다' 는 어떠했는가? SBS는 무함마드가 태어난 날과 죽은 날이 분명하지만, 예수 그리스도의 역사적 실존은 의심된다고 주장함으로써, 다시 한 번 예수 그리스도의 역사성을 부정하였다. 또한 SBS는 예수 그리스도와 무함마드의 관계를 말할 때에 예수 그리스도는 여러 명의 예언자 중에 한사람에 불과하지만, 무함마드는 최후의 예언자이기에 그 위상이 예수 그리스도와 동격이라는 이슬람교의 일방적인 주장만을 보도하였다.

방송 언론이 특정종교를 두둔하는 것은 물론, 특정종교를 폄하하는 것은 옳지 않다. 그런데 SBS는 옳지 않은 이 두 가지 일을 함께 범하였다. 곧 SBS는 기독교를 폄훼(貶毁)하고 이슬람을 선전하는 방송이 되었다. 어찌 이렇게 기독교를 폄훼하고 이슬람교를 저토록 일방적으로 선전할 수 있는가?

3부 '남태평양의 붉은 십자가'는 선교사를 보낸 영국의 기독교는 쇠퇴하는 반면, 미국은 다양한 방법, 곧 경건하지 않은 방법까지 동원하여 교회 성장을 모색하고 있다고 소개하였다. 그런데 SBS는 미국이 종교 인구 비율이 적은 나라보다 범죄와 빈부격차와 불평등이 심한 사회임을 강조하면서, 기독교의 사회에 대한 긍정적 효용성 보다는 부정적인 측면이 크다는 점을 부각시켰다. 그러면서 SBS는 '어느 사회가 건강한가?'라는 질문을 통하여, 기독교 무용론과 반미를 유도하는 잔재주까지 부리는 교묘함을 보여 주었다.

바누아투의 타나 섬에 붉은 십자가를 세우고, 친미 성향의 원주민들이 60년 전의 존재 사실조차 희박한 존 프롬(John Fromn)을 메시야로 고대하고 있는 것을, 인류의 구세주이신 예수 그리스도의 재림을 기다리는 것과 같은 내용으로 보도한 것은 정통 기독교 신앙을 심각하게 비하한 것이며, 기독교인뿐만이 아니라 일반 시청자들까지도 업신여기는 오만한 방송 태도이다. 그리고 SBS는 기독교가 쇠퇴하는 영국에서 샤머니즘이 그 자리를 대신한다며, 극히 일부 세속화된 사람들의 현상만을 영상으로 내보냈고, 타나 섬에 영

국의 스코틀랜드 장로교가 전도를 하였지만, 현재 영국 기독교의
쇠퇴에 대해 방송하면서 보여준 영상은 장로교가 아닌 영국 국교인
성공회(Anglican Church)이었다. 그렇다면 SBS는 원인과 결과의
내용을 교묘하게 바꿔치기하는 술수를 부린 것이 아닌가?

4부 '길 위의 인간'은 표면적으로 이슬람 시아파와 수니파의 종
파적 갈등에 대해 말하면서 한국의 기독교도 선과 악의 이원론적인
사고를 가진 종교로 각색하였다. 이 같은 이원론적인 사고는 결국
BC 7세기 페르시아 지역에서 일어났던 배화교(Zoroaster)의 영향
을 받은 것이라고 하면서 SBS는 세계교회사까지 왜곡하고 있다.
SBS는 미국이 가진 이원론적인 사고가 한국 기독교에도 들어와서
친미적인 교회가 되었고, 이슬람 근본주의자들과 마찬가지로 종교
간의 진정한 소통을 이룰 수 없으며, 갈등과 전쟁을 일으킬 수 있는
극단적 종교에 지나지 않는다고 비약하였다.

이처럼 SBS는 다큐멘터리라는 포장으로 예수 그리스도의 신성
을 모독하고 기독교를 폄훼하는 한편 이슬람교를 선전하는데 열을
올렸다.

2. SBS 방송의 진정한 의도

SBS가 기획의도에서 밝힌 내용은, 기독교와 유대교와 이슬람교
의 뿌리를 찾고 종교 간의 화해의 길을 모색한다는 것이었다. 그러
나 SBS는 이 방송에 문제가 있을 것이라고 스스로 판단하여 제작

기획을 몇 차례 반려한 적이 있다고 밝힌바 있다. 그럼에도 불구하고, 무리하게 문제의 방송을 강행한 것은 불순한 제작 의도가 있다고 여겨진다.

SBS 방송에 대해서 총평을 내리자면 왜곡, 편파, 과장, 바꿔치기, 기독교 폄훼내용 반복하기 등의 기법을 동원한 엉터리 거짓 방송이며, 그로 인하여 SBS 스스로 지금껏 쌓아왔던 공중파 방송의 위상과 품위를 떨어뜨렸다고 본다.

기독교는 왜 SBS 방송의 공정성에 문제를 제기하는가? 교리 수호를 위하여 테러와 살인까지도 찬양하는 이슬람교가 기독교보다 윤리적으로 선한 가치를 가지고 이 사회를 위해 기여하고 있는 일이 과연 무엇인가? SBS는 세계를 테러로 점령하는 것을 정당하다고 여기는 이슬람교가 어찌 기독교보다 더 인류평화에 기여할 것이고, 갈등구조를 갖고 있는 이 세계를 변화시켜 나갈 종교라고 말하고 있는가? 이런 방송은 오히려 종교 간의 갈등을 부추기는 방송임에 틀림없다.

이슬람은 기독교 선교에 관해 각종 테러로 봉쇄하고, 이슬람교에서 기독교로 개종하는 사람에 대해서 명예살인도 묵인하는 폭력 종교임을 SBS는 모르는 바가 아닐 것이다. 더구나 SBS는 무슬림들이 물밀듯이 몰려와서 선교를 해도 아무런 위협도 가하지 않는 나라가 한국이라는 사실을 모르지 않을 것이다.

그럼에도 불구하고 예수 그리스도의 신성(神性)을 부정하고 세계 기독교를 폄훼한 SBS는 방송심의 규정 제9조 공정성과 방송프로

듀서 윤리강령 실천요강을 위반하면서까지, 기독교를 폄훼하는 만용을 부리는 방송이었다.

3. 그리스도인들은 무엇을 믿는가?

우리는 예수 그리스도의 역사적 실존의 증거를 성경 속에서만 찾는 것이 아니다. 예수 그리스도에 대한 기록은 로마의 공식문서와 『유대인 전쟁사』를 기록한 요세푸스(F. Josephus)의 문서에도 기록되어 있다. 또한 움직일 수 없는 증거는, 예수 그리스도는 인류 역사가들에 의해서 세계 역사연호(歷史年號)의 분기점, 곧 예수 그리스도를 중심으로 해서 세계 역사를 B.C (Before Christ)와 A.D (Anno Domini)로 구분할 정도로 그 역사적 사실이 명백하다.

우리가 믿는 예수 그리스도는 인성과 신성을 동시에 가지신 완전하신 하나님이시며 완전하신 인간이시다. 신약성경은 예수 그리스도께서 모든 인류를 죄와 사망 가운데서 구원하시기 위하여 십자가에 달려 대속적인 죽음을 당하셨고, 죽으신지 삼일 만에 부활하셔서 영원한 생명과 구원을 성취하셨으며, 예수 그리스도를 구주로 믿는 이들을 구원하시는 분명한 하나님의 언약의 복음으로 증언하고 있다.

이처럼 분명하고 생명처럼 여기는 신앙의 대상인, 하나님의 아들 곧 삼위일체의 성자 하나님이신 예수 그리스도의 신성을 SBS가 고의로 폄훼하고 무시한 사실은 기독교인들을 업신여기고, 동시에 예수 그리스도를 부정하는 것이기에 기독교인들은 분노하고 있다.

SBS가 예수 그리스도의 신성을 모독하는 것은 기독교인들에게는 참을 수도 없고 참아서도 안 되는 일이다. 미국 달라스신학교(Dallas Theological Seminary)의 하워드 헨드릭스(Howard Hendrics)는 "예수 그리스도를 위하여 바칠 목숨이 하나밖에 없다는 것이 가장 안타까운 일이다"라고 말했는데, 이것은 기독교인들이 예수 그리스도께 대한 신앙적 헌신이 어떠함을 알게 하는 말이다.

이처럼 기독교는 2000년의 전통 속에 지켜온 숭고한 가치 위에서며, 한국의 기독교는 이미 수많은 순교자들이 피를 흘린 고귀한 신앙을 물려받았고, 그 기독교 신앙을 수호하기 위해 다음과 같이 우리의 역할과 함께 그 입장을 밝힌다.

문제는 끝나지 않았다. SBS 방송이 이번 다큐멘터리를 통해 정통 기독교의 고유한 교리까지 문제 삼으며 정면으로 도전하였기 때문에, 이 점을 올바르게 시정하기 위하여 다음과 같이 향후 과제들을 분명하게 밝힌다.

첫째, SBS는 지난번 편파 방송에 대해 사과하고, 한국교회가 원하는 기회를 만들어 줄 것을 촉구한다.

SBS의 일방적 보도로 인하여 한국교회와 성도들이 입은 정신적, 신앙적 피해는 너무 크고 심각하므로 이에 대한 지면이나 방송을 통한 공식 사과를 요구한다.

둘째, SBS가 4부까지 240분 분량을 방송하면서 90초 반론 보도로는 부족하며 진정성도 없다.

SBS는 4부에서 한기총 대표의 반론보도 후에, '이것은 SBS의 입장이 아닌 한기총의 입장이다' 라고 방송함으로써, SBS의 반론보도는 그 진정성(眞正性)을 상실하였다. 이는 잘못된 방송에 대한 사과가 아니다. 그러므로 우리는 SBS가 우리의 반론이 담긴 다큐멘터리나, 이 분야의 전문가들과 학자들로 구성된 긴급 좌담회를 편성할 것을 요구한다.

셋째, SBS가 이슬람과 어떤 관계인지를 해명하라.

SBS는 4부작을 2년에 걸쳐 기획하고 1년간 해외 촬영에 들어간 엄청난 규모의 예산을 사용했는데, 이것이 단순히 종교간 화해라는 주제를 충족시키기 위한 것인가? 아니면 이슬람 포교를 위한 것인가? 또한 이슬람의 하지에 참석하기 어려운 것이 일반적 상식인데, 방송이 공개적으로 종교 행사를 촬영한 것은 어떤 의미인지 해명이 필요하다.

넷째, 우리는 SBS에 사후 방지에 대한 조치를 요구한다. 현재 홈페이지와 인터넷을 통한 자료 보급 및 앞으로 있을 영상물 유통을 중단하라.

이번 방송 내용은 1부는 안티 기독교의 교과서가 될 수 있고, 2,3,4부는 이슬람 포교 자료로 활용될 수 있다. 이로 인하여 한국교회는 계속적인 피해를 보게 되는 입장이 된다.

다섯째, 위와 같은 한국교회의 요구에 대하여 SBS의 성의 있는 태도를 요구한다.

한국교회는 이번 일로 입은 피해가 너무 심각하다. 그렇기에

SBS가 이에 대한 분명한 태도가 없을 시에는, 1,000만의 기독교인들은 SBS에 할 수 있는 소비자 운동, 시청자 입장에서의 권리 찾기 운동, 법적 대응 등의 행동을 해 나갈 것이다.

이번 기회에 한국교회는 하나가 되어야 한다.

한국교회는 복음 앞에 하나가 되어야 하고, 예수 그리스도와 십자가로 하나 되어 성경으로 돌아가는 재정향(再定向)이 요구된다. 기구나 조직체의 단일화도 필요하며 거룩하신 성삼위 하나님을 믿는 믿음의 신앙공동체로서 하나가 되어야 한다. 그리고 진리를 사수하는 일에도 하나가 되어야 한다.

우리 그리스도인들은 성경의 가르침을 따라서 의와 진리의 거룩함으로 옷 입으며, 사회와 국가와 민족, 그리고 인류의 평화를 위하여 예수님의 사랑과 평화의 정신을 삶 속에서 계속 실천해 나갈 것이다.

4. 지금 예수그리스도를 위해 행동해야 한다

한국교회는 하나님께서 주신 인류구원의 복음, 즉 진리소유권을 소중히 간직하고 계승해야 할 의무가 있다. 성경말씀대로 예수 그리스도 외에는 천하에 구원 얻을 만한 다른 이름을 우리에게 주신 일이 없으신 것을 분명히 믿으며, 확실히 선언하고자 한다. 복음의 선한 일과 사회와 역사를 향한 긍정적이고 희망적인 가치를 세상 중에 계승해 나가갈 것을 천명한다.

　SBS에 의해 예수 그리스도의 신성이 모독되고 기독교의 선한 수고에 대하여도 악하다고 왜곡하는 악의 도전에 대하여는 단호해야 하는 이유를 분명히 하고자 한다. SBS는 공익을 위하여 사용되어야 할 전파를 기독교 폄훼, 예수 그리스도의 신성모독, 그리고 이슬람 선전이라는 목적을 위한 방송을 했으면서도 언론 자유라며 뻔뻔한 태도로 일관하고 있다. 그렇다면, 언론의 자유가 종교의 존엄성을 짓밟아도 된다는 것인가? 이토록 그리스도인들을 분노케 하여 사회를 분란케 하고도 책임이 없다는 것인가?

　하나님께 대한 경외심과 종교적 가치는 인생에 있어서 그 무엇보다 귀한 것이다. 그런데 이 귀중성이 침해를 당한다거나 무시되었을 때에 이것까지 사랑이라는 이름으로 용납해도 된다고 생각하는 것은 어리석은 일이다. 진정한 사랑이란 진리를 짓밟고 신성을 모독해도 용납하는 것이 아니라, 진리를 수호하고 진리가운데 행하도록 돕는 것이라고 확신한다.

　그러므로 물의 깊이도, 불의 뜨거움도 모르는 철부지 한, 이 SBS의 야만적 도전에 대하여 대응이 없다면 그것은 하나님께 대한 우리의 불충이며, 믿음의 후세들에 대한 범죄로 기록될 것이다.

　SBS가 행한 예수 그리스도의 신성모독과 기독교 폄훼를 용납하여야 하는가에 대한 고민은 끝났다고 본다. 종교의 존엄성을 짓밟을 뿐만이 아니라, 국가적 사고를 치면서도, 언론의 자유라는 방패 뒤에 숨는 비겁하고 못된 SBS에 대하여, 주 예수 그리스도를 구주로 믿는 이들은 가슴 가슴에 거룩한 분노를 품고 진리수호를 위하여 일어나야 한다. 그것은 주 예수님을 2,000년 전처럼, 두 번 십자가에 못 박는 죄를 범치 않기 위해서이다.

1) 주 예수 그리스도를 위하여 하나가 되어야 한다.

사도신경을 신앙으로 고백하는 이들은 하나 되어야 한다. 주 예수 그리스도를 구주로 고백하는 이들과 주 예수 그리스도를 사랑하는 이들은 하나가 되어야 한다. 성령의 하나 되게 하신 것을 힘써 지키라고 하신 말씀대로 하나가 되어, 하나님께서 오늘날 우리에게 주신 복음과 진리수호에 헌신해야 한다. 이 일은 믿음의 선진들이 순교로서 지켜온 예수 그리스도를 통한 구원의 복음이며, 인류를 영원히 구원받게 하는 하나님의 언약의 진리이기 때문이다.

2)지금은 주 예수 그리스도를 위하여 행동할 때이다.

우리는 이미 SBS에 정중한 요청과 여러번의 기회를 주었다. 그러나 우리의 정당한 요구는 거절되고 무시당했다. 이는 우리에게 행동하는 일 외에 다른 선택이 없음을 확신시켜준 것이다. 행동하지 않는 양심은 양심이라 할 수 없듯이, 미국의 프린스턴 신학교(Princeton Theological Seminary)의 벤자민 워필드(Benjamin Warfield)의 말대로 "지키기 위하여 싸우지 않는 진리를 믿는다고 고백하는 것은 헛된 진리"임을 인식한다. 즉 지켜내지 못하는 진리는 진리가 아니다. 그러므로 1,000 만의 기독교인들은 다음과 같이 행동할 것이다.

1. 늘 사고치는 장사꾼 방송인 SBS를 시청 거부한다.

2. SBS에 광고된 제품 불매운동에 돌입한다(본의 아니게 피해를

입게 되는 기업은 양해 바람)

　3. SBS에 전화로써 우리의 단호한 의지를 밝힌다(매일 수 만 명
항의하기)

　4. SBS 서울방송을 본래대로 서울 지역방송으로 환원하도록 운
동을 전개한다.

　5. SBS 母 기업에 대한 불매운동을 전개한다. 또한 차후에 일어
나는 일과 그에 대한 손실과 책임이 SBS에게 있음을 밝혀둔다.

　우리가 행하는 이 일은 기독교 진리수호를 위한 일이므로 천하에
어느 누구도 억제(抑制), 저지(沮止)하지 못한다는 것을 선언한다.

8. 사회언론의 기독교비판

최근 수년 간 메이져언론의 교회 보도가 빈번해 졌다. 신문에 의한 보도는 낯설지 않은 것이지만, 영상매체인 TV방송은 새로운 것이다. 공영방송인 KBS와 MBC 뿐만이 아니라 상업방송인 SBS TV까지도 한국교회를 불쾌하게 하는 내용(다큐멘터리 '신의 길 인간의 길')으로 방송을 해 물의를 빚고 있다. 그러면 왜 언론들이 한국교회에 대하여 비판적인 기사와 보도를 서슴없이 강행하고 있는 것인가? 과연 언론의 보도태도와 그 목적은 어디에 있는 것인가? 혹시 교회를 허물기 위한 계략은 아닌가? 이에 대한 의구심과 함께 언론에 대한 대책을 강구해야 한다는 목소리가 높아지고 있다.

먼저 언론들의 변(辯)을 들어보면, 현재 우리 사회는 성역(聖域)을 두고, 그 안에서 일어나는 모든 일들은 외부에서 간섭해서는 안 되는 영역이 없다는 것이다. 투명한 사회가 건강한 사회인데, 종교도 예외가 될 수 없다는 말이다. 왜냐하면, 종교 생활을 하는 이들도 사회구성원이고 보면 종교의 보편적 가치는 존중되어야 하지만, 사회 통념상 인정하기 어려운 것은 비판받아야 하지 않느냐, 시민사회의 기본적인 규칙을 어길 때에는 그에 대하여 언론이 침묵해야 할 의무가 있느냐? 는 이유 때문이다.

이 같은 주장에 대하여 종교, 혹은 교회가 그렇지 않다고 말할 수 없다고 해도, 종교계, 특별히 한국교회를 다루는 일반 언론의 보도 목적과 태도가 정당한가에 대한 물음에는 답을 해야 할 것이다.

먼저 일반 언론에 의한 교회보도 내용을 보면 의도가 불순한 것이라는 불만이 이유 있음을 알게 한다. 시간적으로 가까운 방송보도부터 분석해 보면, SBS가 2008년 6월 29일에 방송한 "예수는 신인가 인간인가"의 내용을 보면, 방송의 목적이 분명하지 않다. 구성도 탄탄하지 못하고 내용도 엉성하고 편향되어 있다.

다만 분명한 것은 한국 기독교와 교회에 크나큰 해가 되었다는 것이다. SBS 방송 관계자의 입으로, 방송의 기획단계부터 방송의 문제점이 있다고 해서 몇 번이나 반려된 적이 있다고 해서 문제성이 있는 내용임을 인정했다.

방송의 기본적인 골격은 "예수는 신화다"라는 공인받지 못한 소설류의 작가인 티모티 프레크(Timothy Freke)의 주장을 견지하고 있다. 즉 정통기독교 학자들의 학설은 전혀 끼어들지도 못하게 했다. 또한 인터뷰어들도 한결같이 한물간 종교사학파(宗敎史學派)들을 등장시키고 있다.

예수님의 역사성을 의심하는 주장은 이미 학계에서는 발을 붙일 수 없을 만큼 분명함에도 불구하고 고대 이집트와 페르시아 신화를 등장시켜, 유사성이 있다는 식의 짜깁기식의 방송이 기독교에 해를 주기 위한 방송이라는 것을 쉽게 읽어낼 수 있다. 한마디로 엉터리 거짓 방송 때문에 손해를 당하는 것이 불쾌한 일이다.

공영방송의 경우 어느 방송은 '우리가 한국교회를 개혁 한다' 는 교만한 말로써 한국교회 비판방송에 임하였다고 전해온다. 그리고 수시로 교회의 부정적인 모습을 자신들의 기법으로, 전파로 송출했다. MBC의 반기독교적인 행태는 누구나 익히 알고 있는 것이다. 그들의 말대로 한국교회가 심히 부패했다고 믿는 교계지도자는 별로 없어 보인다. 문제는 일반 언론의 객관적인 언어로 초월적 영역의 진실소유권을 가진 종교를 완전히 읽어낼 수 있는가? 그리고 화면에 등장시킨 사실(facts)과 진실을 혼돈케 해서 의도를 가지고 전하는 내용을 시청자들이 분별하지 못한다는 것이다.

멀리서 보고 듣는바에 의한, 일반 언론에서의 교회 비방성 방송의 목적은, 교회가 너무 권력이 있다는 것이다. 너무 컸기 때문에 눌러야 한다는 말이다. 또한 사회 분위기가 기독교 안티(anti~)적이기 때문에 그런 내용의 방송은 상업성이 있다는 판단이다.

기독교 비판은 교회사적으로 언제나 있어 왔으나 작금의 교회비방은 도를 넘고 있다는 판단이다. 그 비방의 근거는 일부 교회에서 제공하는 것이 맞다. 비판받을 만한 일을 만드는 교회와 지도자들이 있으며, 그런가하면 내부고발자들도 있고, 교회비판을 직업으로 삼고 있는 자들도 있다.

그러면 어찌할 것인가? 현재 한국교회는 중국 송(宋)나라와 비유된다. 송나라는 전쟁에서 한 번도 이겨본 적이 없으며 언제나 손해만 보았다. 한국교회도 일반 언론에 의한 비방보도에 늘 손해만 보고 있다. 그 이유는 교회가 심각성을 인식하지 못하고 있으며, 교회가 하나 되지 못하였기 때문이다. 또한 미연에 방지도 없고, 사후 대응도 미온적이기 때문이다. 한국교회 이제 더 이상 일반 언론에 의한 교회 폄훼(貶毀)는 결코 가만히 당하고만 있을 수 없는 시점에 와 있다.

사회 언론을 보는 교회의 시각
2008년 8월 『월간 목회』

1. 증가하는 교회비판 보도

최근 사회 언론의 교회 보도가 빈번해 지고 있다. 사회 언론이라 함은 일간, 주간 혹은 월간신문 뿐만이 아니라, 방송언론도 포함한다. 지면으로 보도되는 언론보다 전파로 보도되는 방송언론의 영향력은 월등하다. 방송언론 중에서도 지상파 중앙 TV 방송들의 위력은 가히 놀랄 만하다.

교회 문제에 대한 언론의 보도는, 보도의 빈도수에 문제보다 내용의 문제를 교계는 심각한 눈으로 바라보고 있다. 사회 언론의 보도 내용은 독자들의 관심을 우선하는 언론의 특성상 대부분 교회를 부정적으로 볼 수 있는 것으로 구성하고 있다. 당연히 교회 이미지가 나빠지며, 그로 인하여 전도의 길이 막히게 된다는 우려이다. 그리고 그 우려는 현실로 나타나고 있다. 최근 한국교회가 침체하게 된 데는 여러 가지 복합적인 요인이 있겠으나, 사회 언론에 의한 교회 비판, 혹은 비방이 일정한 역할을 했다는 분석이다.

그러면 사회 언론이 교회 비판보도를 대담하게 하는 이유는 어디에 있는가? 여기에 대하여 교계는 의구심을 가지고 있다. 그에 대하여 사회 언론에 종사하는 어느 PD의 언급은 주목할 만하다. 그의 말은 "언론의 객관적 언어로는 '초월적 영역'의 '진실 소유권'을 가진 종교를 완전히 읽어내기는 어렵다"고 전제 하면서 "시민 사회의 기본적인 룰을 어길 때는 그에 대하여 언론이 침묵해야 할 의무는 없다"고 했다. 이 말은 언론이 지금까지는 종교적인 문제에 대한 언급, 보도를 조심했으나 이제는 언론의 사명으로 종교관련 보도를 하고 있다는 말이다. 또한 종교계가 사회일반적인 룰을 어겼을 때에 사회 언론에 종교 관련보도는 그 당위성을 갖게 된다는 것이다. 그러나 지금까지의 사회 언론의 교회 보도태도는 빈번하게 편파적이고 공정성을 상실한 것으로 볼 수 있다.

앞으로도 종교관련 보도는 더 늘어날 공산이 크다. 그 이유는 첫째 시민사회의 영역이 넓어지면서 성역의 범위가 점차 좁혀질 것이기 때문이다. 지금까지 종교에 대한 비난을 자제했던 것은 나름대로 종교를 성역으로 간주했던 터였기 때문이라는 것이다. 그런가하면 기독교는 교회 안으로부터의 의견분출이 타 종교보다 활발하게 이루어지고 있기도 하다. 둘째 사회전체적인 분위기가 보수성을 띠고 있는 기독교를 진보성향을 가진 사람들이나 단체가 곱게 보지 않으려 한다는 것이다. 기독교는 교리 상, 그리고 전통적으로 보수적인 색채를 띨 수밖에 없다. 이는 정치성향이라기 보다 기독교 진리자체의 특수성 때문이다. 그리고 기독교는 기독교 국가나 기독교 적인 나라들과 암묵적인 유대관계를 형성하고 있는데 이것이 비 기 독교인들로부터 특정 성향으로 비춰질 수도 있어서 진보적인 언론 들로부터 공격의 빌미가 되기도 한다. 셋째 다원화된 사회에서 기 독교는 구원 진리의 유일성과 신의 절대성을 강조하기 때문에 이에 대한 반발이 있다는 것이다. 이 같은 이유에 더하여 교회의 비난이 영웅들의 행위인양 부추기는 사회적 분위기도 한 몫을 한다는 분석 이다. 모 TV 방송국 PD들의 "우리가 한국교회를 개혁한다"는 교만 한 발언이 이를 뒷받침한다.

2. 사회 언론에 비춰진 교회의 모습은 어떤가?

사회 언론이 교회를 보는 시각이 많이 변화한 것이 사실이다. 그 것은 교회의 대 사회적 영향력이 변함에 따라 달라진 것으로 본다. 전에는 교회가 사회에 대하여 종교적인 선한 영향력을 행사한다는 긍정적인 면을 보려고 했다면, 1990년대 이후 일부 몇 몇 교회가 초대형화 되면서 교회의 권력화를 우려하게 된 것이다. 실제로 교 회는 막강한 인원 동원력과 자금력이 있는 것으로 보고 있다. 이것 이 일반정치에도 큰 영향력을 미치고 있다는 판단이다.

2004년에는 『시사저널』에서 교회의 헌금사용 문제점을 집중보 도하기도 했다. 물론 일반 언론이 교회의 특수한 구조를 다 이해한 것은 아니다. 그러므로 교회입장에서 보면 곡해하였다고 항의할 만한 내용도 있다. 그러나 중요한 것은 교회의 재정 운용이 일반 언론의 지적 이전에 교회공동체가 모두 인정할 만큼 투명한가에 대한 반성은 필요하다. 먼저 드러나 보이는 것으로 목회자들의 고급승용차, 교회의 무리한 확장 등을 꼽고 있다. 또한 극히 일부지만 성직자들의 부도덕한 일들도 단골메뉴다. 한마디로 교회가 세상보다 무엇인가 달라야 한다는 기본 인식에서 출발한다. 그것은 종교의 기능이 사회에 선한 영향력을 끼쳐 달라는 사회적 청원이기도 하다. 그런데 '교회 너 마저도' 라는 실망감도 없지는 않다는 것이다. 그러므로 일부 성직자들의 일탈문제, 교회 재정운영의 투명성 문제, 그리고 교단장 선거에서 돈 선거문제 등으로 인하여 성직자가 이중성으로 보인 것이다. 국민의 의무인 납세의 의무는 전혀 지지 않으면서 호화생활을 한다고 몰아붙이고 있는 것이다.

한 마디로 사회 언론이 교회를 볼 때에 선한 것보다는 눈에 거슬리는 것이 더 많이 보인다는 것이다. 그러니 전도하는 것도 교회세력 늘리기 위한 것으로 이해하고, 헌금은 성직자와 교회 살찌우기 위한 것으로 곡해한다. 그런가하면 선거 때만 되면 종교를 찾아다니며 표를 구걸하는 정치인들과 교회가 정치적으로 결탁하는 것으로 보고 있다.

사회 언론이 교회의 부정적 보도 자료는 대부분 내부 고발자에 의한 것으로 파악되고 있다. 교회 일에 불만을 가진 사람이 그 문제를 교계 언론에 제보하기도 하고, 그것은 교계 비판 일부 언론이 일반 언론에 제보하기도 하고, 최근들에서는 교회 불만을 지상파 방송국에 직접 자료를 넘겨주는 일이 있기도 하다.

모 방송국에서 변명하기를 자신들은 교회와 싸우고 싶은 것이 아닌데, 자료를 넘겨준 사람들이 왜 보도를 하지 않느냐는 항의와 압력 때문에 어쩔 수 없는 측면도 있다는 것이다.

종교와 언론은 각기 순기능과 역기능이 있는데, 종교와 언론의 순기능이 만나서 더 좋은 효과를 가져 오기도 하겠지만, 반대로 역기능의 시너지 효과(synergy effect)를 내기도 한다. 그래서 종교의 역기능과 언론의 역기능이 만나면 최악의 상태가 된다고 우려한다. 종교의 순기능이란 사회 통합적이고 소망을 주는 것이다.

언론의 순기능이란 언론의 사명 그대로 사실보도와 함께 잘못된 일에 대하여 비판할 수 있는 기능이다. 종교의 역기능이란 맹신(盲信)의 우민화(愚民化)이고, 언론의 역기능이란 독자들의 눈과 귀를 흐리게 하는 것이다. 현재 일반 언론과 교회의 관계를 볼 때에, 교회는 사회 언론에 의한 교회비난은 언론의 역기능이라고 비판하는 것이고, 언론은 교회의 역기능을 질타하고 있는 현상이다.

3. 사회 언론에 의한 교회 비판이 정당한가?

위의 물음에 대한 교회의 답은 "그렇지 않다"이다. 그것은 체감온도 때문만은 아니다. 사실을 가장한 편파적이며 어떤 의도성이 있다는 것이다. 2008년 2월부터 시리즈로 방송한 MBC TV 프로 '뉴스 후'가 그 대표적인 예다. 그에 대하여 2월 22일 한국기독언론협회가 주관한 "MBC 교회 비판정당한가"라는 포럼에서 필자는 MBC의 교회 비방방송은 고도로 계산되어진 목적에 의한 기획방송인 것으로 의심하기에 충분하다고 했다. 그렇지 않고서야 어떻게 공영방송이 동일한 인물, 동일한 주제를 제목만 조금씩 바꾸어서 일 년간 지속적으로 방송할 수 있는가? 2007년 3월 24일 '뉴스 후', 6월 12일 'PD 수첩', 2008년 1월 26일 '뉴스 후', 2월 16일 '뉴스 후', 2월 23일 '뉴스 후'에서 지속적으로 방송한 것은 대단한 목적을 가진 기획방송인 것이다. 이에 교계는 분노했고, 급기야 한국교회언론회에서는 『한국교회 이제도 민족의 희망이다』라는 성명서를 일간 신문 몇 곳과 교계신문에 게제하기도 했다.

사회 언론 중에는 기독교와 비교적 우호적인 언론도 있고, 비우호적인 언론도 있다. 문제는 지상파 방송이다. 영상 방송의 경우는 시청자들에게 비춰지는 것은 사실보다는 영상이 머릿속에 사실로 오래 기억된다는 것이다. 즉 사실(fact)과 영상은 별개 일 수 있는데, 영상이 사실처럼 인식된다는 것이다. 그러므로 의도된 방송은 카메라 앵글을 목표에 고정하여 지능적인 왜곡을 할 수 있다는 것이다. 수많은 일들 중에 선한 일은 제외하고 나쁜 것만 카메라로 잡아서 방송하면 좋은 것은 없고 나쁜 것만 보인다. 또한 카메라 셧터를 어느 시점에서 누르느냐에 따라 다르다. 지난 MBC의 뉴스 후 방송, K 교회의 경우 주차장 문제에 있어서 차량이나 사람이 많을 때와 그렇지 않을 때에 영상은 사실을 왜곡하는데 편집자의 의도대로 할 수 있었다는 것을 분명히 보여 주었다.

사회 언론 특별히 MBC의 경우는 기독교의 큰 명절인 성탄절과 부활절을 앞에 두고 기독교 비방내용을 방송했다. 바로 이것이 의도성이라는 숨길 수 없는 확증이다.

사회 언론 교회 비난기사에 대하여 교회의 책임은 없는 것인가?

사회 언론이 보도하기 좋아하는 내용은 반기독교 정서를 가진 시민들이 늘어감에 따라서 그들의 흥미를 돋구는 것들이다. 예를 든다면, 교회 담임목사 대물림, 이것은 세습이는 단어를 사용한다. "어떻게 왕조 시대의 유물인 세습이 교회에서도 이루어진다는 말인가?"라고 하면 금방 흥미가 생기고 아울러 반감이 생긴다. 성직자 납세 문제도 그렇다. "국민의 신성한 의무인 세금 납부를 어떻게 사회 지도층에 있는 성직자가 안한다는 말인가?"라고 보도하면 금새 호응을 얻는다. 또한 성직자의 호화생활로 보일 수 있는 승용차 타는 문제도 그렇다. "성직자가 국산품을 애용하는데 앞장서야지 어떻게 외제승용차를 타고 다니나, 좀 작은 차는 어때서 대형차를 타고 다닌다는 것인가?" 라고 하면, 국민들은 그 보도를 용기 있는 보도라고 여긴다. 교회의 분쟁을 보도하면, "교인들이란 것도 별것 아니네"라고 좋아한다. 초대형교회의 비리를 보도하면 같은 교인들이지만 작은 교회 목회자들도 고소해 한다. 교회의 정치적인 집회, 정치 지향적으로 보이는 것을 보도하면 교회의 세속화로 인식하는데 좋은 비난거리가 된다. 이렇듯 사회 언론의 교회 비난보도는 그것을 반기는 독자가 있다는 것이다. 즉 사업적으로 이익이 된다는 계산도 있다.

그러나 이 같은 기사로 인하여 손해를 보는 것은 교회이지만 그 것을 사회 언론에만 탓을 돌리는 것은 미련한 것이다. 교회가 스스로 무오하다고 생각하는 것은 오만한 것이다. 성경은 말씀하시기를 "너희가 열심히 선을 행하면 누가 너희를 해하리요"(베드로전서 3:13)라고 하셨다. 물론 지금의 교회 비난 언론들의 태도로 보아서는 교회가 선한 일에 전적으로 힘써도 또 다른 비난거리를 찾겠으나 교회가 너무도 많은 비난 요소들을 제공하고 있다는 것이다. 그 것이 교회 내부의 고발에 의한 것이든 언론들이 스스로 찾아내든지 간에 교회는 많은 약점을 보이고 있는 것이 사실이다. 결국 책임을 타인에게 돌리든지 아니면 자신이 떠안고 가든지 이다. 무엇이 복음과 교회를 위한 것인지 지혜롭게 대처해야 한다.

4. 교회 비난 사회 언론에 대한 교계의 대처방법은 없는가?

지금까지 교회는 언론에 대한 이해가 부족하였던 것이 사실이다. 언론은 막강한 힘을 지니고 있다. 보통 사람을 영웅으로 만들기도 하고, 잘 나아가는 사람을 내려 앉히기도 한다. 기업에 치명타를 가하기도 하고, 정권을 바꾸는데 결정적 기여를 하기도 한다. 그래서 언론을 '제 4의 권부'라고 부르기도 한다.

그러나 사실 언론은 사회적 도구이자 기능이다. 그런데 도구는 어떻게 쓰여 지느냐에 따라서 결과가 달라지는 것이다. 막강한 힘을 지닌 언론을 교회가 투쟁의 대상으로 삼는 것은 지혜롭지 못하다. 공중권세 잡은 자로 이해하는 것도 오해다. 이제 교회는 언론을 복음 사역을 돕는 파트너로 삼을 지혜가 필요하다. 즉 사회적인 도구인 언론이 교회를 돕는 도구로 사용되어 질 수 있는 방법을 강구해야 할 때이다. 언론을 움직이는 것은 사람이다. 그러므로 사람을 움직이자는 것이다. 한 도움이 되는 예를 소개하면, 미국 교포사회는 현지에 나와 있는 신문들을 잘 이용한다. 이용한다는 것은 교계가 언론에 도움을 줌으로써 언론이 교회 일에 협력하도록 한다는 것이다. 돕는다는 것은 일반 언론을 구독해 주고, 광고를 주는 것이다. 언론이 운영되는 데 일조를 하는 것이다. 그러면 언론은 자연히 교계 일에 우호적일 수밖에 없고 교회와 협력적일 수밖에 없는 것이다. 그런데 한국교계는 언론에서 교회에 손해날 것 같은 일이 있을 때에만 얼굴에 핏줄을 세우고 달려드니, 교회에 대한 사회 언론의 시각은 늘 부정적일 수밖에 없는 것이다.

다른 종교는 언론 문제에 대하여 능동적이고 효과적으로 대처한다. 몇 종교는 언론대책 전문기관이 있어서 활동한다. 예산도 풍부한 것으로 알려져 있다. 한국교회는 교회언론회가 있으나 그들에 비하면 미약하고 매우 제한적이다. 사후 약방문식일 때가 많다. 이제 한국교계는 사회 언론에 대하여 눈을 돌려야 한다. 일이 터진 후에 떼쓰는 모습으로 비춰지지 말고 점잖게, 보이지 않게 일해야 한다. 이것은 로비라는 말이 아니다.

종교도 사회 언론도 사회적 공동선의 목표가 있다. 그것은 사회를 밝게 하고 사람들을 행복하게 하는 것이다. 그것에 대한 서로의 이해를 증진하고 서로 돕자는 것이다. 때에 따라서는 그 일에 종사하는 이들과의 스킨쉽도 필요하다. 더구나 교회는 사회 어떤 기관이 갖지 못한 진실 소유권을 가지고 있다.

5. 힘을 모아 복음의 능력을 회복해야

사회는 다원화되어 있다. 성역이 줄어들고 기존성역도 인정하지 않으려는 시대이다. 이때에 교회는 교회가 가지고 있는 복음의 능력을 잃지 말아야 한다. 교회적 사명을 다하려면 반드시 그렇게 해야 한다. 또한 교회가 사회 언론으로부터 비난 받는 일이 빈번해 지고 있는 현실은 교회 사명을 다하는데 지장을 준다. 물론 교회가 그 사명에 충실하지 못하여 사회 언론으로부터 비난이 있기도 하다. 그러나 사회 언론을 투쟁의 대상으로 만들지 말아야 한다. 반대로 사회 언론이 교회 비난을 즐기도록 빌미를 주어서도 않된다.

한국교회는 참으로 복잡한 구조를 가지고 있다. 교단의 난맥상과 지도력의 부재는 교회의 힘을 하나로 모으는데 큰 장애가 되고 있다. 정치적인 면이 쉽지 않아도 복음을 위한 일에는 하나 된 힘을 발휘해야 한다. 한국교회의 개(個) 교회주의는 결국 한국교회가 사회 언론에 의한 비난으로 인하여 오늘보다 더 어려워지는 결과를 가져 올 것이다. 언론에 대해 타 종교를 따라가지 못하는 것도 안타까운 일이다. 불교는 어느 사찰의 이름으로 광고하거나 대응하지 않는다. 불교 종단으로 한다. 천주교 역시 그렇다. 그런데 한국교회는 대형교회별로 행동한다. 한국교회 전체 문제에 관심을 두지 않고, 오로지 자기 교회 이익에만 관심을 갖고 있다면 지금보다 더 어려워 질 것이다.

이제 교계는 사회 언론에 대한 인식을 새롭게 할 때이다. 언론에 대한 문제는 범 교단적으로 정책하고, 지원하고 대처해야 할 때이다. 지상파 방송에서 교회 비난 방송이 한 번 있어도 수천, 수만의 영혼들이 우르르 타 종교로 가거나, 기독교에 대하여 마음의 문을 닫는다는 것을 뼈아프게 알아야 할 통탄스런 일이다.

사회 언론에 대한 대처와 함께 교회가 안고 있는 문제들을 새롭게 고쳐가야 한다. 선교적인 측면에서 "교회는 어떤 박애주의자보다 더 박애주의자가 되어야 한다"는 튀빙엔 대학의 카톨릭 신학자 한스 큉(Hans Küng)의 말은 깊이 새겨 보아야 할 말이다.

기독교와 안티기독교

9. 최근 안티기독교의 동향

사람들의 삶의 편리를 위한 가상공간인 인터넷에서 기독교를 향한 비방의 글은 우려의 수준을 넘어서 심각한 수준이라고 진단한다. 현재 안티기독교 사이트가 얼마인지 정확한 집계가 없지만 안티기독교로 검색되어지는 카페가 무려 50여 개에 이른다. 또한 국민일보 크리스천 토론방이나 한겨레신문 토론마당인 한토막 등도 안티기독교들의 활동무대이다. 안티 기독교가 인터넷상에 등장하게 된 것은 10여 년 전으로 인터넷 본격 보급시대와 나이를 비슷하게 갖고 있지만 본격적으로 활동하고 알려지게 된 것은 최근 5년 전부터이다. 처음에는 기독교에 대해서 불만을 가지고 비판하는 정도로 시작하였는데 조직적이고 세력 확장에 있어서 그야말로 비약적 발전을 하고 있다. 안티기독교에 등록되어 있는 회원이 10,000여 명 혹은 수 만 명에 이른다.

안티기독교 사이트 중에서 반기련(반기독교시민운동연합)이 대표적인 안티기독교 사이트인데 이 사이트에 매일 평균적으로 1,000여 명이 접속하고 있는 것으로 집계된다. 이 사이트가 개설된 후 방문객은 무려 50만 명을 넘어서고 있는 것으로 파악된다.

문제는 안티기독교가 어느 정도 기독교 복음전도와 교회에 나쁜 영향을 미치는지 안티기독교가 표방하고 있는 취지를 보면 놀랄 일이다. 저들은 기독교 박멸, 즉 기독교 없는 천국건설이 목표라는 것이다. 기독교에 대해서 삐뜰어진 시각을 가진 이들이 합리적 혹은 이론적으로 무장하여 기독교를 무차별공격하고 있다.

또한 기독교 연합기관 홈페이지 게시판이나 토론 광장에는 거의 안티기독교들이 점령했다고 보면 된다. 그야말로 도배를 하다시피 하고 있다. 그들은 기독교에 대한 유감이 많은 모양이다. 저들은 기독교를 거대한 권력기관으로 보고 있다. 기독교가 너무 컷다는 것이다. 기독교가 대 사회 활동에서 사람들과 많이 무딪치고 있으며 문제점도 많이 보이는 것이다. 교회의 일들은 비밀이 없고 열려 있다. 그러니 좋고 나쁜 일이 모두 교회 밖으로 나가고 있다. 그 중에서 좋은 것은 빼놓고 나쁜 것만 악의적으로 선전하고 있다.

이 같은 현상에서 신앙적으로 보면 죄에 대하여 지적하고 책망하고 회개하라고 외치는 종교는 기독교뿐이다. 저들은 그것이 싫은 것이다. 안티기독교를 표방하는 사람들은 기독교를 전혀 모르는 사람들이 아니다. 기독교에 대해서 잘 알고 있어 보인다. 그런데 그 안다는 것이 비판하기 위한 지식인 것처럼 보인다. 저들 중에는 성경적 지식이 많은 이들도 있다. 조금이라도 신학교육을 받은 사람도 있다. 반기련 사이트에 내용대로 2006년 5월 말에 41세로 세상을 떠난 강민형(satire)이라는 사람은 안티기독교의 선봉이었는데 기독교를 개독교라고 처음으로 사용한 사람이다. 그 사람은 서울에 좋은 대학을 나오고 카이스트에서 대학원 과정을 수료한 사람으로 알려졌으며 주로 kids라는 게시판을 통하여 10 여년을 활동했다.

또 다른 사람, 안티기독교들이 선생이라며 존경하는 이 00이라는 사람이 있는데 기독교를 비방하기 위한 이론적 근거를 제공해주는 논객이다. 그런 사람들이 10 여명 있는 것으로 파악되고 있다.

안티기독교들의 공격은 근거 없는 비방이나 오해된 내용을 가지고 비방하는 경우도 있겠으나 대부분은 기독교 내에 있는 문제를 근거로 삼고 있다. 악의적 비난이 많이 있으나 교회들이 더욱 조심하고 성도들이 성경적 삶을 살고 성경이 말씀하는 선한 일에 힘써야 할 것이라는 교훈을 얻게 된다.

안티기독교들은 분명한 목표가 있다. 기독교를 박멸하자는 것이다. 저들은 스스로 자처하듯이 이미 인터넷에서 강자가 되어 있다. 안티기독교들이 프로라면 이에 대응하는 기독교 옹호자들은 아마추어라고 말한다. 저들의 말을 빌리면 기독교 안티들은 기독교를 잘 아는데 기독교 옹호자들은 기독교 안티들을 너무도 모른다고 말한다. 현재로서는 저들을 대항한다는 것은 힘에 부친다.

교회지도자들이 아직까지 이 문제를 심각하게 받아들이지 않는데 더 큰 심각성이 있다. 세계선교 등의 호화로운 구호를 외치기보다는 인터넷 선교사를 양성하는 것이 시급하다. 또한 젊은 기독교인들의 적극적인 대응이 있어야 한다. 저들은 말하기를 지피지기하면 백전백승한다고 호언하고 있다. 기독교 비방의 논리가 준비되어 있다는 말이다.

안티기독교들은 기독교 지도자들의 비리를 전국적으로, 역사적으로 수집공유하고 있다. 그리고 저들이 퍼뜨리는 악성 글들은 전파성이 빠르며 누적적이다. 수십 년 전의 일도 어제 오늘의 일처럼 비방한다. 저들의 글들이 모두 사실이라고 볼 수는 없다. 그러나 사정을 모르는 이들이 읽으면 기독교를 '참 나쁜 종교' 라고 인식하도록 하게 한다. 안티기독교 중에는 기독교 주변에 있었던 사람들도 있어 보인다. 그들의 성경적 이야기나 신학적 주장 그리고 교회생활 등의 이야기를 보면 알 수 있다. 그러나 한국교회언론회가 파악한 바로는 많은 안티기독교들은 대부분 불교인과 전통 민족종교인 혹은 국수적 민족주의자들이다. 불교는 우리나라 전통 종교이며 기독교는 외래종교, 미 제국주의의 앞잡이라는 식으로 매도하는 것을 보면 그 같은 분석이 가능하다.

안티 기독교들의 기독교 비방의 성과는 100% 1000% 성공을 거두었다고 본다. 지난 10 여 년간 천주교나 불교의 성장세는 대단한데 유독 기독교의 증가는 멈추고 있는 것은 저들의 열성적인 기독교 비방이 얼마나 영향을 미쳤는가를 알 수 없다. 윌리엄 핸드릭슨 (W. Hendrikson)의 말처럼 "불신자들은 성경에서 하나님을 발견하는 것이 아니라 먼저 믿는 사람들에게서 발견한다"는 말이 옳다고 보며, 안티들에게서 기독교 신자들에게는 나쁜 것만 있다는 식의 비방이 큰 효과가 있다고 본다. 안티기독교들의 일은 기독교의 전도에 막대한 장애를 가져오고 있다고 보아야 한다.

이에 대하여 우리는 어떻게 해야 할 것인가? 저들의 비방이 모두 틀리다고 싸움만 해야 하는가? 아니면 지난 수년 동안 그러했던 것처럼 그냥 방치해야 하는가? 저들과의 대화가 전혀 필요하지 않은

가? 라는 문제를 신중하게 판단해야 한다. 분명 이들은 그냥 방치하기에는 너무도 문제가 많다. 기독교 전도에 피해가 크다. 밖에서 얻으려다가 안에서 더 많은 것을 잃고 있다. 한국교회 말도 많고 탈도 많은데, 교회가 행하는 선한 일도 많은데, 가지 많은 나무 바람 잘 날 없는데, 이제는 교회가 이 문제에 눈을 떠야 한다. 기독교안티들은 예비 기독교인들이 교회로 들어오는 것을 막고 있기도 하다. 그야말로 선교현장을 황폐하게 한다. 안티기독교들의 공격이 어느 정도 인가하면, 기독교 교리 자체를 공격하기도 한다. 기독교 교리를 부인하고 있다. 성경의 무오성에 대하여 공격하고, 예수님의 신성을 부인하고, 하나님에 대하여 비하하기를 서슴지 않는다. 또한 민족주의를 부추기고 기독교를 외래종교며 미 제국주의에 앞잡이로, 기독교인들을 반민족주의자로 매도하기도 한다.

기독교가 아무리 잘해도 비난거리는 언제나 찾아낼 것이다. 그렇다면 어떻게 할 것인가? 한 가지 방법으로는 어렵다. 먼저 비난 받는 일들 중에 근거 있고 잘못 된 것이 분명하다면 솔직히 인정하고 고쳐야 한다. 다음으로 오해에 의한 것이라면 설득하기 어렵겠지만 사실을 들어서 설득해야 한다.

악의적인 공격이라면 법적인 대응과 함께 신앙이 확실하고 논리적으로 대응 할 수 있는 인터넷 선교사들이 대응해야 한다. 준비되지 않은 네티즌들은 안티 기독교들의 글을 읽고 신앙의 문제가 생겨서 교회를 떠날 위험성도 있기 때문이다.

현재 한국교회는 복음전래 이후 최대의 위험스러운 시대를 만났

다고 진단한다. 일제에 의한 신사참배 강요 때도 큰 위기였으나 현
재 환경은 물밑에서의 거대한 전쟁과 다르지 않는데 이것을 교회들
이 인식하지 못하고 있으니 기독교의 또 다른 위기라고 진단하는
것이 과장은 아니다. 인터넷상에서의 맹렬한 안티기독교운동에 대
하여 한국교회는 한편으로는 교회의 본질에 충실해야 하겠고 한편
으로 눈을 뜨고 힘을 합하여 지혜롭게 대응해야 할 때이다.

　모 신학대학교에서 기독교인들과 안티기독교들과의 만남이 있었
는데 참석자들이 전하는 말은 그 같은 장을 만들지 않은 것보다 못
하다는 것이다. 그럼에도 불구하고 한국교회언론회에서는 2007년
11월 23일에 안티기독교의 본산 격이며, 가장 맹렬하게 기독교를
비판하고 있는 반기련측의 대표성이 있는 사람을 불러서 한자리에
서 서로의 문제점을 내어놓고 토론의 장을 만들겠다고 한다. 일부
에서 우려하는 목소리도 있다. 막무가네 식의 사람들, 정상적인 대
화가 될 것 같지 않은 막말과 욕설을 쏟아내는 사람들과 무슨 대화
가 되겠는가? 그리고 저들의 존재를 정식으로 인정하는 결과가 되
지 않겠는가? 하는 우려이다. 저들을 오프라인으로 끌어내려는 것
은 분명 여러 가지 걱정스러운 면이 없는 것은 아니다. 그러나 언제
까지 ‘너희들 떠들려면 떠들어라’ 식으로 그냥 둘 수는 없다는 고
민이 있다. 온 라인과 오프 라인에서의 사람들은 분명 다를 것이다.
얼굴과 얼굴을 마주보면 막된 이야기는 함부로 못하지 않겠는가?
그리고 저들의 논리는 우리가 이미 알고 있는 터이다. 그들의 논리
의 틀을 크게 나누면 2가지이다. 하나는 기독교인들의 비리라는 것

이며, 다른 하나는 최근에 부쩍 개발한 소위 기독교 교리에 대한 공격이다. 저들은 일부의 신학 공부도 하였다는 사람들의 그릇된 비난 논리이다.

저들을 만나서 그들의 주장을 다시 들어보아야 한다. 물론 인내가 필요할 것이다. 사실에 근거한 이야기라고 하며 타락에 가까운 기독교 인사들의 소문을 쏟아 놓을 것이다. 온 라인에서처럼은 못하지만 자신감 있게 자신들이 가지고 있는 자극적인 정보들을 말할 것이다. 최근 이야기만이 아니라 십년 전에 있었다는 이야기 혹은 일제 시대에 있었다는 기독교의 비리와 민족적 범죄라는 이야기 까지, 그동안 확대하였고 재생산하여 전파하였던 것들을 말 할 것이다.

기독교를 향한 저열하고 경멸적인 비난은 초대교회 때부터 있어 왔다. 그렇지만 안티기독교들의 그릇된 정보나 기독교 교리 오해에 대하여는 진정성을 가지고 설명해야 한다. 초대교회 기독교 공격에 대하여 변증가 저스틴(Justin)이나 터툴리안(Tertullianus) 등이 나서서 기독교 교리를 변호하고 증명하였던 것처럼 해야 한다. 그들이 잘못된 것을 깨우쳐서 돌아서리라는 기대는 희미하지만 그들을 품을 수 있다는 너그러움을 보이는 것은 분명 가치가 있는 시도이다.

안티들의 공격에 대하여 우리의 입장은 우선 유연하고 너그러워야 한다. 저들의 욕설이 아무리 저열(低熱)하고 인내하기 어려운 면이 있더라도 같이 하면 이길 수 없다. 그들은 기독교를 욕하고 기독교인들이 그것을 듣고 분내고 대꾸하는 것을 기다리고 있으며, 즐기고 있을 것이기 때문에 똑같이 하면 지는 것이다. 다음으로 저들에게 말해 주어야 한다. 1,000 만의 기독교인들을 미워하고 원수 삼는 것이 무엇을 위한 것인가? 를 물어야 한다. 기독교의 선한 가치를 대신할 수 있는 것이 당신들에게 있는가를 물어야 한다.

또한 남들을 비난하고 욕설을 퍼부을 만큼 이 사회와 당신들은 정결하고 깨끗한가? 일부의 일탈행위자는 언제나 있어왔고, 그것 때문에 우리도 고통스럽다고 말해야 한다. 우리도 인정할 것은 인정해야 한다. 사실이 아닌 것을 저들이 잘못알고 있다면 사실을 말해주어야 한다.

기독교 안티가 이 땅에서 사라지지는 않을 것이다. 언제고 악한 일에 쓰임받기를 자임하는 이들이 있기 때문이다. '안티들이 기독교를 대항하여 용감한 싸움을 걸어오게 한 원인이 우리 기독교에 없는가?' 를 반성하는 것이 중요하다. 성경은 "너희가 열심히 선을 행하면 누가 너희를 해하리요"(벧전3:13)라고 하셨다. 터무니없는 공격도 있으나 비슷한 것도 있고, 사실도 있으니 사과가 필요할 때는 진솔한 사과가 있어야 한다. 하나님 앞에서 진실하다면 사람들 앞에서도 진실해야 한다.

안티 기독교들 중에는 니체(F.W.Nietzsche)처럼 기독교인들에게 실망하여 돌아서서 기독교를 욕하는 사람들도 있음을 알아야 한다. 저들도 하나님의 잃어버린 백성이며, 저들도 예수 그리스도의 은혜로써 고침 받아야 한다는 긍휼의 마음이 우리에게 없을 때는 안티들의 공격은 더욱 강해질 것이다. 그러나 저들에게 우리가 다가가서 말을 걸고 잘못을 말해 준다면, 한 없이 지독하게 나가지는 않을 것이다.

가지 많은 나무 바람 잘 날 없다고 했던가. 아니면 나무는 고요하려 하나 바람이 나무를 흔드는 것인지. 안티 기독교들의 문제 해결은 이 시대에 기독교의 또 하나의 어려운 미션으로 자리 잡아가고 있다. 교회들이 이 일에 새롭게 눈을 돌려서 대응해야 전도의 문이 닫히지 않으며, 어린 영혼들을 잃지 않게 될 것이며, 잃었던 영혼들도 다시 찾을 수 있을 것이다.

10. 안티기독교에 대한 대응

교회는 어두움의 세력과의 싸움, 영적전쟁은 피할 수 없는 것이기 때문에 초대교회부터 수많은 도전에 맞서 왔다. 유대주의자들에 의한 박해와 로마국가라는 공권력에 의한 탄압에 기독교는 풍전등화와 같은 위험에 빠지기도 했다. 그런가하면 사이비 사상들과 이단들, 그리고 이론을 바탕으로 한 세속 철학들이 교회에 도전장을 내기도 했다. 그러나 그 같은 도전은 교회를 강하게 만들었다.

그런데 정작 큰 도전은 교회가 세속권력에 보호를 받기도 하고, 더 나아가 세속권력을 누리게 될 때였다. 역사가들은 313년 콘스탄틴(Constantinus) 황제의 기독교 공인에 이은 390년 데오도시우스(Theodosius)황제에 의한 기독교 국교화(state-religion)가 교회의 순수성을 무너지게 했다고 평가한다. 즉 교회는 로마 권력의 보호 아래서가 아니라 로마권력에 박해받을 때가 더 강했다. 바티칸에서가 아니라 카타콤에서 더 힘이 있었다는 말이다.

이상하게 들릴지 모르지만 이제 한국 기독교는 기독교 안티와 동거하면서 지내야 할 것 같다. 그 이유는 그동안 한국교회는 교회 밖으로부터 교회를 향한 조직적인 비판이 없던 시대를 지내왔다. 물론 그동안 비판이 전혀 없었던 것은 아니다. 복음전래 초기에는 오해에 의한 비판과 박해가 있어왔다. 전통적 유교 가치관에 어긋난다는 이유로 해서 수많은 오해가 있어왔다. 제례에 대한 오해, 사회 윤리적인 오해, 부모공경에 대한 오해 등 이었다. 1930년 들어서면서 소위 식자층으로부터 공격도 받았다. 그 대표적인 예가 춘원 이광수 등으로부터 공격이었다. 그것의 발단은 교회가 세상 정치에 관여하지 않는다는 것이었다. 당시 미국 선교부에서 한국파송 선교사에게 교회로 하여금 일제 식민지 정책 문제에 휩싸이지 말 것을 훈령하였다. 그래서 정교분리원칙이라는 것을 내세워서 순수한 복음 전도 활동만을 하도록 하였다. 그래서 민족주의적인 인사들에게 비난을 받기에 이른 것이다. 목사들이 무식하다거나, 구름위에 세상만 추구한다거나 하는 공격과 비판이었다.

현재 피할 수 없으며, 넘어서야 하는 기독교 안티의 문제를 어떻게 슬기롭게 해결할 것인가? 최근에 일반 언론들이 이 일에 흥미를 가지고 접근하고 있다. 그런 가운데서 현실파악이나 개념정리 부족에서 오는 백가쟁명(百家爭鳴)식의 말들이 나오고 있다. 한 예로 "한국 교회여 안티 세력을 감동시켜라"는 주제로 기사를 쓰고 있기도 하다. 사실 조직적으로 나타난 기독교 안티라는 존재는 인터넷의 산물이라고 보아야 한다. 점잖게 말해서 인터넷 산업과 익명성(匿名性)이 만들어낸 괴기한 일이다. 얼굴 없는 곳에서 '아니면 말고 식'의 비겁한 패거리 행동이다. 그래서 인터넷의 피해를 막기 위하여 정부기관에서는 여론의 반대도 있지만 실명으로만 접수를 받고 있는 것이다. 여론의 반대라는 것은 인터넷의 접속을 실명으로 할 경우에 활발한 의견개진이 어렵다는 것이다. 그러나 얼굴 없는 곳에서의 인터넷 폭력은 수많은 문제를 낳기도 했다. 어느 여성 연예인은 네티즌 악플러들 때문에 자살하는 일도 있었다. 뒤에서 언급하겠지만 안티기독교의 대응 중에 하나는 인터넷 실명제이다.

기독교 안티의 인적 구성을 보면 일부의 이론 제공자와 다수의 동조자와 그리고 그 이론과 온갖 악성루머를 인터넷상에서 퍼 나르기 하는 일꾼들이 있다. 기독교 안티들의 성격 구성을 보면 기독교의 세력 확장에 위협을 느끼고 있는 타 종교 사람들과 기독교에서 실망을 느끼고 기독교를 떠난 사람들이다.

기독교의 세력 확장을 시기하는 사람들 중에는 불교를 신봉하는 사람들이 있고, 민족종교의 사람들이 있다. 민족종교라고 하면 단군을 신으로 섬기는 자들과 그 외 미신을 섬기는 사람들이다. 불교인들은 부산지역에서 불상이 파괴된 일이 있는데 그 일을 기독교인들이 했다고 하며, 또한 그 지역에서 기독교 집회 중에 불교가 무너지도록 기도했다는 것을 지속적으로 물고 늘어지고 있다.

단군교라고 하는 것은 1999년부터 전국 초, 중, 고교와 공공장소에 설치된 368개의 단군상 중에 일부를 기독교인들이 파괴했다고 하면서 개독들이라고 험한 욕을 계속하고 있다. 이 문제에 대해서는 초기에 단군상 파괴는 기독교인들이 하지 않은 것이 분명하며, 후에 몇 곳은 기독교인들이 우리가 했다고 해서 사법적인 처리가 된 일이 있다. 단군을 민족의 조상으로 섬겨야 한다는 것은 올바른 역사인식이 아닐뿐더러, 더구나 단군을 신으로 섬기라는 것은 있을 수 없는 일이다. 그 일로 인하여 수년 동안 기독교는 얼마나 많은 시험대 앞에 섰었는지 모른다.

우리는 기독교 안티의 일을 신앙적으로 이해해야 한다. 저들은 사회시민운동이라는 미명하에 기독교에 대하여 몹쓸 욕을 다하고 있지만, 백번 양보해도 정상적인 시민운동은 아니다. 시민운동이라면 사회를 밝게 하고 사회구성원인 시민들을 행복하게 하는 것을 목적으로 해야 할 것이다. 법적인 시민운동으로 등록된 것도 아니고 자의적으로 '반기독교시민운동연합' 이라는 등의 이름으로 활동하고 있는 것이다. 왜 정상적인 시민운동이 아닌가하면, 사회 보편적 가치에 맞지 않기 때문이다. 사회 보편적 가치라면 우리 사회의 1/4 인구가 그리스도인이며, 전 세계적으로 19억 인구가 기독교인인데 그들을 향하여 전쟁을 시작한 것이기 때문이다.

그리고 기독교 2,000년 기간에 검증을 받고 기독교인이 하나님의 말씀으로 믿고 있는 성경을 '똥경' 이라고 비방하는 것이 정상적인 시민운동가들의 말인가? 목사를 먹사놈들이라고 해도 용서할 수 있다. 교회를 개집이라고 해도 용서할 수 있다. 그러나 신앙적인 눈으로 볼 때에, 사탄의 조종을 받는 자들이 아니라면 어떻게 '개똥구멍이 예수의 얼굴이다' 라고 말할 수 있는가? 진정으로 참담하고 가슴 무너지는 일이며, 어떻게 우주의 창조주 우리 하나님을 이스라엘의 잡신(雜神)이라고 말하도록 두어야 하는지, 참으로 우리의 잘못으로 인하여 일어난 일이라고 여겨져서 하나님 앞에서 얼굴을 들 수 없는 일들이 우리들 앞에서 전개되고 있다.

필자는 2008년 12월 21일 CBS TV, '크리스천 Q' 라는 프로에서

"한국의 기독교 안티들의 이 같은 행동을 타 종교에게 행하여 보라, 어떤 일이 일어날지 생각하면 끔찍한 일이다"라고 말한 적이 있다. 영국에서 인도 출신 영국인 살만 루시디(Salman Rusidi)는 그의 소설『악마의 시』에서 이슬람의 교주 모하멧을 비난했다고 해서 살해 위협을 당하고 있으며, 네델란드의 한 언론에서 코란의 내용을 만화로 희화화 했다고 해서 큰 소동이 벌어졌었다.

기독교 안티들의 행동은 도를 넘어선 것이다. 처음보다 점점 더 용감하고 악의적으로 나오는 것은 그들이 그렇게 나와도 기독교가 아무 대응도 하지 않으니까 '미련한 담대함'을 얻은 것이다. 자신들과는 아무 상관도 없는 일에 악의적으로 나오는 것이다. 교회의 재정운용에 대하여 자신들과 무슨 상관인데 눈에 불을 켜고 대드는 것인지 모를 일이다. 자신들이 교회에 무슨 재정적 기여를 했는가? 그리고 교회 재정운용은 그들의 말대로 목사 혼자 마음대로 사용할 수 있는 것인가? 교인들은 현금지급기(ATM) 노릇만 한다는 주장은 성도들을 모독해도 분수를 넘은 것이다. 교회의 조직이 그들이 오도(誤導)하는 것처럼 그런 것인가? 교회의 재산은 하나님의 것이며 온 성도들이 관리자이며 감독자인 것이다.

일부의 이야기 중에는 사실도 있으나 오해된 것도 있다. 그리고 심각한 것은 기독교 진리에 대하여 대항하는 것이다. 다른 것은 몰라도 기독교 진리에 대하여 대항하는 일과 신성모독은 용서할 수 없는 것이다. 그것이 오해에서 생겨난 것이라면 이해시킬 필요가 있다고 생각하나, 고의적이고 악의적이라면 단호한 대응이 필요하다. 예를 든다면 소위 '바이블19'라는 것만도 그렇다. 성경은 악서며 어린이들 인격형성에 치명적으로 나쁜 책이기에 어른이 되기 전인 19세 이전에는 접근 금지시켜야 한다는 이른바 성인등급(Rated-R)의 악서로 지정하자는 운동을 벌이는 것이다. 또한 기독교 박멸이라는 표어, 이 땅에서 기독교가 없는 천국을 만들자는 구호 등은 정상적인 생각이나 인격을 갖춘 사람들의 표현일리는 없다.

기독교 안티들은 일부의 기독교 인사들의 일탈적 행동을 비방하되 확대 재생산하고, 거듭 거듭 반복하고, 과거의 것들을 축척하여 현재형으로 선전하고 있다. 안티 기독교의 대응은 이제 뒤로 미룰 일이 아니다.

기독교 안티에 대한 기독교계 대응은 크게 3가지로 나누어 생각해 볼 수 있다. 첫째는 교회의 문제가 없는가를 먼저 살피는 일이다. 혹시 교회에서 믿음이 연약한 이들에게 상처 주는 일은 없는가? 복음에 합당하게 행하지 않는 일은 없는가? 사회정의에 반(反)하는 일은 없는가? 둘째는 안티들이 주장하는 것들에 대한 부당성을 알려야 한다. 셋째는 도를 넘는 행동으로 기독교를 욕보이는 일에 대하여는 법적인 대응이다. 실제로 목사를 먹사, 기독교를 개독교로 조롱하는 것은 명예훼손죄 등의 법적 제재가 쉽지 않을 수 있으나, 비방죄나 조롱죄에는 해당 될 수 있다는 법적인 해석이다. 한 예로 어느 특정 지방 사람을 비방하려는 의도로서 "전○도 사람이다." 혹은 "경○도 사람이다"는 것도 법적인 제재가 가능하다는 해석이다. 더구나 하나님을 "잡신"이라고 한다거나 성경을 "똥경"으로 조롱하는 일과 예수님의 얼굴이 "개 똥구멍이다" 라고 하는 것은 분명 신성모독이고 기독교인들에게 대한 명예훼손죄에 해당된다는 것이다.

앞에서 제시한 것 중에서 첫 번째의 것, 기독교가 깊은 성찰과 반성이 있어야 한다는 것은 안티가 두려워서가 아니라 하나님이 두렵기 때문이다. 교회의 문제는 안티와의 관계설정이 중요한 것이 아니라 하나님과의 관계가 중요하다. 교회 내부에서도 몇 몇 사안에 대하여 문제를 제기하는 일이 있다. 예를 든다면 교계지도자들의 정치성향에 관한 문제다. 교회는 세속권력과 건강한 긴장관계를 유지할 때에 복음의 순수성이 지켜졌고 복음적 사명을 잘 감당할 수 있었다는 것이 교회역사가 전해주는 교훈이다. 그런데 기독교 정당을 만들겠다고 나서는 것은 교회 내부에서도 불만과 분열을 가져올 수 있는 일이며, 교회 밖에서도 비난받을 일이다. 우리나라는 대부분의 성직자들이 가난한데 정치자금을 조달할 정도의 그런 재정적 여유가 있다면 복음의 일에 힘쓸 것이지 세상정치가 그렇게 시급한 것인가? 가난한 성직자들의 말을 빌리면 '배부른 짓' 을 하는 것이다. 초기 한국 기독교는 예수님의 가르침대로 낮은 데로 임하였다. 병들고 가난한 이들을 돌보는 일을 힘썼다. 그래서 교회는 가난한 이들이 기댈 언덕이고 피난처였으며, 희망을 가꿀 수 있는 하나님의 집이었다. 그런데 언제부터인지 교회가 부의 과시 장소로 보여지고, 재정이 풍족한 교회의 담임 목회자가 한국교회의 리더처럼 행세하고 있는 것은 일그러진 자화상이 아닌가?

그런가하면 일부 교회 지도자들은 어떤 직을 얻기 위하여 상당한 액수의 돈을 쓰고 있다는 소리가 들려오니 비난은 어쩌면 당연한 것이 아니겠는가? 예수님은 가난한 사람들과 세리와 창녀의 친구라는 말씀을 들을 정도로 가난하고 소외된 이들과 함께 하신 것을 생각하여 조심에 조심을 더해야 할 것인데 참으로 안타가운 일이 아닐 수 없다.

기독교 안티들의 비난 중에는 목회자의 불륜문제도 등장한다. 성직자들의 도덕수준은 세상 사람들보다 당연히 높아야 하고, 일반 성도들보다도 높아야 한다. 세상은 온통 불륜공화국이라는 소리를 들어도 성직자는 성결하여 믿을 수 있어야 한다. 훌륭한 청교도 지도자 중에 한 분인 리챠드 백스터(Richard Baxter) 목사는 "성직자의 작은 결점이라도 더욱 악화시켜 폭로하며 결점이 없으면 만들려고까지 하는 악한 세상이 여러분을 주시하고 있다는 것을 기억하면서 여러분의 일을 하기 바란다"고 말한 적이 있다. 그러함에도 최근 몇 년 내에 일어난 성직자의 명백한 범죄는 어떤 변명도 통할 수 없으니 그 누는 그대로 교회와 성직자의 주님이신 예수 그리스도께서 떠 안는 것이다. 참으로 슬프고 통탄할 일이다.

기독교를 박멸하려던 로마가 기독교를 공인하고 기독교를 국교로 하게 된 원인은 기독교인들의 도덕적 순결이었다는 분석이다. 로마 전체가 도덕적으로 문란하여 군대에서도 신참이 들어오면 누가 차지할 것인가?를 다툴 정도로 동성연애 등 성도덕적 타락이 극심했으나 기독교인들은 남 여 모두 순결하다고 알려졌다. 정치권력가의 집안에서는 로마 국가 시책과는 다르게 기독교 신앙을 가진 규수들을 며느리로 삼았던 것이다. 그의 자녀들이 자라나면서 자연히 기독교 정치권력을 형성하게 되었는데, 그 대표적 예가 콘스탄틴의 어머니 헬레나(Helena)였다. 헬레나는 기독교 신앙을 포기하지 않아서 황후에서 퇴위 되었으나 그의 아들 콘스탄틴이 황제가 된 후에 기독교를 공인하기에 이른 것이다. 그러나 아이러니 하게도 일반 역사에서 전하는 로마의 쇠망이 도덕적 타락이 한 원인이었다는 분석이다. 그러므로 "한 국가의 흥망성쇠는 그 공동체가 가지고 있는 '도덕적 힘'(moral energy)에 달려 있다"는 역사가 레오폴드 랑케(Leopold von Ranke) 지적은 옳다고 여겨진다. "성직자의 영혼은 아침 햇살처럼 맑아야 한다"는 어거스틴의 가르침이 아니더라도 성직자는 진정으로 믿을 수 있는 시대에 정신적 스승이 되어야 한다.

이 기회에 안티들의 주장이 잘못된 몇 가지를 바로하려고 한다. 먼저 기독교가 일제식민통치시대에 친일을 했다고 악선전을 하고 있다. 그런데 친일이란 무엇을 말하는가? 일본 정책에 순응한 것이 친일인가? 그렇다면 한국 땅을 떠나지 못하고 살았던 모든 국민들이 다 친일을 한 것이다. 기독교만 친일을 했다고 하는데 사실을 왜곡해도 너무하는 것이다. 불교는 어떠했는가? 임혜봉의『친일 승려 108인의 끝나지 않은 역사의 물음』이라는 책에서 일부나마 불교의 친일을 고발하고 있다. 최소한 이 책을 보았다면 기독교만 친일했다고 악선전하지는 못할 것이다. 천주교는 어떠했는가? 먼저 2000

년 3월에 천주교 과거사 반성에서 "우리는 열강의 침략과 일제의 식민통치로 민족이 고통을 당하던 시기에 교회의 안녕을 보장받고자 정교분리를 이유로 민족 독립에 앞장서는 신자를 이해하지 못하고 때때로 제재하기도 하였음을 안타깝게 생각합니다"라고 반성했다. 그 뒤에 숨어 있는 많은 내용을 다 말하지 못하겠다. 한 가지 분명하게 말할 수 있는 것은 일제가 민족혼과 신앙을 송두리째 말살하려고 신사참배를 강요할 때에 천주교는 가장 먼저 앞장서서 실천했다. 기독교가 친일을 했다고 하면, 독립운동에 가장 앞장섰고, 일제의 강압에 가장 많은 피해를 당한 것을 어떻게 설명하려는가?

1919년 3.1 독립운동이 기독교가 중심이었다는 사실과 무장독립운동까지도 기독교가 앞장섰던 일로 인하여 만주와 간도 등지의 수많은 교회가 불타고 수많은 성도가 살육을 당한 것을 알고서 하는 말인가? 물론 기독교 인사들 중에 친일행각을 벌인 일들이 많이 있다. 심지어 3.1운동에 서명한 민족대표 33인 중에 기독교인사가 16명인데 그 중에 정춘수, 박희도 등은 누구보다 친일 민족반역에 앞장섰다. 일부 교회들이 일제의 대동아 전쟁을 성전(聖戰)이라며 교회의 종(鐘)을 포탄 만들라고 가져다 바치기도 했다. 일제에 비행기를 헌납한 일도 있다. 불교나 타 종교도 마찬가지이다.

그 같은 민족의 비극적 사태 중에 행하였던 그 일이 기독교가 친일을 한, 참 나쁜 종교라고 매도(罵倒)되는 것이 옳은 것인가? 기독교는 교회내의 친일파 문제로 해방 후 지금까지 60년 가까이 상처를 치유하고자 몸부림을 치고 아직도 못다 치유된 상처를 안고 있

다. 부분적인 일이 전체적인 일로 인정되어야 한다면, 기독교는 일
부에서 독립운동에 매진했었는데 그 일로 인하여 기독교는 독립운
동만 한 종교라고 불러야 하지 않겠는가? 그러므로 기독교가 기독
교 안티들의 주장처럼 친일 종교라는 비방 선전은 악의적인 선전이
다. 국민 중에서 친일하지 않고 독립운동에 목숨 바친 사람들도 친
일한 국민들로 인하여 대한민국 국민 모두가 친일했다고 말하는 것
이 과연 옳은가?

  기독교 안티들의 공격 중에서 성직자가 탈세하는 파렴치범이라
고 몰아가는데, 사실 성직자가 모든 세금을 면제 받는 것도 아니며,
납부를 거부하는 것도 아니다. 모든 세금 중에서 다만 생활비에 대
한 것이다. 그것은 많은 논란이 있어 왔다. 정부에서도 성직자 대부
분이 가난한데 성직자 세금부과는 실익도 없고, 일부의 성직자에게
근로소득세를 부과하는 데에 여러 가지 문제가 있어서 부과하지도
않았는데 마치 고의적으로 탈세하는 못된 국민으로 몰아가고 있다.
성직자 과세문제는 바람직한 방향의 과정에 의해서 심도 있게 다루
어야 할 문제라고 생각한다. 이명박 대통령 당선자는 성직자 과세
문제를 정부에서 다룰 계획이 없다고 했어도 과연 무엇이 복음을
위하여 옳은 것인가를 다루어야 할 시점에 와 있다고 본다.

  교리적인 문제에 대하여 악의적인 신성모독은 용납할 수도 없고
해서도 안 된다. 그런데 이 일들은 이제 성직자가 나서지 말고 평신
도 지도자들이 나서야 한다.

  사회 전반에 걸쳐서 정신적, 언어적 순화차원에서도 이제는 인터

넷 실명제를 실시해야 한다. 얼굴 없는 사람들처럼, 어두움에 숨어서 공격하고, 익명성(匿名性)이 보장된다고 해서 온라인상에서의 온갖 비방을 일삼는 것은 사회를 불신하게 하고 마음을 어둡게 한다. 지난 아프간 사태기간에 악플러들의 악한 행동에 대하여 수사기관에서 수사하겠다고 하니까 순간에 악플러들이 사라진 일이 있었다. 실명제가 되면 원활한 의견개진이 어렵다고 하지만, 들어야 하고 올바른 소리라면 왜 익명을 요구해야 하는가? 자기의 말을 책임지는 사회가 되어야 하지 않는가? 혹자는 현재의 인터넷 시스템에서도 범죄적인 것은 추적이 가능하다고 한다. 물론이다. 그러나 명백한 범죄일 때에 사이버 수사대에 의뢰할 때에나 가능한 일이다.

기독교 지도자들과 성도들은 한결같이 하나님 앞에서 살아가기를 힘쓰는 사람들이다. 누가 고의적으로 범죄하고 하나님 앞에서 죄인이 되고 사회에 지탄이 되고자 하겠는가? 그런데 우리의 조그마한 부주의가 안티들의 공격 대상이 된다는 사실을 알게 되었다. 우리는 기독교 안티들이 두려운 것이 아니라 하나님을 두려워해야 한다. 그러나 최근에 우리는 우리를 감시하는 무서운 감시자가 나타났다고 생각하여 더욱 조심할 것이다.

제2차 세계대전 때에 일본 본토를 폭격하는 B 29 폭격기를 피해서 이리 뛰고 저리 뛰는 일본인들을 향하여 외친 내촌감삼(內村鑑三)의 "미국의 폭격기를 두려워하지 말고 너희 속에 있는 죄를 무서워하라" 는 말을 상기하게 된다.

도전과 어려움은 또 다른 기회를 가져 올 것이다. 교회를 교회답

게 성직자를 성직자답게 성도들을 성도답게 새롭게 하시려는 하나
님의 작업이실 수도 있으며, 어쩌면 하나님께서 교회를 향하여 하
시고 싶은 말씀을 기독교 안티들을 통해서 하시는 것도 있으리라는
생각을 지울 수 없다.

성직자와 윤리

11. 성직자 과세문제

종교인에 대한 소득세 납부 의견들이 나오고 있다. 일부 시민단체들이 주장하던 것들이 정부쪽에서 관심을 기울이면서, 기부문화의 활성화와 공익법인의 투명성에 대한 공청회가 열려 종교계에 어떤 형태로든 영향력을 보이려는 정부의 의도가 엿보인다.

1948년 대한민국 건국이후 60년 동안 종교인들은 소득세 납부에 있어서 정부가 부과를 하지 않아서 면세를 받아온 것이 사실이다. 이를 특혜라면 특혜겠지만, 정부가 종교인에 대하여 소득세 납부를 보류해온 것은, 그만큼 종교인이 돈으로 환산할 수 없는, 사회적 역할에 대한 배려와 지원이라고 볼 수 있다.

주지의 사실인데, 한국교회는 복음전래 초기, 불행한 조국의 슬픈 현실에기꺼이 동참하여 민족과 사회에 끼친 영향은 실로 지대하다. 개화기에서부터 교육, 의료, 복지 등 다양한 분야에서 한국 사회에 기여한 바가 크며 이것이 사회나 정부에 인정되어 국익을 위하여 더 많은 일을 하도록 장려하였다고 보는 것이 대체적 시각이다. 지금도 민간이 주도하는 사회복지 분야에서 70% 이상을 기독교가 감당하고 있다.

또 한국교회언론회가 조사한 바에 의하면, 지난 10여 년 간 한국교회가 인도적 차원에서 북한을 지원한 것이 약 3,000억 원이 넘는다는 것을 발견하였다. 그것은 드러난 수치이며 이 보다 더 많은 지원이 있었다고 분석한다.

그리고 한국교회의 목사들의 생활 형편을 보더라도 1990년 이전까지는 사회적 환경도 그러했지만 목회자들은 가난이 친구 같았다. 오죽하면 어느 여대에서 신랑감 후보 순위에서 목사가 이발사 다음이었겠는가? 주린 배를 움켜쥐고라도 오로지 신적 사명(神的使命), 목회적 사명을 위해서 생활에 연연하지 않았다. 그러다가 최근 들어 대형교회들이 생겨나고 국가 경제의 규모가 커지면서 일부 교회들에서 여유로운 모습들이 나타나고 있지만 그것은 교회 전체를 놓고 볼 때 극히 일부분에 불과하다.

최근 교회성장연구소(소장:홍영기)에서 한국의 주요 교단 14개에 대한 조사 통계를 냈는데, 전국적으로 1,000명 이상 모이는 교회 수는 전국 60,000 여 곳의 교회에서 526 곳 정도로 밝혀졌다. 이것은 생각하는 것만큼 큰 교회가 많지 않다는 것이다. 오히려 70~80%의 교회들이 외부로부터 지원을 받아야 할 정도인 것이다.

소득이 있는 곳에 세금이 있고, 종교의 규모도 커졌으니 종교인도 소득세를 내라, 그리고 종교인이 세금을 안내는 나라는 우리나라밖에 없다. 이것이 종교인 과세를 주장하는 사람들의 생각이다. 한 가지씩 생각해 보기로 하자. 먼저 종교지도자가 노동자인가 하는 것이다. 근로소득세는 노동자에게 매기는 세금이다. 물론 자영업자나 자유 직업인에게도 동일하게 적용하는 것이다. 그러나 작년에 서울중앙지방법원에서는 '목사를 근로자로 보기 어렵다' 는 요지의 판결을 내린바 있다.

근로소득세를 내기 위해서는 "근로의 조건"이 성립되어야 하는데, 사용종속관계, 임금목적의 근로, 사업장이 있느냐는 것이 충족되어야 한다. 그러나 교회는 신앙의 동질성에 따라 모인 곳일 뿐, 일반 사업장처럼 근로 요건을 갖춘 곳이 아니다.

목사는 대부분 대학원 졸업 이상의 고학력군이지만 누구도 자기의 생활비 때문에 투쟁하거나 그를 목적으로 살지는 않는다. 그러므로 근로소득세와는 근본적으로 다른 면이 있다.

둘째는 실효성의 문제이다. 앞에서도 언급했듯이 과세점 이하의 목사들이 상당수인데 굳이 일부 대형교회 목사를 대상으로 소득세를 매길 경우 얼마의 실효성을 거둘지 모르겠다. 오히려 지금처럼 목사들이 사회를 위해서 봉사하고 헌신된 삶을 살도록 하는 것이 바람직하다는 생각이다.

기본적으로 목사들은 자신들의 생활비에서 적게는 30%, 많게는 50~60%를 오른손이 하는 일을 왼손이 모르게 베푸는 삶을 살고 있는 것이다.

또 하나는 외국에서는 종교인 소득세에 대하여 과세하는 경우가 많다. 그러나 이런 경우에라도 종교인들에게 혜택을 주고, 종교 활동을 돕기 위해서 소득세를 매기는 것이지, 통제하고 관리하기 위해서 하는 것은 아니라고 밝혀지고 있다.

만약에 사회적 합의에 의하여 종교인 소득 과세에 대한 법률이 생긴다 하더라도, 면세점 이하의 종교인을 보호하고 종교 활동을 도울 사회 안전망이 있는가? 기독교 경우에는 큰 교회가 작은 교회를 돕고, 목사의 최저생계비를 교단에서 지원하는 자체적인 움직임이 활발하다.

항간에는 '종교인이 소득세를 내지 않으려 한다' '탈세를 하는 범죄 집단' 쯤으로 매도하고 있다. 그러나 종교인이 갖는 가장 큰 바람이 있다면 세속적인 권력이나 물질이 아니다. 깨끗한 명예와 사람의 영혼의 문제에 대하여 신적인 소명을 받은 것에 대한 자부심이다.

이제 종교인 과세에 대한 논란이 있는 마당에, 종교인도 사회적 변화에 능동적이며 신중하게 생각할 필요가 있지만, 우리 사회도 종교 안티 수준의 주장에 대하여 정확한 공론을 펼쳐주기를 바란다. 이제 조심스럽게 말할 수 있는 것은 종단이나 교단별로 이 문제를 스스로 해결의 방법을 찾아가지 않을까하는 전망이다. 그것은 아낌없이 베풀어도 선의 가치보다는 악의적인 비난의 소리가 크다면 그 소리도 무시할 수 없기 때문이다.

12. 목회세습에 대하여

한국에 복음이 전파 된 이후 1세기 동안 한국교회는 '세계 선교사(宣敎師)의 유례가 드문 성장'을 가져와서 세계인의 비상한 관심의 대상이었다. 그것은 국가가 처한 불행한 역사적 환경에 교회 지도자들과 구성원들의 노력이 있었으나 결국 하나님의 축복으로 말해져야 한다. 그러나 지난 1990년 이후 한국교회의 성장은 침체하고 이런 저런 아름답지 못한 이야기로 인하여 교회 안팎으로부터 비난과 공격을 받고 있다. 한국교회는 성장도 멈추고 대 사회적인 영향력도 쇠퇴하고 해서 현재 한국교회는 위기를 맞고 있다고 진단한다.

그동안 한국교회가, 문제로 지적된 것을 해결하는 방법으로 선택한 것이, 문제를 덮으려고 한다거나 감추려는 방법이었다면 그것은 어리석은 일이다. 또한 문제를 지적한 이들을 오히려 공격하는 것도 지혜로운 처사는 아닐 것이다. 한국교회는 근거 있는 비난의 목소리에 귀를 기울이고 겸손히 자신을 돌아보아야 한다. 또한 시비를 가리고, 잘못되었다면 올바로 고쳐야 할 것이다. 그것이 교회의 구조나 특성을 오해한데서 오는 문제라면 설명과 설득이 필요하다고 보며, 반대로 허위사실이며 문제를 만들어서 교회의 상처를 내는 것을 목적으로 한 비난과 공격이라면 적절한 대응이 필요하다고 본다.

지난 수년간 교계와 사회 일각에서 제기하는 소위 교회 담임목사직 세습 문제만 해도 그렇다. 문제를 제기하는 측이나 방어하는 양측이 일방통행식 표현만이 존재하는 것처럼 보여 졌는데, 이제는 양측이 토의 할 수 있고 이해되어져야 할 문제라고 본다. 또한 교회는 신앙적 방법이 우선한다고 보며, 분명 성경적 해답이 있을 것이라고 본다.

1. 용어 사용의 문제

교회 담임목사직을 전임자의 자녀가 승계하는 문제에 대하여 교계 일각에서 제기한 세습이라는 용어가 적절한가? 하는 문제부터 정리해야 한다. 세습이라는 용어는 주로 왕조시대나 봉건시대에 신분이나 지위, 권력이나 재산 등을 대를 이어 물려주거나 물려받는 것을 뜻하는 것으로 사용되어져왔다. 이때에 세습조건은 능력이나 자격을 묻지 않고 단순히 혈통으로 결정되는 것으로써, 현대에는 부정적인 의미로 이해되어지는 용어이다.

그러므로 목사직 세습, 혹은 세습목회라고 부르며 세습이라는 용어를 차용하여 선용(先用)하는 것은 의도성이 있지 않느냐는 의심 받을 소지가 있다고 보여 진다. 어떠한 사실도 용어 선택에 따라서 그 내용이 다르게 이해되어지는 예가 많기 때문이다. 김춘수의 "꽃" 이라는 詩에서 "내가 그의 이름을 불러주기 전에는 그는 다만 하나의 몸짓에 지나지 않았다. 내가 그의 이름을 불러주었을 때 그는 나에게 와서 꽃이 되었다."라고 적고 있다. 이름(용어)과 의미(사실)와의 상관관계가 성립되지 않는다면 모르거니와 이름이 다르게 붙여질 때에 의미는 다르게 이해되어진다. 이름은 단순한 기호가 아니라 곧 의미이기 때문이다. 사실(의미)은 용어로 해석되어지고 이해되어진다. 그러므로 부정적인 용어를 이름으로 사용한다면 내용을 들여다보기 전에 부정적으로 단정하고 말게 되지 않을까 우려된다.

한국교회언론회가 설문조사한 결과에 따르면, 세습이라는 용어 선택이 적절하다고 생각하는가? 라는 질문에 15%가 적절하다고 답했고, 84%가 용어 선택이 부적절하다고 답했다.(116명중에서 용어 선택이 적절하다는 응답은 18명, 부적절하다는 응답이 98명) 이름이 부적절하다면 의미가 적절하게 이해되어지고 있다고 보기 어렵다. 대안으로 어떻게 부르는 것이 좋겠는가? 라는 물음에서 51%가 후임자로, 10%는 후계자로 부르는 것이 좋겠다고 답했다. 이 같은 여론을 근거로 하면 지금까지 사용되어지는 '세습' 이라는 용어 사용을 재고해야 할 것이라고 본다.

2. 접근법에 문제가 없는가?

후임 담임목회자 문제가 세습이라며 반대하는 이들은, 교회라는 특수한 환경을 무시하고 세상적인 일반 기준으로 접근하고 판단하고 있다고 본다. 교회는 하나님이 영적인 목적을 위하여 세우신 신적인 기관이라는 것을 먼저 인정해야 하며, 그 교회를 이끌어가는 목회자 역시 하나님께서 세우신다는 것을 전제해야 옳다고 본다. 그러므로 교회는 교회 나름대로의 방법에 의한 것이어야 한다.

그런데 소위 세습반대라는 주장의 사람들은 교회도 세상에 속하였으며, 교회 구성원이 사회구성원들이며, 그러므로 사회일반인이 인정하는 요구수준을 벗어나서는 안 된다는 것이다. 또한 목회자를 세우는 것이 하나님이시지만 하나님께서 사람들로 하여금 일하게 하기 때문에 사회일반적인 기준이나 방법이 왜 문제인가? 라는 주장이다.

그러나 교회는 특수성이 있다는 것을 인정하지 않고 일반적인 기준과 이해의 척도만을 주장한다면 옳은 접근법은 아니다. 교회가 적용하고 있는 교회법이 잘못되었다느니 또는 과거형이기 때문에 현대사회구성원들 다수의 동의에 따라야 한다는 주장도 문제가 있다. 또한 개 교회의 문제를 왜 교인이 아닌 다른 사람들이 들고 나와야 하는가? 라는 물음을 충족시켜야 한다.

3. 과연 세습인가?

담임목사 자녀 후계문제가 세습이라고 불리워지는 것을 불쾌하게 여기기는 양측이 모두 마찬가지이다. 반대하는 측은 담임목사직을 자녀에게 후계하는 자체가 세습이기 때문에 불쾌하다는 것이며,

방어하는 측은 용어 자체가 자신들을 흠집 내기 위한 부정적인 용어사용이기 때문에 불쾌하다는 입장이다.

그러나 현재 한국사회에서는 담임목회자 자녀에게 후계하는 것을 목회자 세습 혹은 세습목회(世襲牧會)라는 말로 통용되고 있다. 목회세습에 대하여 반대의 목소리를 내는 이들은 교회법적으로 하자가 없고 교회공동체가 합의 하였어도 분명한 세습이라고 주장한다. 또한 그들 중에는 세습이라는 언어가 부정적인 것과 관계없이 세습이라는 용어를 사용하면 어떠냐는 반응을 보이기도 한다.

그러나 역사적으로 왕조시대에 사용되어진 유물이며 부정적인 의미로 사용되어지는 언어이고 보면, 현재 한국교회에서 행해지고 있는 담임목회자 자녀에게 후계하는 문제는 세습, 혹은 세습목회로 불리우는 것은 합리적이라기보다는 감정적이라고 볼 수 있다. 그러므로 세습이라는 용어는 '담임목회자 자녀에게 후계하는 것 반대'라는 목표를 위하여 효용적인 언어이지 적절한 표현이라고 보기는 어렵다. 설문조사에서도 나타났듯이 부적절한 표현이기에 다른 표현으로 한다면 '후계자' 혹은 '후임자'로 부르는 것이 좋겠다.

자녀가 아버지의 대를 이어서 담임목회자가 되는 것이, 문제를 제기하는 측의 주장처럼 세습이라면, 찬성할 사람은 몇이나 되겠는가? 자격이나 능력의 검증 없이 자녀에게 당연히 물려주는 세습이라면 교회의 정의와 사회의 정서에도 맞지 않는 것이다. 그런데 한국교회는 교회의 법과 교회공동체의 투표에 의하여 결정되는(투표자의 2/3 이상의 찬성을 얻어야 한다) 것이라면 세습이라 부르는 것은 잘못인 것이다.

4. 세습목회 과연 한국교회의 재앙인가?

담임목회자 아들이 후임으로 목회를 하는 곳에 재앙이 임한다는 것인지, 아니면 한국교회에 재앙이라는 것인지. 세습목회 한국교회 재앙이다 라는 주장은 두 번의 오류를 가진다. 하나는 앞에서 지적했듯이 세습목회 혹은 목회자 세습이라는 용어사용의 적절성의 문제이며, 다른 하나는 '소위 세습목회가 한국교회에 재앙을 가져 올 것' 이라는 주장은 근거가 부족한 허위과장으로 판명날 수도 있기 때문이다.

현재까지 나타난 결과에 과연 담임목회자 세습이 외부에서 문제를 제기한 것처럼 교회에 문제가 되었는가 하는 것을 살펴볼 필요가 있다. 인천의 모 감리교 L목사, 대구의 장로교회 S교회의 L목사, 서울 침례교회 C교회의 O목사, 등은 아버지의 대를 이어서 담임목회자가 되어 교회를 이끌어 가는데 아무런 잡음이 없으며, 오히려 전임 때보다 더 좋은 결과들이 있다는 것은 다 알려진 일이다.

그런가 하면 강남의 K감리교회는 아들이 아버지의 후임으로 정해지는 과정에서 반대하는 외부의 개입까지 있었던 어려운 과정 속에서 정해졌지만, 몇 년이 지난 지금은 잘되어가고 있다는 것을 교계가 알고 있다. 재앙인지 아니면 축복인지는 더 지켜볼 일이라고 본다.

5. 긍정적인 것은 무엇인가?

전임자가 20년 혹은 30년 그 이상의 기간을 이끌어 오던 교회가 후임자 선정문제로 어려움을 겪고 있는 교회가 여럿 있다. 후임자를 검증할 기회가 적기 때문이다. 또한 선정되어서 교회를 이끌어 갈 때에도 이런 저런 문제가 많이 생겨서 교회공동체들이 고통을 겪는 일들이 많이 있다. 교회마다 특색이 있고 전통이 다르며, 추구하는 방향성이 있는데 후임자는 미처 이해하지 못하여서 발생하는 문제가 있다. 그러나 아버지의 뒤를 이어 자녀가 후임자가 되는 것은 먼저, 당사자가 어릴 때부터 자라온 과정, 품성 등을 잘 알기에 공동체가 검증하는 것은 분명하다고 보여 진다. 다음으로 전임자와 한 가정에서 생활하며 자라나지만 같은 교회에서 신앙교육을 받고 자라났기 때문에 교회의 형편, 교회가 추구하는 목표, 그리고 교인들의 영적인 상황 등을 누구보다 잘 알게 되고, 무엇보다도 '전임자와 후임자의 갈등' 이 없다는 장점도 있다고 한다.

6. 무엇이 문제인가?

담임목사 후임문제는 진리와 비진리의 문제라고 보기 어렵다. 선과 악의 문제라고 볼 수도 없다. 사회문제라고 말하기도 어려운 측면이 있다. 교회의 문제인데 이것을 교회의 구성원 중에서 문제를 제기하기 때문에 사회가 나서서 비판하고 있는 것이며, 근년에 두

드러진 현상인 안티기독교인들의 교회 공격의 호재를 제공하는 것으로 보여 진다. 앞에서도 지적했듯이 세습목회라는 주제도 단정적인 언어사용이며, 또한 그것이 한국교회의 재앙이라는 표현도 허위 과장이라고 말할 수 있다.

한국교회언론회에서 행한 설문조사에서 담임목회자 자녀가 아버지를 이어서 목회하는 것에 찬성여부를 묻는 질문에서 응답자 116명 가운데서 찬성 한다 30명, 반대 한다 24명, 무방하다 62명이었다. 무방하다는 응답은 후임자의 능력이나 자격, 그리고 후임자 선정 절차상 합법적이고 정상적일 때라는 단서를 달기도 했다. 설문에 응한 사람들은 연령층이 30대부터 60대까지며 현장 목회를 하고 있는 목회자들이었다. 결과를 분석해 볼 때에 현장 목회자들이 외부 사람들과의 감각이 다른 것으로 보여 지기도 하지만, 반대로 세습목회를 반대하는 이들이 목회현장을 모르는 것이라고 보여 진다.

지금까지 나타난 결과와 현실이 그러함에도 반대하는 이들과 사회인들을 설득할 만한 조치가 필요하다고 본다. 담임목회자 자녀에게 후계한 교회들의 변(辯)은 '모든 합법적인 절차에 의한 것이다', '교회의 문제는 교회공동체가 결정할 일이다' 는 것이다. 이 말은 교회 구성원들을 무시하는, 그리고 교회 밖의 사람들이 문제를 만들고 있다는 견해이다.

최근 강북의 J장로교회에서는 수 십 년간 목회했던 목사가 자기 자식에게 담임목사직을 물려주려다가 교회공동체에서 반대하여 본인도 원로목사도 안되고 자식의 후계문제도 부결되는 일이 있었다.

이는 교회공동체가 교회 일을 결정할 때에 미련하게 하지 않는다는 반증이기도 하며, 교회 일은 '보이지 않는 손'(the invisible hand)에 의해서 움직여진다는 것이 성경적이다.

이에 담임목회자 자녀에게 후계하는 것을 반대하는 이들은 그 교회법 적용과 교회 공동체의 결정이 중요한 것이 아니라, 자녀는 무조건 안 된다는 전제가 있다. 이것도 고집이라고 보여 진다.

사실, 목회세습이라고 비난받는 대상은 대형교회이다. 작은 교회나 개척교회 등 소위 특혜성의 문제소지가 상대적으로 적은 교회에서의 담임목회자 후계는 문제를 삼지 않는다. 외국에서는 문제가 되지 않는 담임목회자 자녀 후임이 한국에서 문제가 되는 것은, 대형교회가 권력이 있으며 담임목사직 승계를 권력이동(power-shift)으로 이해하기 때문이다.

대형교회 담임목사직이 무거운 짐을 진다거나 혹은 더 큰 의무를 가진다고 이해한다면 문제는 달라질 것이다. 물론 본인들은 억울한 측면이 있겠으나, 사회에 투영된 스펙트럼은 큰 권력과 특권을 소유한 것으로 비춰지고 있는 것이다.

7. 그럼에도 불구하고, 실제적 문제

대형교회 담임목사직의 아들 대물림목회의 실제적 문제로 지적되는 것은 첫째, 사회가 바라보는 교회에 대한 실망감이다. 기독교인이든지 비기독교인이든지 교회에 대한 신앙적 매력과 신비감이 어느 정도 있다고 본다. 그런데 집단적 기반과 체제가 잘 갖추어진 대형교회를, 담임목회자의 아들이 남 다른 노력 없이 물려받는 소위 세습적 형태에 대해서 사람들은 처음부터 실망감을 갖게 되는 것이다. 이는 교회내의 합법적 절차에 의한 후임결정이라는 사실과 상관없이 느끼는 것이다.

둘째, 작은 교회들이 받는 타격이다. 대형교회는 여타한 문제가 발생되어 잠시 타격을 입을지 몰라도 어느 정도의 시간이 지나면 원상회복되는 사례를 본다. 그러나 대형교회의 부정적 시각 형성으로 인하여 작은 교회들이 피해를 입게 되는 경우가 허다하다. '교회 흔들기'가 끝나고 나면 작은 교회들은 몹시 휘청거린다.

셋째, 대형교회의 엘리트 의식과 작은 교회에 대한 배려부족이다. 대형교회로 성장하게 된 것은 분명 하나님의 크신 축복일 수 있다. 본인들의 남다른 수고도 있다고 본다. 그러나 대형교회가 생각해야 할 것은 교인들의 수평적 이동이 일반화된 최근 사회 환경에서, 대형교회가 되기 위하여 여러 작은 교회가 흡수당하고 그 곳에서 목회하던 목회자들의 가슴 아픈 눈물이 있다는 것을 알아야 한다. '능력부족' 운운하면서 작은 교회 목회자들을 무시하는 교만한 태도가 은연중에 나타나는 일이 있음도 문제로 지적되고 있다. 대형교회가 주변에 적어도 수십 개의 작은 교회들과 공존할 수 있는 여지를 막고 있는 것은 아닌지 돌아보아야 하며, 작은 교회에 빚을 지고 있다는 겸손이 있는지, 의무가 더 크다는 것을 자각하고 있는지 자문해야 한다.

8. 한국교회를 위한 대안은 없는가?

필자가 제기하는 대안이 절대적일 수는 없으나 진지하게 함께 고민하는 기회가 되기를 바란다. 첫째, 담임목회자가 자신의 자녀의 목회적 능력을 믿고 자녀를 아끼는 마음이 남다르다면, 교회가 개척분립을 하는 것이다. 그 일환으로 은퇴하는 목사의 아들과 일부 교인들이 함께 공동목회를 시작하고 기존의 교회와는 관계성을 완전히 정리하는 것이다.

둘째, 아들을 후임목회자의 후보로 두지 않는 것이다. 이는 교회에 대한 비난의 소지를 근원적으로 제거하는 것이다. 아들이 목회자로서의 자질이 훌륭하다면 굳이 아버지가 목회하던 교회가 아니라도 충분히 사역하리라는 것은 불문가지이다.

셋째, 대형교회 목회에 대한 환상이나 고집을 버려야 한다. 교회사적으로 볼 때에 대형교회들이 형성된 적이 있으나 다시 쇠퇴하기를 거듭하였다. 그 원인은 대형교회가 교회로서의 본연의 사명과 아울러 바른 영향력을 충분히 감당하지 못했던 것에 대한 역사의 심판이 있었기 때문이다. 따라서 목회자 개인의 영향력이 미치는 범위 내에서 건강한 교회를 만들기 위한 노력이 필요하다고 본다.

9. 덕을 세우는 원리를 따르라

문제 많다고 말해지고 있는 한국교회, 칭찬보다는 비난 받기에

바쁜 한국교회, 그러나 교회가 이 땅에 유일한 희망임을 부인해서는 안 된다. 교회가 이 세상의 영혼들을 살리며 사회를 밝게 하는 하나님이 주신, 시대적 중차대한 사명이 있음을 잊지 말아야 한다. 교회에 대한 여타의 비판 중에서 외부의 비판보다는 내부의 비판이 더 따갑고 아플 수도 있다. 그러나 비판을 수용할 수 있는 너그러움을 가져야 한다. 문제를 자신들이 미쳐 발견하지 못했는데 다른 이들이 지적해 주면 오히려 감사로 받아야 한다. 그리고 문제를 해결하고 더 훌륭하게 하여 다시 일어서는 용기가 필요하다. 소위 세습 목회비판이라는 주제도 그렇다. 선악의 문제, 진리의 문제라면 양보할 수 없는 일이라고 본다. 그러나 건덕(建德)의 문제라면 양보할 수 있는 일이라고 본다. 혹시 교회를 향해 비판을 일삼는다는 비난을 들을만한 주장을 펴는 이들도 함께 복음과 건덕을 생각해야 할 것이다. 교회를 위하고 복음을 위한다고 하는 일이 오히려 장애가 되는 것은 아닌지 서로 깊이 기도하고 생각할 일이다. 이 일은 교회만의 일이 아니라 세상 사람들도 보고 있는 일이다. 창세기 13장에 아브라함과 롯의 경우처럼 (가나안 사람과 브리스 사람이 보는 앞에서 다투지 말자)지혜로 하는 것이 옳다고 본다.

"우리 각 사람이 이웃을 기쁘게 하되 선을 이루고 덕을 세우도록 할지니라"(로마서 15:2)

13. 기독교노동조합 설립

　사회운동은 사회 현상의 투영(投影) 혹은 반작용(反作用)이다. 기독교회노동조합(이하 교회노조라고 함)도 사회운동으로 볼 수 있으며 그런 관점에서 교회노조의 등장은 기독교회 문제의 표출 혹은 교회문제에 대한 반작용이라고 본다.

　그동안 교회를 믿음과 사랑과 소망의 신앙공동체요, 하나님 나라의 지상적 개념으로 이해하던 교회공동체들에게는 교회노조의 등장이 당혹스럽고 황당하기까지 하다. 그러나 이제는 교회노조의 설립문제 가, 불가의 논란 단계를 넘어서서 현실이 되었다. 인천에 본부를 두고 있는 교회노조는 2004년 4월 29일 관계기관으로부터 교회노조 설립허가 신고필증을 교부받고 전국 지부 설치로 그 영역을 넓혀 나아가고 있으며 활동 또한 활발한 것으로 드러나고 있다.

　교회들은 교회노조 이야기가 나올 때에는 일과성의 해프닝쯤으로 여기다가 지금은 교회노조에 돌을 던지기도 하고 잔뜩 긴장하기도 하며, 교회(복음전도와 교회 구성원들의 반응)와 교회조직(노회, 총회 등)에 미칠 부정적 영향에 대하여 다각도로 대응책을 강구하고 있다.

　최근 모 언론기관에서 조사한 바에 따르면 교회노조에 대해서는 반대하는 의견이 다수(약59%)이며 찬성은12%이며 입장표명 유보가 29%에 이르는 것으로 나타났다고 한다.

교회노조가 내세우고 있는 표면적 이유가 교회노동자의 노동조건 혹은 처우개선과 경제적 사회적 지위 향상, 나아가 교회개혁이라는 것이다. 그러나 교회의 일을 성직 혹은 천직으로 알고 어려움을 묵묵히 견뎌내고 있는 교회직원들과 교회공동체들의 눈에는 교회노조가 이질적으로 보이기도 한다.

반면에 극소수이기는 하지만 교회노조의 등장을 반기는 이들도 있다는 것도 사실이다.

1. 교회노조 등장 배경

교회노조 등장의 배경은 몇 가지로 볼 수 있다. 첫째로 사회적 분위기 편승이라고 본다. 지금 우리 사회는 기존의 질서를 바꾸어 보자는 심리가 만연되어 있다. 기존질서의 변화를 개혁이라고 생각하는 이들이 젊은 층에 많이 있다. 소위 인터넷 세대에 의한 선거혁명으로 정치권력의 변화를 가져왔다. 그러므로 젊은 세대들에게는 바꾸면 바꿀 수 있다는 자신감을 넘어서 자만심으로 차 있다. 젊은 세대가 다수를 차지하고 있는 교회직원들도 교회의 기존질서에 대해서 자신들의 이해에 맞지 않는 요소는 바꾸어야 한다는 생각이다. 바꾸어야 한다고 생각하며 그 목적을 이루기 위한 방법으로 사회법인 노동법을 택하게 된 것이라고 본다. 둘째로 처우에 대한 불만이다. 교회직원도 노동력을 제공하고 그 대가로 돈을 받으니 노동자인데 일반 사회 노동자의 대우와 비교해서 불만이라는 것이다. 셋째로 비인권적인 대우에 대한 자기 방어이다. 그러나 개인적으로 한계가 있기에 단체의 힘을 만들자는 것이다.

위와 같은 배경으로 하여 등장하게 된 교회노조는 세계에서 유래를 찾아볼 수 없고 교회역사 2,000년에 초유의 일인데 한국교회는 이를 어떻게 이해하고 대처 혹은 해결해야 할 것인지에 대하여 심각한 고민이 있어야 한다고 본다.

2. 교회노조, 성경적이 아니다

교회노조를 이해하는데 있어서 먼저 제시해야 할 것은 과연 교회노조가 성경적인가? 하는 것이다. 교회노조측도 성경을 제시하고 있기는 하다. 교회노조 설립의 주도자인 이길원 목사는 마태복음 20장 13에 "친구여"라는 예수님의 말씀에 근거하여 평등의 원리를, 민수기 27장 7절을 근거로 하여 여성의 인권과 재산의 합당한 상속을 노동 문제의 근거로 제시한다. 그러나 이는 성경 해석의 심각한 문제점을 가지고 있다. 교회노조는 성경적인 배경이 있는 것이 아니라 사회현상적 혹은 시대상황적이라고 볼 수 있다.

다음으로 사회적 혹은 노동운동적 이해인데 과연 교회를 노(勞)와 사(使)로 분류할 수 있는 조직체인가 하는 것이다. 이 문제는 교회와 노동관련 정부기관의 해석이 전혀 다르다. 교회가 그동안 공유하고 있던 이해는 교회는 회사처럼 이익 창출을 위한 단체가 아니기 때문에, 또는 교회의 직원은 성직이기 때문에 라는 생각이 지배적이었다. 그러므로 교회노조는 당연히 불가하다는 인식들이다. 그러나 노동관련 주무기관의 해석은 교회직원도 노사관계에서처럼 계약적 관계로 본다. 노동력을 제공하고 급료를 받고, 또는 돈을 지불하고 노동력을 제공받는다면 노동행위에 해당되므로 노조가입이 가능하다는 해석이며 그 근거로 교회노조설립을 허가해 준 것이다.

그러나 그 같은 정부 노동관련부서의 해석을 교회가 받아들이기에는 정서상 허락치 않는다. 먼저 교회는 이윤을 위해서 설립되고 운용되는 기업이 아니라는 점이다. 교회의 설립자는 성삼위 하나님이시다. 그러므로 교회는 하나님의 교회이다. 교회의 설립 목적은 죄인의 구원과 하나님 나라의 확장이라는 거룩한 목표이지 결코 기업의 이윤창출과는 거리가 멀다는 사실이다. 또한 노동자가 있다면 사용주 즉 주인이 누구냐는 것이다. 교회노조측이 사용주로 정한 담임목사도 실은 교회로부터 생활비를 받고 성직에 봉사하는 위치에 있지 결코 주인은 아니라는 것이다. 교회공동체의 주체인 일반 교인들은 '그러면 도대체 우리는 무엇이냐? 돈을 내놓아서 이윤 창출의 주체이고 봉사자이며 교회노조 주장에 의무만 다하라는 것인가?' 라는 의문을 강하게 제기하고 있다.

그러므로 교회노조는 성경적이지 못하며 교회 정서상 인정될 수 없는 단체로 인식하고 있다.

3. 교회노조 등장으로 발생되는 문제와 전망

교회노조의 활동으로 예상되는 문제점은 우선 부정적인 면을 생각하지 않을 수 없다. 교회도 사회에 근거를 두고 있는데 사회란 교회구성원들만 사는 곳이 아니지 않는가? 더 많은 불신자들이 교회를 또 다른 기업정도로 보지 않겠는가 하는 것이다. 영혼구원이라는 목표를 하나의 이윤창출의 구실로 혹은 도구로 인식하게 되며 교회를 일반기업과 다를 바 없는 단체 즉 투쟁하여야 얻어낼 수 있고, 싸워야 바뀌는 곳으로 볼 것이다.

다음으로 교회내부의 갈등이다. 앞에서 지적하였듯이 직원이 아닌 이들만 교회공동체인 것이 아니고 직원도 교회공동체의 일원이다. 그러나 직원들 스스로 노동자로 자처하면 지금까지의 화해와 이해, 사랑의 격려 그리고 협력관계보다는 투쟁과 반목의 대상으로 전락될 것이다.

그런가하면 민주노총 등 노동단체와 연대하여 교회를 대상으로 파업과 거리투쟁도 불사하게 될 경우를 예상할 수 있다. 또한 노사관계의 합의가 여의치 않으면 정부 공권력이 교회노동쟁의에 간여할 수도 있는 부끄러운 사태를 예견할 수 있다.

교회노조의 활동으로 교회는 당분간 얼마간의 상처를 입고 복음전도에 지장을 받겠으나 교회노조는 결국 성공하지 못할 것으로 전망된다. 그 근거는 먼저 성경적이지 못하며, 다음으로 교회구성원들이 인정할 수 없기 때문이다. 그보다 교회노조가 성공하지 못해야 하는 근본적인 이유가 되어야 하는 것은 교회노조가 주장하고 존재 근거로 내세우는 문제들을 교회가 해결하는 일이라고 본다. 그들의 주장근거가 없는 교회 환경을 만드는 것이다. 즉 교회 유급 직원들이 교회공동체의 소속됨을 자랑스럽게 여기며 일 할 수 있도록 해야 한다는 것이다.

4. 교회노조 해결 방안

교회노조의 설립이나 활동 그리고 방법이 비록 성경적이지 못하고 시대상황적이고 사회법적인 논리라고 해도 교회를 향한 문제점 지적은 무시해서는 안 된다고 본다. "당신들의 방법이 잘못되었기 때문에 우리의 문제는 문제가 안 된다"는 식의 자기방어는 옳지 못하다. 성경은 "너희가 열심으로 선을 행하면 누가 너희를 해 하리요"(베드로전서 3:13)라고 하셨다.

교회노조는 설립자들에 의해서 스스로 폐기하는 것이 옳다. 그러나 현실적으로 그렇게 되기 않을 것이다. 그렇다면 교회의 몫이다.

교회노조 해결을 위한 네거티브한 방안으로는

1) 임금노동자로 자체하는 이들에게 정당한 노동의 대가를 지불해야 한다. 교회는 그동안 사명감이 없는 이들에게 사명감으로 고통을 감내하게 하며 마지못해서라도 일을 감당하는 것을 당연한 것으로 오해하지 말고 사회법에서 정하는 정당한 임금을 제공하도록 해야 한다. 그렇지 못하다면 임금노동자로 자처하는 이들에게 일을

맡기지 말 것이다.

2) 교회는 인권침해사항도 은혜로(?) 혹은 관행으로 넘어가려하지 말고 오히려 교회 직원들을 더욱 귀히 여기는 풍토를 가꾸어 가야 한다.

3) 노동법에 저촉되지 않도록 철저한 계약관계와 그리고 계약을 이행해야 한다.

다음으로 포지티브한 방안으로서 원수까지도 사랑하라고 하신 예수님의 말씀을 받들어서 교회노조의 주장이 합당한 것이라면 기꺼이 수용해야 한다. 결국 교회노조원들도 교회공동체의 일원이라는 인식을 가져야 문제가 해결된다고 본다. 물론 교회노조의 출발이 교회개혁을 위한 것이 아니라 노동자의 권익보호라는 목표로 출발하여 교회 개혁을 말하는 것이 지나친 면이 있으나 (신학대학 및 신학대학원 정원 축소, 무인가 신학교 정비, 부목사 총회총대 일정비율 요구, 당회원권 보장, 여성총대 일정비율 요구, 개척교회 보호를 위하여 대형교회 셔틀버스 운행 사법부 고발 등 의 주장) 교회를 바르게 하고 교회답게 하라는 요구라면 누구의 목소리라도 귀 기울일 수 있어야 한다.

5. 기독교노동조합 문제는 교회다운 교회를 세우라는 하늘의 음성

한국교회노조의 등장은 교회개혁을 갈망하는 또 하나의 목소리라는 데에는 일견 동의할 수 있는 부분이 있다. 그렇지만 한국교회를 상대로 한 교회노조는 교회사의 미증유(未曾有)의 일이며 불행한 시대의 산물이다. 그렇다고 해서 교회는 교회노조의 사태를 남의 탓으로만 돌려서는 문제 해결이 어렵다. 교회노조 문제는 교회가 시대에 뒤졌으며, 성경에 말씀하신 하나님의 선하신 뜻 행하기를 게을리 한 일에 대한 채찍으로 다가왔다고 보아야 한다. 현재 한국교회는 뜻있는 이들에 의하여 위기라고 진단된다. 그러나 진정한 위기는 위기라는 사실을 인식하지 못하는 것이라고 본다.

한국교회가 사는 길은 교회노조를 수용하느냐 거부하느냐가 아니라 교회가 개혁되느냐 이대로 안주하느냐 하는 실천의지에 달렸다.

교회 유급직원들이 스스로 약자라고 생각하고 교회공동체의 일원이라는 소속감 혹은 사명의식보다는 노동자로 자처하며 노조라는 사회적 방법에 호소하는 극단적 선택으로 내몰린 측면이 있다면 교회는 크게 반성해야 한다. 교회노조 활동을 무력화하는 것, 혹은 없애는 것이 교회의 당면한 과제가 아니라 교회노조가 등장하게 된 책임을 교회지도자들이 먼저 통감해야 한다.

현재 한국교회는 한국사회에서 가장 영향력 있는 사회단체이다. 6만 교회의 기독교인 1,000만 명에 국가 고위공직자 중 40% 이상 대학의 학·총장 중에 80%이상, NGO 대표 80%이상, 국회의원 299명 중에 121명이 기독교인라는 것은 한국교회가 사회에 대한 영향력이 어떠한가를 말해 주는 수치라고 본다. 만약 이같은 한국교회가 몰락한다면 그것은, 서구사회의 몰락이 기독교 문명의 몰락이라고 예견한 오스왈드 슈펭글러(Oswald. Spengler)의 말처럼,

한국 사회의 몰락을 말하는 것이라고 할 수 있겠다.

현재 한국교회가 처한 현실이 위기라면, 이 위기를 개혁으로 승화시켜서 오늘의 교회개혁을 이루어 교회다운 교회를 세워가라는 하늘의 음성으로 들었으면 한다. 교회의 문제는 교회지도자들이 자신들의 무한 책임으로 인식하고 하나님 앞에서 겸손하며 회개의 통곡이 있을 때에만 문제가 해결되리라고 본다.

교회와 개혁

14. 한국교회의 나아갈 길

우리나라에 기독교가 전래된 120년에 한국교회는 세계 선교사적 (宣敎史的)으로 그 유래를 찾기 힘들 정도의 온갖 찬탄의 수식어로 표현되어왔다. 2007년 말 현재 세계 50 대교회 중에 약 절반이 한국에 있고 해외파송 선교사는 17,000 여명으로 미국 다음이다. 국민의 23%가 기독교 신자인 한국교회를 세계 기독교계가 경이롭게 볼 수밖에 없을 것이다.

그러나 뜻있는 교회 지도자들은 현재 한국교회가 큰 위험에 직면해 있다고 진단한다. 교회가 나아갈 길을 찾아야 할 때라고 말한다. 교회는 내외적으로 심각한 문제점을 노출시키고 있다. 내적으로는 복음의 능력을 잃어가고 있다는 신앙적 근본적인 해석으로부터, 교회 성장이 멈추고 침체가 계속되고 있는 것과 교회가 하나 되지 못하는 점, 그리고 지도력 부재를 들고 있다.

외부적으로는 이단세력의 준동(蠢動)과 기독교의 근본교리를 흔드는 반기독교 사상들과 교회를 비난하는 언론과 안티-기독교들의 활동을 들 수 있다. 최근 수년간 기독교 안티들과 교회비난 언론들의 문제제기로 야기된 기독교 불신풍조는 한국 민족사와 함께 하였던 한국교회의 선구자적이고 애국적 큰 발자국은 물론이거니와 기독교가 지닌 복음의 절대적 진리의 가치까지 폄훼당하고 있다. 그래서 교회의 장래를 걱정하는 목소리가 높다.

아널드 토인비(Arnold J. Toynbee)는 역사를 이해하는 유용한 하나의 틀을 '도전과 응전'(challenge and response)이라고 소개하였다. 그는 역사를 문화사적으로 이해하였으나 우리는 종교사적으로 이해하는 것도 의미가 있다고 본다. 한국교회가 현재 도전의 시대에 직면해 있다는 진단이라면, 이제 응전을 위하여 지혜를 찾아야 할 것이다.

한국교회언론회에서는 최근 우리 사회 일각에서 벌어지고 있는 무차별적이고 의도적이며 편파적인 교회 비난과 비방에 대하여 교계의 입장을 천명한 적이 있다. '한국교회, 이제도 민족의 희망이다' 라는 성명서에서 한국교회가 민족과 국가의 운명이 풍전등화와 같던 시대에 국가 잃은 슬픈 민족과 함께 길고 긴 질곡(桎梏)의 터널을 같이 걸어 왔음을 다시 상기시켰다. 한국교회는 이제도 민족의 교회이며, 애국의 종교임에 틀림없다.

정치적으로나 사회적으로 희망이 없던 시대에 이 땅에 복음이 전해진 것은 우리 민족을 향하신 하나님의 크신 섭리요, 축복임을 의심할 수 없다. 가난과 질병, 숨막힐 것 같았던 남녀와 신분차별, 문맹과 탐관오리의 횡포 등은 서민으로서 희망이 보이지 않았던 흑암의 시대였다. 서구 열강의 침탈 속에 절망하던 민족에게 복음은 희망이 되었다. 나라 잃고 일제의 악랄한 식민지 정책에 신음하는 민족에게 교회는 민족정신을 일깨워 주었으며, 일제에 의한 민족정신 말살과 기독교 신앙 말살책동에는 온 몸으로 저항했으며, 애국계몽

운동과 독립운동에도 선두에 섰다.

해방 후에 국가 사회적 혼돈의 시대에는 교회도 함께 신학적인 혼란 중에 처해 있었음에도 불구하고, 자유민주주의의 가치를 적극 지원하는 바른 길을 견지했다. 민족의 비극인 6.25 전쟁 중에는 김일성 공산주의를 반대한다는 이유로 인하여 수많은 교회와 성직자 그리고 성도들이 순교를 당하였는데 그 희생은 참으로 역사적으로 가치가 있는 일이었다. 일제에 의한 순교자들의 피, 북한 공산주의자들에 의한 '순교자의 피'는 한국교회의 자부심이며, 초대교회 교부인 터툴리안(Tertullianus)의 말대로 '교회를 자라게 하는 씨앗'이 되었다.(sanquis christianorum est semen ecclesiam)

한국교회는 그 몸을 추스르기 어려운 시대를 제외하고는 대 사회에 대한 봉사를 게을리 하지 않았다. 오히려 봉사가 교회의 본질인 양 오해하는 일까지 생길정도로 사회봉사에 앞장섰다. 한국교회는 1960년대 후반부터 1980년대 중반까지 약 25년간을 큰 부흥의 시대를 맞았었다. 목회자들과 성도들의 헌신적인 수고, 부흥사들의 열정적인 전도로 인하여 한국교회는 부흥의 역사를 써왔다.

그러나 1980년대 후반부터 한국교회는 침체내지 정체현상을 보이고 있다. 이 같은 상황은 갑자기 찾아온 일이 아니었다. 이미 경고되어졌던 일이었다.

미국 웨스트민스터(Westminster) 신학교의 지한파(知韓派) 교수였던 하비 칸(Harvie Conn)은 일찍이 "한국교회가 한국사회에서 신뢰를 상실(loss its credibility in society) 한 것이 교회의 위기"

라고 진단한 적이 있다. 아이러니컬하게도 한국선교 100주년이던 1985년부터 한국교회의 성장은 침체되고 있었다. 이 같은 현실에 설상가상으로 2000년 전후로 하여 안티 기독교들의 활동이 활발해지고 있으며, 더불어 일반 언론이 민주화의 영역이 확장될 대로 확장되어진 지금 사회 전반에 걸쳐서 성역을 인정하려하지 않고 있는데, 종교도 예외가 아니라며 기독교 비판에 용감하게 뛰어들었다.

교회사적으로 사회의 경제적 부요는 필연적으로 기독교 둔화를 가져온다는 주장이 한국교회에 현실로 다가온 지금, 무엇이 문제인가? 또한 교회가 나아갈 길은 어디인가? 라는 심각한 고민은 오히려 늦은 감이 있다.

1. 무엇이 문제인가?

오늘의 한국교회는 벌거벗은 모습으로 세상에 서 있는 형상이다. 교회의 모든 일들이 숨김없이 세상에 알려진다. 교회는 비밀스러운 일이 있고, 해서 숨기고 싶은 것이 있다는 말이 아니다. 세상과 교회가 서로 다른 영역에 속하는데 세상의 척도로 교회를 비판하는 옳지 못한 일들이 있음으로 인하여 교회의 세속화 내지 복음전도에 장애가 되는데 대한 불만이라는 말이다. 그렇다고 해서 세상의 판단이 항상 그르다고만 말하기는 관중인 다수의 국민들이 인정하지 않을 수도 있다. 그것이 교회라는 특수영역을 오해한데서 오는 것이라고 설득하는 일이 부족한데서 온 것이라고 해도, 그 또한 변명으로 들리며, 또 다른 사건이 빠르게 진행되어 간다.

반 기독교적인 행동들은 신앙적으로 볼 때에 사탄적이라는 해석이 옳다. 하나님의 교회를 세우려는 것이 아니라 해하려는 것이기 때문이다. 그 일을 하는 자들은 효과적인 면에 있어서 사상적인 도구와 문화적인 도구가 유효하다는 사실을 알고 있는 듯하다. 예수 그리스도의 신성(神性)을 무너뜨리기 위하여『예수의 마지막 유혹』이라든지『다빈치 코드』라는 소설과 영화가 그 류(類)에 속하며, 최근에 이르러서는 옥스퍼드대 교수인 리챠드 도킨스(Clinton Richard Dawkins)의 작품『만들어진 신』(*The God Delusion*)은 무신론적이며 반 기독교적이다. 그와 같은 반 기독교 정서는 전혀 새로운 것이 아니다. 기독교 초기부터 있어 왔다. 철학이라는 이름으로, 권력으로, 기독교를 박멸하려고 했었다.

기독교를 파괴하기 위한 것으로 최근에 정보화 시대에 반 기독교 운동의 무기는 반 기독교 사상에 더하여 성직자들의 비윤리적인 문제와 교회재정의 문제를 들고 나온다. 과거의 것에서 현재까지 축적으로 하여 현재형으로 세상에 선전한다. 최근에는 성직자 과세문제를 들고 나오면서 성직자를 파렴치범으로 몰아가려한다.

그런가하면 이에 반하여 대부분의 교회 구성원들은 지금까지 열심을 다하여 하나님 앞에서 살아오고 있다는 주장이다. 소유를 위하여 일하지 않으며, 생명도 자신의 것이 아니라고 여기며 살아왔는데 무엇이 문제인가를 묻고 있는 것이다. 아무 잘못이 없다는 주장이다. 대 다수의 성직자와 성도들은 그 같은 생각으로 무장되어 있는데 이는 한 편으로는 교회가 건강한 증거라고 말해질 수도 있겠으나, 다른 한 편으로는 밖에 소리에 귀를 기울기지 않겠다는 고집이라고 받아들일 수도 있다. 밖에서는 문제라고 말하는데 대답은 무엇이 문제인가? 라고 한다면 필연 접점이 쉽지 않다는 것이다. 그럼에도 불구하고 일부의 문제를 전체의 문제로, 특수한 것을 보편화하는 것은 옳지 못하다.

교회를 비판하는 이들은 교회가 교회답기를 바란다는 긍정적인 요구를 하기도 한다. 성직자가 성직자답기를 바란다고 한다. 성도들은 성도들답고 교회가 사회에 더 많은 기여를 하기를 요구하기도 한다. 이들은 기독교 없는 천국건설, 혹은 기독교가 이 땅에서 사라지는 것이 목표라는 부류들과 분명히 달라 보인다. 그러나 이들의 요구에 부응하려는 것이 아니라, 하나님께서 그것을 요구하신다면 교회 구성원들은 변화되기를 주저하지 말아야 한다.

그러나 교회가 지금까지 행해오던 일들과 교회 구성원들의 생각이 바뀌기가 쉽지 않다는 것도 문제이다. 그렇지만 만일 그것이 잘못되었다면 무엇이 옳은 것이며, 무엇이 주님의 교회를 위하는 것이며, 무엇을 교회가 행해야 하는지를 성경과 교회역사 속에서, 그리고 양심에서 나오는 소리로 알려야 할 시대적 의무가 있다고 확신한다. "개혁교회는 항상 개혁되어야 한다"(Ecclesia reformanda sempre reformasta)는 종교개혁의 명제를 잊지 말아야 한다. 개혁이라는 주제는 저녁식사 후에 커피 타임의 담소거리 정도가 아니라 참아내기 어려운 비판과 뼈를 깎는 아픔과 통절한 회개가 동반되어야 하는 것이다.

이제 우리가 하려는 것은 교회와 사회에 관련된 모든 것이 아니다. 그렇게 할 수 있다고 믿는 사람이 있으리라고 보지도 않는다. 다만 이 시대에 꼭 필요한 몇 가지만이라도, 그것이 안되면 반드시 하나님 앞에 설 때에 책망 들을만한 일들은 고쳐서 가자는 것이다. 우리의 후손들에게도 역사의 죄인이 되지 않기 위하여 가장 중심된다고 생각되는 것들을 새롭게 하려는 용기 있는 시도가 되기를 바라는 것이다.

2. 무엇을 말해야 하는가?

1) 성직자는 누구인가?

중세에 주교(bishop)와 교회를 일체화 하려는 시도는 잘못된 것이나 교회는 성직자와 불가분리 관계임을 인정해야 한다. 신학교가 가는 곳에 목회자가 나오고, 목회자가 가는 곳에 교회가 있다는 말이 옳다. 그렇다면 우선 성직자에 대하여 말해져야 할 것이다.

교회 역사적 고찰은 성직자가 바르게 서면 교회가 올바르게 서며, 성직자의 문제는 필연적으로 교회문제로 이어졌다. 이제 한국교회에 문제가 있다면 다른 인물들이 아니라 성직자에게 책임을 묻는 것이 가혹한 것인지?

성직자는 칼빈의 말대로 복음을 위하여 하나님께 소명(calling)된 이들이 아닌가? 성직자는 주를 위하여 죽을 각오가 되어 있는 이들이 아닌가?

성직자는 성도들을 섬기기 위하여 헌신의 삶을 사는 이들이 아닌가? 성직자는 세상의 부귀보다 하늘의 소망으로 자신의 삶을 희생할 각오로 살아가는 사람이 아닌가? 성직자는 예수님을 본받아 살기를 힘써서 작은 예수가 되어 가는 사람들이 아닌가? 성직자의 말은 천금보다 무게가 있어야 하고 그들이 가르치는 말은 진리요 진실이어야하지 않는가? 성직자에게는 아직도 가난, 순종, 순결은 한물 간 수도원의 덕목만이 아니지 않은가? 심령이 가난한 자는 삶의 부요를 탐하지 않는 것이며 자기 십자가를 지고 예수님을 따르는 삶이 성직자의 삶이 아닌가?

2) 교회의 대사회적 책임에 관하여

교회의 대 사회적 요구가 점증되는 현실에 교회가 지금까지 힘써 온 사회봉사나 수고를 다시 돌아보아야 할 시점에 있다. 오른손이 하는 것을 왼손이 모르게 하다가 이제는 왼손이 하는 것도 알리고 오른손이 하는 것도 알려야 한다고 말한다. 그러나 그보다 중요한 교회의 대 사회적 역할은 다른 곳에 있는 것은 아닌지?

근대 역사학의 아버지라고 불리는 레오폴드 폰 랑케(Leopold von Ranke)는 "한 사회나 국가의 흥망성쇠는 그 공동체가 가지고 있는 도덕적 힘"(moral energy)에 달려 있다는 의미심장한 말을 했다. 교회는 사회도덕의 보루(堡壘)가 되어야 할 것이다. 그것은 교회의 주인이신 하나님께서 명령하신 계명들을 준행할 때에 당연한 결과로 주어지는 것이다.

3) 교회 자정(自淨)의 문제

교회는 주님의 교회이여도 인간들로 구성되어 있다. 처음부터 천사들의 모임은 아니다. 예수님의 "내가 의인을 부르러 온 것이 아니요 죄인을 부르러 왔다"(막2:17)는 말씀처럼 교회는 처음부터 죄인들이 모여서 의인되고 예수님을 닮아가는 곳이다. 그래서 지상의 교회는 완전하지도 완벽하지도 않다. 다만 성령의 인도하심을 따라서 주님이 명하신대로 완전하심을 지향해 가는 것이다. 그런데 행여 지금의 교회 모습이 완전하다고 고집하지는 않는지 돌아보아야 할 것이다.

문제가 복잡할수록 본질로 돌아가야 한다. 교회가 거룩성을 잃어가고 있는 것은 아닌가? 교회가 세속권력의 언저리에서 기웃거리고 있지는 않은지? 성직자는 성속(聖俗)을 구분하지 않는 것이 현대적 목회라고 여기는 것은 아닌지? 성도들에게 세속적 성공을 신앙의 성공으로 가르치지는 않았는지?

교회와 정치문제만도 그렇다. 우리보다 한 세기를 먼저 살았던 사람으로 네덜란드의 교회정치와 세상정치의 지평을 잘 알았던 아브라함 카이퍼(Abraham Kuyper)는 "교회정치가 세상정치보다 더 추악하다"고 일갈했는데 그가 오늘의 한국교회와 사회를 보면 그렇지 않다고 하겠는가에 대한 확신이 있어야 할 것이다.

교회 내부 고발자 문제도 있다. 왜 교회의 문제를 세상에 폭로하

느냐? 는 물음에 답하기를 교회 내에서 해결이 무망하기 때문이라
는 답이 돌아온다. 그 일도 교회의 책임일 것이다.

성직자의 도덕성 문제도 도마에 오른다. 교회는 산 위에 있는 동네
이며 등경위에 등불이다. 그렇다면 성직자는 불꽃이 아닌가? "성직
자의 영혼은 아침 햇살처럼 맑아야 한다"는 어거스틴(Augustinus)
의 말은 깊이 새겨야 할 것이다.

4) 교회부흥과 성장지향성의 문제

교회는 살아있는 하나님의 말씀과 예수 그리스도를 주로 고백하
는 신앙위에 서 있다.(마16:16) 그러므로 교회의 성장은 당연한 것
이다. 그러나 인위적인 수적 성장은 교회의 본래적 순(順) 기능적
역할보다는 성장지상주의, 곧 성장이 목표인양, 혹은 성장이 목회
의 성공인 것으로 여기게 되어 있다. 인간적인 수단과 방법이 성공
하면 된다고 목적을 정당화 시킨다면 교회는 이미 세속화되어 있는
것이며 세상 사업체와 구별이 어려워 질 것이다.

교회 성장을 세속적 성공처럼 여겨서 세상에서 얻지 못한 영예를
대신하려는 것처럼 보인다면 세속적 성공을 위하여 신앙적 유산을
상납하는 것은 아닌지? 하나님 보다는 하나님을 빙자하여 세상의
것을 얻으려는 것처럼 보인다면 교회 성장은 하나님과 관계없는 일
이 되고 말 것이다.

교회 자정 또는 교회 개혁을 말할 때에 '성경으로 돌아가자' 혹은
'초대교회로 돌아가자' 인데 성경은 변하지 않는데 환경은 변한다.

성경을 적용할 사람들의 삶의 자리 즉, 현실은 늘 움직인다는 것이다. 또한 초대교회라는 그 당시 사회현실과 오늘의 사회는 너무도 다르다. 현대 교회를 초대교회와의 단순비교 하는 것은 문제가 있다. 초대교회는 시민국가, 시민사회가 아니었다. 군주국가, 계급사회였다. 오늘날은 시민국가, 시민사회다. 더구나 오늘날은 절대적 진리를 인정하지 않으려는 종교다원주의시대에 진입해 있다. 기독교의 절대 진리가 도전받고 있는 시대이다. 더구나 매스미디어의 혁명의 시대라는 전에 경험해보지 못하였던 시대를 살고 있다. 그래서 문제다. 그러나 적용이 어렵다고 해도 중요한 것은 하나님의 뜻대로 살고자 하는가? 예수님의 정신을 이 땅에서 구현해 보고자 하는 마음이 있는가? 이것이 중요하다고 본다.

5) 교회와 언론과의 관계

교회는 일부 언론의 의도성과 편파성 보도 때문에 피해를 입은 것에 대하여 억울한 면이 있어도 지난 일은 이미 엎질러진 물이다. 남들에게 책임을 전가한다고 해서 문제가 해결되는 것은 아니다. 모든 것은 우리의 책임으로 여겨 난관을 딛고 일어서야 한다.

언론은 제4의 권력이라고 말하기도 하지만 언론은 하나의 유용한 기능이며 도구이다. 그러므로 언론은 교회를 위하여 선한 도구도 될 수가 있다.

3. 복음으로 사회를 변화시켜야

교회는 사회와 유리(遊離)된 틀에서 사는 것이 아니다. 신학적 해석에 따라 다르지만 사회 속에 교회가 있으며 우주적 교회는 사회를 품고 있다. 현실의 교회는 사회와 상호 교류하기 때문에 사회의 영향을 전혀 차단하고 있지 못하다. 그러므로 종종 사회의 문제가 교회의 문제로 교회의 문제가 사회의 문제로 등장하는 경우가 있다. 그러나 교회는 사회를 책임질 의무가 있다. 복음으로 사회를 변화시켜야 한다.

그런데 현재 한국교회는 홍해 앞에 선 이스라엘과 같은 형상이다. '건너지 못하면 죽는다' '넘지 못하면 망한다' 는 심정으로 현실과 맞서야 한다. 사실 홍해 앞에 선 이스라엘은 어찌할 바를 몰랐다. 원망하기도 했다. 낙담하기도 했다. 그러나 지도자가 있었다. 모세는 하나님 앞으로 나아갔다. 하나님의 언약의 말씀을 들었다. 가나안에 들어가서 얻으리라는 약속이다. 하나님은 모세의 손에 들린 지팡이를 바다를 향해 들라고 하셨다. 홍해는 갈라지고 백성들은 육지처럼 건넜다. 반면 애굽의 군대는 홍해에 수장되었다. 오늘 우리에게는 무엇이 있는가? 하나님의 언약은 무엇이고 모세의 지팡이는 무엇인가?

하나님의 교회는 역사상 수많은 도전을 당당한 응전으로 넘어서서 오늘에 이르렀다. 문제 앞에서 교회를 어떻게 이끌어 가야 하는가? 즉 교회를 어떻게 운영해가야 하는가? 보다는 어떻게 하면 복음 본질에 더욱 충실 할까?에서 해답을 얻곤 했었다.

오늘의 문제를 교회 비판언론에게 돌리고 교회는 문제가 없다고 말하는 것은 어리석은 일이다. 나는 쇠하여도 주님은 흥하셔야 한다는 세례요한의 고백은 오늘도 교회를 섬기는 이들이 마음에 새기고 실천해야 할 기준이라고 본다.

교회는 주님의 교회이다. 교회가 어려움에 빠졌을 때에 교회 지도자들이 하나님께 구하였고 주님은 도움의 손길로 인도하셨다. 언제나 성령께서 간섭해 주셨다. 혼돈의 때, 환난과 위험을 만났을 때에도 하나님은 도와주셨다. 문제의 해답은 하나님께로부터 온다.

"교회가 그 사명에 충실할 때에 이 시대에 희망"이라는 프랑스의 기독교 사상가인 자끄 엘룰(Jacques Ellul)의 말이 옳다고 본다. 그러면 어떻게 하는 것이 교회가 그 사명을 충실히 수행하는 것인가에 대한 고민과 부단한 노력이 있어야 할 것이다. 그러므로 『한국교회 나아갈 길을 말한다』는 오늘의 포럼이 그에 대한 하나의 중요한 이정표가 되기를 소망한다.

15. 한국교회를 위한 긴급제언

2008년은 한국교회가 외부의 압력에 의해서 교회 개혁을 생각할 수밖에 없었던 시절이었다. MBC TV에서 대형교회와 일부 목회자의 문제를 왜곡 보도하므로써 한국교회 이미지는 끝 모를 추락을 계속하고 있었다.

이에 한국교회언론회에서는 2008년 3월 31일 프레스 센터 국제회의장에서 '한국교회 나아갈 길을 말한다' 는 주제로 포럼을 개최하였다. 그 같은 일련의 일들은 외부적으로는 추락한 한국교회의 이미지를 새롭게 하며, 교회가 이 시대에 여전히 희망이어야 한다는 사실을 인식시키기 위함이었다. 내부적으로는 교회를 복음적 길에서 벗어나지 않게 하고, 시대적 사명을 다하고, 목회자들의 각성을 촉구하는 하나의 작은 몸부림이었다.

이 포럼에 이어서 '한국교회 목회자 윤리선언' 이 있을 예정이었으나 내부의 이견으로 무산된 아쉬움이 있었다. 그 이후 1년이 지난 2009년 5월 14일 '한국교회를 위한 긴급제언' 이라는 주제로 프레스센터 국제회의장에서 포럼이 있었다.

이번에는 한국교회언론회 대표를 비롯한 모든 멤버들이 그 방향과 내용에 대하여 흔쾌히 동의했고, 그 과정에서 여러 신학대학교 교수 동료들의 도움이 컸다. 그러나 이같은 외침은 엘리야의 외침

같이 광야에 메아리가 되지 않을까 하는 자괴심(自愧心)도 있다. 포럼, 한국교회를 위한 긴급제언의 중요한 내용은 '목회자 복음적 책무와 자정을 위한 선언문' 에 담겨져 있다.

한국교회를 위한 긴급제언
2009년 5월 14일 한국교회언론회 주최 포럼

한국교회, 거룩하신 주님의 몸 되신 교회를 향하여 비판의 소리를 낼 수 있는 자격을 갖춘 사람은, 아마도 존재할 수가 없을지 모른다. 혹시 있다고 해도 미련한 사람이 아니고는 이 일을 하지 못할지도 모른다. 그 이유는 비판하는 자가 비판받는 대상보다 더 깨끗해야 하겠지만, 그런 사람이 있을 런지 모를 일이고, 그보다는 '주님의 교회가 문제가 있다' 며 세상을 향하여 나팔을 부는 결과가 될까봐 두렵기 때문이다. 혹시 청각이 나쁜 개처럼 주인의 발소리와 도둑의 소리를 구별하지 못하는 우를 범할 수 있을까봐 두려운 것이 사실이다. 그러나 필자는 등 떠밀린 사람으로서, 지혜롭지 못할 수도 있으나, 주님의 교회를 사랑하여 속으로만 통곡할 수밖에 없었던 상주(喪主)와 같은 심정임을 먼저 고백하겠다.

현재 한국교회는 아무 문제가 없다고 말한다면 그것은 교만이다. 교회는 문제가 없는데 비방하는 자들이 문제를 만들어 내고 있다고

말하는 것은 어느 정도 거짓이며 또한 비겁한 말이 된다. 물론 사실
이 아닌 것을 사실인양 비난하기 위한 일도 있을 것이며, 혹은 과장
된 것도 있을 것이고, 기독교의 특수성을 오해한데서 발생시킨 일
도 있을 것이다. 그러나 모두를 감안하더라도 사실적 문제를 지적
받았을 때에 문제를 만들어낸 중심에 있는 사람들의 과오까지 면죄
부를 주지는 못할 것이다.

"한국교회를 위한 긴급 제언"(An Urgent Statement for Korean
Churches)을 할 정도의 현실인가? 에 대하여 동의하지 않는 이들도
있을 것이다. 그러나 다음과 같은 실례들은 현실 안주가 얼마나 위
험하고 역사적 몰이해 인가를 알게 한다.

한국교회의 위기 진단은 교회내부에서부터 제기되고 있다. 2008
년도 기독교윤리실천운동(이하 기윤실)이 "한국교회 신뢰도 여론조
사결과"라는 것을 발표했다. 발표의 결론은 "예상했던 것보다 더
나쁘다"이다. 이 조사에 대하여 문제를 제기할 수도 있다. 그 이유
는 여론조사 시점이다. 이때는 한국교회의 부정적인 면만이 집중
보도되었던 때였다. 그러나 최근 이 같은 조사를 내어 놓은 곳이 달
리 없기에 이를 인용하고자한다.

신뢰도 조사 내용은, 첫째, "한국기독교를 신뢰하느냐?" 라는 질
문에 대해 '신뢰한다' 가 18.4%, '보통이다' 33.3%, '신뢰하지 않
는다' 48.3%이다. 둘째, 종교단체의 신뢰도는 천주교가 35.2%, 불
교는 31.1%, 기독교는 18.0%로 나타났다. 셋째, 자신이 믿는 종교
에 대한 신뢰도에서 천주교 신자는 96.5%, 불교 신자는72.2%, 기

독교 신자는 76.2%라고 답했다.

2005년 통계청의 종교별 인구 발표는, 그동안 기독교계가 생각했던 것과 너무도 다른 결과가 나타났다. 불교 인구는 1,072만 명, 기독교 인구는 861만 명, 천주교 인구는 514만 명이며, 원불교는 13만 명이다. 이 수치는 10년 전인 1995년과 비교했을 때, 불교 인구는 40만 5천 명이 증가했고, 천주교 인구는 219만 명이 증가했으며, 원불교 인구는 4만 명이 늘었다. 그러나 기독교 인구는 14만 명이 줄었다. 1985년에 종교인구가 42.6%에서 2005년에는 53.1%로 10.5%가 늘어났는데도, 기독교 인구만 유독 줄었다는 분석이다.

2006년 10월 19일 시사 주간지 『시사저널』에서 "개신교는 왜 홀로 쇠퇴하는가?" 라는 기사는 개신교만 쇠퇴하는 것을 기정사실로 하고 있으며, 그것은 통계청의 종교별 인구 조사결과를 근거로 분석한 것이다. 세계의 50대 교회 중 한국에 25개 교회가 있고, 목회자들이 설교도 잘하는데 기독교만 홀로 쇠퇴하고 있으며, 또한 '앞으로 개신교 세는 급속히 줄어들 것이다' 라고 전망하고 있다. 이쯤 되면, 우리는 이 기사가 교회를 향한 세상의 목소리가 아니라, 교회를 향하신 하나님의 목소리로 받아들이는 것이 옳다고 본다. 왜냐하면 하나님은 나귀의 입을 통해서도 그 분명하신 뜻을 말씀하실 수 있기 때문이다. 이 기사에서 말하고자 하는 내용은, 하나님께서는 중심부에 계시지 못하시고, 중심부에는 목회자들이 차지하고 있다는 판단이다.

이 같은 실례와 현상들을 미루어 본다면, 미련한 사람이라도 이

시대가 기독교의 위기라고 진단하기에 무리가 없지 않은가.

1. 문제의 원인이 어디에 있는가?

상기와 같은 결과를 가져온 원인은 예전(禮典)상의 우열(優劣)의 문제가 아니다. 진리체계의 문제도 아니다. 조직적인 운영체계의 문제도 더욱아니다. 기윤실에서의 발표에서 무엇을 개선해야 한다고 생각하느냐라는 물음에서 42%의 응답이 교인과 교계지도자들의 언행일치의 삶이라고 했고, 타종교에 대한 관용이 25.8%, 사회봉사가 11.9%, 재정사용의 투명성이 11.5%, 성장제일주의의 개선이 4.5%, 강압적인 전도가 3.8%로 나타났다.

위와 같은 응답은 한마디로 '기독교의 이미지 문제' 라는 것이다. 기독교가 비 기독교인들에게 호감도가 낮은 것은, 말뿐이고, 독선적이며, 너그럽지 못하고, 교회의 재정을 하나님의 재물이라고 조심해서 사용하는 것이 아니라 자기들 이름을 내려고 한다는 것이다. 일찍이 16세기 종교개혁자 마르틴 루터(M. Luther)와 20세기 칼 바르트(K. Barth)가 천명한 바 하나님으로 하나님 되시게(Let God be God)하지 않는 데에 한국교회에 큰 문제가 있다고 본다. 또한 진리를 진리답게(Let truth be truth) 하지 않는 기독교인들에게 문제가 있다.

그렇다면 그러한 문제를 누가 만들었는가? 내부적으로는 일부 교계지도자들과 교회 비판을 업으로 삼고 있는 자들이며, 외부적으로는 기독교 안티세력들과 일부 방송언론들이다. 비신자들은 대부분 언론에서 종교에 대한 정보를 얻는다고 하니, 언론의 영향이 컸음도 부인할 수 없다.

현재 한국교회는 세계 어느 나라에서도 발견하기 어려운 기이한 일들이 연속되고 있다. 그 중에 하나는 교회와 목회자를 비판하는 것이 일과성(一過性)이나 취미가 아닌, 직업으로 삼는 이들이 생겨난 것이다. 이것은 비극적인 일이다. 이 같은 일은 복음을 왜곡시키는 것이며, 교회에 대한 악선전의 장이 되게 하여 교회를 해치는 결과를 가져오고 있다. 교회를 향해 돌진해오는 저들의 힘은 결집과 연대(連帶)를 통해 그 파괴력을 나날이 더하고 있다. 왜 한국교회는 이렇게 얻어맞고 있는 것일까?

그들의 입만을 막는 것이 문제 해결 방법은 아니다. 먼저는 왜 그 같은 일이 생겨났는가에 대한 뼈저린 반성이 있어야 하고, 종교개혁의 모토처럼 '교회는 늘 개혁되어야 한다.' 현대 교회의 개혁은 진리수호의 문제라기보다는, 목회자의 언행일치의 삶, 전하는 내용을 삶으로 실천하는, 신뢰할 수 있는 사람들로서의 성결회복이 우선이다.

교계의 문제는 평신도들이 만들지 않는다. 대부분 목회자들이 만들어 낸다. 혹시 평신도가 만들어낸다고 해도, 그들을 세운 목회자의 책임으로 돌려야 맞다. 교회의 모든 문제를 목회자가 나서서 우리의 책임이라고 떠안아야 한다. 그러므로 교회를 향한 비판이나 외침이라면 먼저 목회자가 들어야 할 것이다. 목회자가 나서야 하고 그들이 문제를 해결해야 옳다고 본다. 하나님 말씀을 벗어난 것이 문제라면 말씀으로 돌아와야 한다. 범죄적인 문제라면 이제라도 베옷을 입고 재위에 앉아야 한다.

교회가 교회답고, 목회자가 목회자다워야 한다는 교회 안팎의 목소리를 외면해서는 안 된다. 그 소리를 하나님의 소리로 들을 수 있어야 한다. 콜롬비아 신학대학원의 후스토 곤잘레스(Justo L. Gonzalez)의 "교회는 바티칸(vatican)에서가 아니라 카타콤(catacomb)에 있을 때에 힘이 있었다."는 말은 옳다. 세상이 감당할 수 없는 사람들로서(히11:38) 초대교회가 극심한 박해 중에서도 견디어 내며, 복음이 생명의 진리임을 증거 했었던 것, 진리가 진리임을 세상에 전수할 수 있었던 것은 기독교인들의 '순결한 삶이라는 거룩한 그릇' 에 담겨져 있었기 때문이다. 이로 보건대 순결한 삶으로 진리를 증거하는 시대는 결코 복음이 쇠하지 않았다. 초기 기독교는 세상 사람들에게 오히려 칭송을 들었다. 그로 인하여 구원 얻을 백성을 날마다 더하게 하셨다.(행2:47)

교회는 인간의 영혼구원의 본래적 사명 외에 시대마다 새로운 사명을 부여받아왔었다. 구한말의 한국교회는 절망하던 시대에 희망의 복음을 전하는 사명이 있었다. 1920년대에 한국 최고의 지성(知性) 중에 하나였다고 평가되던 춘원 이광수는 "우리 민족은 기독교에 감사해야 한다"고 하였다. 한국교회 초기에 기독교인들은 정직한 사람들이었다고 인정받았다. 한국교회 초기 선교사 블레어(William Newton Blair)의 글에는 청천강 인근 지역 연동교회에서 두 집 살림을 하던 김 씨라는 영수의 윤리적 문제를 들어서 그를 파직한 일이 있었다. 당시 교회가 추구하는 삶의 정신이 사회윤리보다 우월했으므로 가능한 일이었다. 그러한 곳에 진리는 힘이 있고, 사회를 변화시키는 능력이 나타났던 것이다.

교회가 사회를 새롭게 해야 하는 사명이 있음을 인정한다면, 세상이 요구하는 도덕적 기준보다 더 높은 삶의 모습을 보여야 한다. 그럼에도 세상에서의 등불은 꺼지고, 소금은 맛을 잃었음을 실망하는 이들이 많다. 교회가 세상의 짐을 져 주어야 하는데, 교회가 왜 이렇게 세상에 짐이 되고 있는가? 라며 탄식하는 소리를 듣는다. 신선한 샘물을 세상으로 흘려보내야 하는데, 오염을 더하는 것은 아닌지? 우리 사회에 교회가 필요치 않다는 목소리가 많아지고, 그 말이 예수 그리스도가 필요치 않다는 말이 아니라면, 그것은 전적으로 교회의 문제요 교회지도자들의 책임이다. 참으로 두려운 일이다. 맛 잃은 소금은 사람들에게 짓밟히고, 불 꺼진 등은 등경 위에서 치워진다.(눅14:33-34)

교회의 문제들을 고쳐서 새롭게 하겠다는 시도, 그 개혁은 멈출 수 없는 것이다. 거듭 말하거니와, 종교개혁자들의 "개혁교회는 항상 개혁되어야 한다"(Ecclesia reformanda sempre reformasta)는 정신은 계승되어야 하며 실천되어야 한다. 그러나 그 방법에 있어서는, 교리의 문제나 진리의 문제라면 공론의 과정을 거쳐야 한다. 그렇지만 일부인사들의 실천적 문제에 대하여는 인민재판식이어서는 곤란하다. 교계 일부의 상업주의(commercialism), 혹은 소영웅주의적인 방법은 교회를 유익하게 하는 것이 아니라, 기독교 안티들의 숙주(熟紬)역할만 할 뿐이며, 교회에 대한 비난여론만 가중시킬 뿐이다. 교회는 비난으로 새롭게 되어지는 것이 아니다. 비난보다 눈물의 기도, 복음적 헌신을 보여줌으로 성령의 역사로 되어 진다는 사실은 역사의 증거이다.

교회 간에도 정확한 진단이 필요하다. 대형교회에 장점, 혹은 순기능적 요소가 있다. 그러나 지금은 대형교회의 역기능이 심각한 문제로 지적되어진다. 소형 교회들로부터 존경을 받는 것이 아니라, 부러움과 동시에 미움과 질시의 대상이 되고 있다. 몇 가지 문제들을 발생시켜서, 한국교회를 향한 안티(anti)들의 공격거리를 만들어 놓고, 선교적 손해는 작은 교회가 떠안아야 하는 결과로 나타난다. 대형교회 목회자들은 작은 교회 목회자들을 인격적으로 대접하고, 진정성이 있는 겸손으로 그들을 대하며 귀히 여기고 있는가? 라는 비판의 소리를 깊이 되새겨야 한다.

2. 신학교육의 문제점을 해결해야 한다

현재의 한국교회는 거룩한 하나님의 사업으로서의 신학교 운영이 아니라, 탐욕스런 인간들의 사업이 되고 있다는 탄식이 나오고 있다. 상업주의적 신학교 운영에 번영신학(Theology of Prosperity)의 전파로 인하여 절대 진리의 상대화와 세속화가 문제다. 불교의 승려배출학교는 손가락을 헤아리고, 신부를 배출하는 천주교 학교는 하나인데, 목사를 배출하는 학교의 수는 얼마인지 아는 사람이 없다. 아마 하나님도 모르실 것 같다는 조크도 있다. 학력이라는 표현을 쓰기조차 무색한 무인가 신학교의 문제는 한국교회와 사회에 골칫거리이다.

일찍이 웨스트민스터(Westminster) 신학교를 설립한 신학자 그래셤 메이첸(John Gresham Machen)은 "신학교가 가는 곳으로 목사가 가고, 목사가 가는 곳으로 교회가 가고, 교회가 가는 곳으로 사회가 간다"고 했는데, 현재 한국교회는 어디로 가고 있는가? 라는 문제라면, 그 연원(淵源)은 신학교가 가고 있는 곳이 어딘가? 에 대한 의문이기도 하다. 신학교육의 문제점은 결국 목회자의 부실로 이어진다. 교회(Chapel)의 뿌리가 외투(Capella)라는 말에서 연원하였고, 이 용어에서 목사라는 용어 Chaplain이 연원했다. 따라서 진정한 목회자(Chaplain)는 헐벗고 소외된 자에게 외투 반쪽을 걸쳐주는 심정으로 교회를 섬기는 사람들인데, 왜곡된 신학교 교육에서 과연 그 같은 목회자를 배출해 낼 수 있는지는 매우 의문이다.

어느 종교에서는 자신들의 종교 지도자가 사회적 문제를 발생시키면 '가짜이기 때문이다' 라는 변명이 통하게 한다. 한국교회를 향하여 큰 피해를 입히는 가짜 목회자의 분리는 어떻게 할 것인가의 방안도 함께 강구해야 한다.

교회 문제의 근본이 목회자의 문제라면, 목회자를 배출하는 신학교의 전반적인 점검과 그 문제 해결이 중요하다. 신학교를 검증하고, 이를 구분할 수 있는 협의체 같은 기구가 필요하다.

단지 친목적인 기구는 별 의미가 없다. 예를 들면 미국의 경우처럼, AABC(Association of American Bible Colleges/ 신학대학협의회), ATS(Association of Theological Schools/ 신학대학원협의회)와 같은 기구 운영도 한 방법일 수 있다고 본다. 이 일은 빠르면 빠를수록 좋다.

3. 복음적 사명감 결여로 인한 복음의 능력 상실, 복음의 능력을 회복하라

목회자들의 복음적 사명감 결여는 필경 복음을 위하여 살고, 복음을 위하여 죽고자 하는 충성과 헌신의 상실로 이어질 수 있다. 설교가 사람들의 인기에 따라 그 내용과 전달이 달라지게 된다. 하나님의 말씀을 있는 그대로 전하는 것이 아니라 한 번 더 인공적 가공을 한다. 사람들에게 듣기 좋은 내용을 만들어 낸다. 그러므로 회중들은 복음적 삶이 아니라, 복음을 이용한 자신의 축복만을 바라보게 되고, 복음적 사명 수행을 도외시 하게 된다. 목회자가 목회현장의 머릿수를 늘리려는 야망에 빠져들게 된다. 이 처럼 복음진리를 떠난 곳에 교회의 위기가 찾아온다. 소위 목회성공이란, 교회의 대형화를 일컫는 말이 되고, 그 성공 강박증으로 인한 부작용으로 교회의 존재가치를 의심받게 한다. 예레미야 선지자는 말했다. "이 땅에 기괴하고 놀라운 일이 있도다. 선지자들은 거짓을 예언하며 제사장들은 자기 권력으로 다스리며 내 백성은 그것을 좋게 여기니

그 결국에는 너희가 어찌 하려느냐”(렘5:31)

골목 안에 있는 교회보다 큰 길 가에 있는 화려하고 큰 교회가 더 잘해야 한다. 더 겸손하고 더 섬겨야 한다. 이름도 없이 빛도 없이 하고 사진 찍히는 일에 열심을 내지 말아야 한다.

교회의 능력은 복음의 능력에 있다. 복음의 능력은 십자가의 능력이며, 십자가의 대속의 은혜를 삶으로 증거 할 때에 나타난다. 그리스도인들은 예수 그리스도의 십자가의 대속의 은혜에 붙잡혀서 살아가야 한다. 교회를 부흥시키고 새롭게 하려는 여러 방법들을 찾으나 복음의 능력을 놓치면 안 된다. 복음의 능력을 회복해야 한다.

주의 말씀과 진실한 기도와 성도들을 돌아보는 일에 거룩한 성령께 붙잡혀서 헌신하여 살아가는 목회자의 본분을 회복해야 한다.

4. 오염된 교회 정치는 한국교회를 타락시킨다.
교회 정치문화를 새롭게 해야 한다.

교회 정치라는 것은 교회를 위해서 생겨난 조직이고 체제이다. 그런데 교회가 교회정치에 종속되고, 오히려 교회정치를 위하여 교회가 존재하는 것 같은 현실은 분명 잘못되었다. 그 정치가 본질대로 아비의 마음으로 교회를 돌보는 것이라면 다르겠으나, 독재자와 같다면 그 존재의 필요성까지 의심을 받게 된다.

먼저 교회 정치가 세상 정치와의 관계에서 심각한 문제를 만들어

내었다. 가깝게는 현 정권과의 관계이다. MB가 교회에서는 장로지만, 국가의 수장(首長)이다. 기독교 신앙적 가치에서 벗어나는 일에는 비판이나 책망이 있을 수 있으나, 통치를 잘하도록 기도하고 도우며, 국가의 지도자로써 평가받을 수 있도록 기다려야 했었다. 그러나 일부의 사려 깊지 못한 행동으로 종교편향이라는 비난의 빌미를 주었었다. 기독교를 흠잡고 MB를 흠잡으려는 사람들이 MB와 기독교를 동치(同値)시키는 전략을 구사하고 있었음을 알았어야 했었다.

다음으로 교회 정치 현실에 관한 문제이다. 잘못된 교회정치가 교회를 어렵게 한다. 결국 사회까지도 불행하게 한다. 잘못되었다는 것은 법체계가 문제라기보다, 법적용의 문제이다. 사람들이 문제다. 교회 분열의 원인도 교리, 진리 문제라기보다는 정치의 이해득실이 기준이었다. 이것은 세속정치의 모습과 다르지 않다. 교회정치가 이러하면, 세상을 향한 선지자의 목소리를 낼 수가 있겠는가? 19세기 네델란드의 자유대학(Vrije Universiteit) 창설자 아브라함 카이퍼(A. Kuyper)는 "교회정치가 세상정치보다 더욱더 추악하다"고 했는데 과연 현재 한국교회 정치는 다른가?

목회자는 신학교 문을 나서면 자신의 영혼을 살피고, 하나님께서 맡겨주신 양 무리의 영혼을 돌보고, 위탁받은 복음적 사명에 충성해야 한다. 그런데 먼저 왜곡된 교회정치 문화에 오염되어 간다. 패와 당 짓기, 돈의 유혹을 따르고, 정직하지 못한 언행을 한다. 그것은 하나님의 정의가 아니라 인간의 이익을 위함이다. 이같이 되면,

교회 정치라는 말이 정직하지 않다는 말과 동의어처럼 되어간다.

정치적인 블록화로 인하여 교권이 세습되고, 그 권력의 향기에 취하여 종의 본분을 잊은 목회자는 이미 주님의 종이라 말할 수 없다. 교인들의 수가 교계 리더십이 되어버린 지 오래다. 교회 규모가 크면 동원할 수 있는 재력이 크고, 인원 동원에도 위력이 된다. 교권이 만들어내는 소리가 불협화음이고, 냄새는 세상까지 오염시키고 자라나는 세대까지 그 영향권 아래 둔다. 기성세대의 목회를 따라가는 다음 세대는 기성 교회정치를 혐오하지만, 때가 되면 또 닮아간다. 이 같은 일이 반복되어 온 것이 한국교회정치의 일관된 궤적(軌跡)이었다.

목회자는 하나님의 종이지만, 사람들을 섬겨야 한다. 예수님께서도 제자들의 발을 씻기셨다. 교회가 세상을 향한 희망의 공급처가 되어야 함에도 불구하고 이 시대는 세상이 교회를 향하여 얻을 것이 없다고 말하는 현실이 되었다. 한국교회는 비난에 대하여 변명만 할 수 없다. 이제 타락한 교회 정치문화를 버려야 한다. 그 끈질긴 유혹을 이기려는 노력을, 스스로 가슴 찢는 회개와 뼈를 깎는 반성을 새로 하지 않으면 하나님께서 직접 심판하실까 두렵다.

사도 바울은 올바른 주님의 교회를 세움에 있어서 해산의 고통을 다시 하겠다고 했다. 교회를 교회답게 성도를 성도답게 해야 한다. 그런데 교회는 논쟁으로 새롭게 되지 않는다. 햄프턴 시드니 대학(Hampton Sydney College) 학장인 존 홀트 라이스(John Holt Rice)는 "교회는 논쟁으로 정결케 되지 않고, 거룩한 사랑으로 정결케 된다"고 했다.(Church is not purified by argument but by holy love) 진실성이 사라진 자리에는 온갖 추악한 술수(術數)만이 그 자리를 차지하고 있다.

5. 재정운영은 하나님의 뜻을 따라서 하라

초기 교회 지도자들은 가난을 친구처럼 여기며 살았었다. 아직도 청빈은 한물간 수도원의 입원 서약이 아니다. 목회자가 좀 불편하게 살고 가난한 이들과 친구로 살아가는 모습이 귀하다. 돈으로 영혼을 살 수는 없으나, 사랑으로 친구를 얻을 수 있다. 세상은 목회자가 주님의 이름으로 가난한 이웃과 나누는 일에 더욱 힘쓰는 그 아름다운 모습을 보고 싶어 한다. 목회자는 말로만 하나님의 복음을 전하는 사람들이 아니라, 삶으로 하나님을 나타내는 행동의 메신저이기도 하다.

그러므로 교회 재정운영은 하나님이 기뻐하시는 우선순위를 정하여 하고, 헌금한 성도들이 흔쾌히 동의 할 수 있는 방향으로 사용되어지진다면 재정 투명성의 시비가 없어질 것이다. 교계 단체장 선거에서 돈이 필요하다는 말이 없어져야 한다. 교회당, 건물을 팔고 사는 일은 부끄러운 일이다.

레오나르드 레이븐힐(Leonard Ravenhill)은 『하나님의 방법으로 부흥하라』에서 "그리스도인의 삶은 전쟁이다. 그리스도인의 삶이 전쟁임에도 불구하고 어떤 유복한 그리스도인들은 돈으로 때우

려는 것 같다. 그들은 소위 '복음 토크쇼'와 '찬양 쇼'에 거액을 기
부하는 것으로 자기의 의무를 다했다고 믿는 것 같다. 그들에게 돈
을 받는 '기독교 쇼' 기획자들은 하나님의 왕국의 이름을 빌려 자
신들의 왕국을 세우느라고 바쁘다"라고 했는데, 이는 1세기 전 미
국의 이야기가 아니라 한국교회의 현실을 두고 한 말처럼 들린다.

하나님께 드려진 헌금을 귀하게 사용해야 한다. 헌금은 성도들이
하나님의 은혜에 감사해서, 성도의 의무로서 하나님께 바쳐진 예물
이다. 그러므로 헌금은 하나님의 뜻대로, 하나님의 영광을 위하여
그 우선순위를 따라서 사용되어져야 한다. 목회자 개인의 필요를
위한 용도로 원칙도 없이 사용된다면 이는 범법행위와 다르지 않
다. 국민들의 세금으로 조성된 국가예산을 함부로 사용한 공무원들
은 비난 받고 단죄를 받는다. 그런데 하나님의 예물을 함부로 사용
하는 것은 그보다 더 큰 비난을 받아 마땅하다.

교회가 세상 어느 단체, 어느 종교보다 더 많은 봉사와 사회를 향
한 수고가 있어도(사회 복지 민간부분 70-80% 감당) 정당한 평가
를 못 받는 것은 "오른손이 하는 것을 왼손이 모르게 하라"고 하신
주님의 말씀을 따름인데, 이제는 "하나님만 아시면 됩니다"가 아니
라 복음을 위하여 지혜롭게 할 일이다.

교회의 재정을 사용함에 있어서 화려한 외형적 실적을 자랑하기
보다는 아직도 국내에 많은 목회자들과 은퇴하신 목회자들의 가난
한 삶이 있다는 사실도 잊지 말아야 한다.

6. 한 알의 밀알이 되라

한국교회 미스바대각성 운동은 골방에서부터 해야 한다. 말씀으로 돌아가야 한다. 한국교회는 지난 2008년 1907년 평양대부흥 100주년 기념 행사를 근사하게 치러냈다. 그런데 지금 남은 것이 무엇인가? 회개하기 위하여 모여야 하는데 기념행사만 했다. 기도한다고 선전하고, 봉사한다고 신문에 사진 먼저 찍고, 사람들에게 보이기 위한 이벤트라면 하나님과의 관계는 의미 없는 것이다. 세상에서 이미 상을 다 받고 그만인 것이다. 경건을 이익의 재료로 삼으려는 사람들의 소란만 남아 있을 뿐이다.

하나님이 하나님 되시고, 복음이 복음 되게 하기 위하여 복음을 전하는 사람들의 삶이 믿을 수 있고, 본받고 싶은 사람들이 되어야 한다. 하늘의 소망을 말하면서 왜 땅에 것에 집착하는 것처럼 보이며, 교회의 문제를 왜 세상 법정으로 가져가서 온갖 추문을 다 만들어 보이는가? 목회자는 목회자답고, 성도는 성도답기를 힘써야 한다. 세례요한처럼 나는 쇠하고 주님은 흥하셔야 한다는 고백이 있어야 한다. 하나님께서는 이들로 하여금 이 시대의 교회를 다시 세우시는 역사를 보게 되리라는 믿음을 가져야 한다. 황무지에 씨앗을 뿌리려는 전도자의 심정을 가지고, 새롭게 시작하여야 한다. 교회 암흑기의 종교개혁자들처럼 오직 말씀으로 돌아가야 한다. 전능하신 하나님의 손길에 붙잡혀 있다면 두려울 것이 없다.(계1:16)

“네가 나를 사랑하느냐?, 내 양을 먹이라”는 말씀을 받들어 섬기면 예수님의 제자이고 사도이지만, 회중의 머리가 되고자 한다면 이미 종이 아닌 주인이 되어있는 것이다. 목회자들이 복음의 종 되기를, 복음을 위하여 죽고자 한다면 한국교회는 이제도 민족의 희망이 될 수 있다.

이 땅에 유일한 소망이신 예수님의 영광스러운 교회를 위하여, 주의 종들이 그 받은바 사명을 따라서, 십자가의 사랑을 삶으로 실천하고, 주님을 위하여 죽고자 하는 헌신으로 몸을 던질 때이다. 하나님께서는 이방의 막대기도 사용하시고, 촛대도 옮기실 수도 있다는, 절박하고 두려운 심정으로 해야 한다.(사10:5, 계 2:5)

"한 알의 밀이 땅에 떨어져 죽지 않으면 한 알 그대로 있고 죽으면 많은 열매를 맺느니라"(요12:24)고 하셨다. "눈물을 흘리며 씨를 뿌리는 자는 기쁨으로 단을 거두리로다. 울며 씨를 뿌리러 나가는 자는 정녕 기쁨으로 그 단을 가지고 돌아오리라"(시126:5–6)고 하셨다. 목회자들이 하나님의 종들로서 주인이신 하나님의 자녀들의 발을 씻기고, 세상을 섬기고, 복음을 위하여 죽고자 한다면(누구든지 나와 복음을 위하여 제 목숨을 잃으면 구원하리라 막8:35)다시 사는 역사, 한국교회 부흥의 새로운 역사가 있을 것임을 확신해야 한다. 목회자들이 주님을 닮아서 앞서 나아가면 뒤따르는 사람들이 많이 생겨날 것이다.

에피소드(Episode)

16. 주5일 근무제 논쟁을 돌아보며

"한국교회 주5일 반대 근거없다"며 조선일보에서의 논쟁은 실로 큰 사건이었다.

사건의 내용은 이렇다. 2001년 당시 정부 DJ 정권은 근로자들의 삶의 질을 높여야 한다는 취지에서 선진국형으로 노동환경을 개선하고자 했다. 정부가 5,000명 이상의 근무 직장뿐만이 아니라 10인 이상 모든 직장에 주5일 근무를 시행하려는 정책에 찬반의 논란이 극심했다.

한국기독교총연합회(이하 한기총) 교회발전위원회에서 정부정책에 반대한다는 결의와 함께 성명서를 내기로 했었다. 당시 한기총 총무인 박영률 목사께서 고민이 있다면서 사정을 이야기 하였다. 그 내용인즉, 한기총 교회발전위원회에서 정부 정책으로 시행하려는 주5일 근무제를 반대한다는 결의를 하였는데, 빨리 성명을 내라고 하는데 이것은 문제가 있는 것 같다고 했다. 그분은 시대와 사건을 보는 눈이 있는 분이었다. 그때 필자는 "목사님 그 성명 내면 큰 일 납니다" 라며 이유를 설명했더니 자신도 동감이라며 글을 부탁했다.

밤을 새워가면서 주5일 반대는 비성경적이며, 정부정책을 반대해서는 안된다는 글을 준비했다. 그 다음 날 조선일보 기고 난에 당시 한기총 교회발전위원장이었던 이 모 목사의 글이 게재되었다. 주제는 "한국교회 주5일 근무 절대 반대"였다.

그런데 인터넷에서는 이 글로 인하여 그야말로 전쟁이 일어났다. 그 글을 쓴 분의 교회 홈페이지는 악성 댓글을 방지하기 위해 게시판을 폐쇄시켜 놓았고, 실명에 의한 방문자만 글을 쓸 수 있도록 했다. 그것도 문제가 된다고 생각되는 글은 즉시 삭제하였다. 분노한 네티즌들이 벌떼처럼 한기총 홈페이지로 몰려와서 게시판을 그야말로 욕으로 도배하였다. 수 천 건의 글들이 올라왔는데 참으로 읽을 수 없는 글들이었다. "목사 새끼들"은 점잖은 글에 속한다. "목사 새끼들이 밥 처먹고 할 일이 없어서 주5일 반대하느냐"며 그 때 인터넷 상에서 목사는 사람이 아니었다.

인터넷에서 교회와 목사를 비방하는 글은 아마도 그때부터 과감해진 것 같다. 그런데 눈물 나고 참을 수 없었던 것은 우리의 주님 예수 그리스도에 대한 욕이었다. "예수를 가스실로 보내라", "예수를 회 칼로 떠라" 참담하고 있을 수 없는 욕이었다. 그런데 그 일을 벌여놓은 그 목사는 자신의 집 안을 잠가 두고 답변이 없었다. 비겁하기 짝이 없는 일이었다.

진정 주님을 위하여 많이, 많이 울었다. 주님을 대신하여 내가 죽을 수만 있다면 죽어야 하겠다는 결심도 하였다. 인터넷상에서 네티즌들과 논쟁은 게임도 되지 못한다고 판단되었다. 그들은 수 천, 수 만 명이고, 분노한 사람들인데 대화와 무슨 변명이 통하겠는가?

그래서 "신문 기사 내용은 이 아무개 목사 개인의 의견이고 한국교회의 또 다른 의사개진이 있을 것이다”, “님들의 분노는 이해한다. 그러나 신을 욕하는 것은 용서받지 못하는 일이다. 그러니 욕을 하고 싶으면 내게 하라”는 내용의 글을 게시판을 올렸다.

돌아온 답은 “네가 누구냐?”, “너 더러 욕하라고 했지, 개 새끼야” 졸지에 나는 그만 개새끼가 되고 말았다. 그런데 감사하고 감사한 것은, 그 뒤로는 예수님을 욕하는 글이 없었다는 것이다.

지금까지 살아오는 동안 욕을 먹고도 기뻐했던 것은 아마도 이때뿐이었을 것이다. 그리고 나의 생명의 주님을 위하여 내가 한 일 중에서 가장 잘한 일은 아마도 예수님 대신 욕먹기를 자처한 그 일이라고 생각한다.

며칠 후에 조선일보 동일한 지면에 “교회 週5일 반대 근거없다”는 제목의 글을 기고했다. 당시 목회자 90%이상이 ‘주5일 근무제’가 비성경적이라며 반대하던 때였다.

필자가 “교회 週5일 반대 근거없다”는 글을 쓴다고 하니까 친구들의 반응은 “이 목사 돌 맞으려고 하느냐?” 였다. 그런데 후일담은, 당시 조선일보 문화부 차장 대우의 이 모 기자, 지금은 논설위원으로 있는데, 그 분이 내게 말하기를 “목사님 그 글이 나가지 않았다면 기독교 큰일 날 뻔 했습니다”라고 했다.

교회 주5일 반대 근거없다

2001년 8월 23일 조선일보

최근 정부에서 발표한 '주5일 근무' 실시 방침에 대하여 사용주와 근로자 사이에 찬반의 논란이 있다.

노동 환경을 선진국 수준으로 끌어올려야 한다는 당위성과 노동 생산성 저하를 가져올 것이라는 현실적 근거를 들어서 양측의 의견이 현저한 차이를 보이고 있다.

그런데 교회가 나서서 주5일 근무를 반대하고 일부 개신교 단체에서 반대 성명을 준비하고 있다고 한다. 하지만 이런 반대가 성경적이고 또 교회에 이익을 가져올 것인가를 살펴볼 필요가 있다. 기독교의 행동원리는 성경에 근거한다. 그러므로 우선 이해 득실보다 성경이 결정해 주는 대로 행동하는 것이 옳다.

주5일 근무 반대론자들이 내세우는 것은 십계명에 위배된다는 주장이다. 그러나 성경 출애굽기 20장 8절과 신명기 5장 12절에 나오는 십계명은 주6일을 모두 일하지 않으면 안 된다는 소극적 금지명령이 아니고 7일째 안식일을 하나님의 날로 거룩하게 지키라는 적극적 행동 명령인 것이다. 그렇기 때문에 지금까지 주중에 들어있는 공휴일을 쉬는 것이나 연말연시에 일하지 않는 것을 십계명을 어기는 것이라고 말하지 않아 왔다 .그런데 별안간 주5일 근무만을

십계명 위반이라고 한다면 누가 납득할 것인가?

성경에 비추어 잘못이 없다면 득실이 그 다음 문제일 텐데, 득실의 계산도 잘못되어 있는 것 같다. 그 계산이라는 것은 금요일 오후부터 연휴에 들어가니까 주일 예배를 종전처럼 드리지 못하게 되지 않겠는가라는 우려이다. 사실 드러내 놓고 말하지 않아서 그렇지 이것이 교회의 가장 큰 고민거리다 .

그러나 주일 성수(聖守)는 5일 근무냐 6일 근무냐가 아니라 신앙의 문제인 것이다. 주5일 근무라고 해서 매 주 2박3일을 놀러나간다는 것은 경제적인 문제 그리고 자녀들의 교육문제와 맞물려 있기에 쉽지 않을 것이다.

주5일 근무로 인하여 유럽의 교회가 쇠퇴하였기 때문에 한국 교회도 쇠퇴할 것이라는 주장이 있다. 하지만 유럽 교회가 쇠퇴한 것은 계몽주의 사조와 진화론 등 인문주의의 득세로 인한 것이며 주5일 근무는 비교적 최근의 일로 유럽 교회의 쇠퇴와는 직접적인 관련이 없다.

오히려 주5일 근무는 기독교 문화를 새롭게 창출해 낼 기회라고 보아야 할 것이다. 주5일 근무로 인하여 주일인 일요일에 치르는 공무원과 국가자격증 시험이 토요일로 옮겨진다면 기독교의 오랜 숙원이 해결될 수도 있지 않겠는가? 또 지금까지의 기독교 문화가 주일 예배와 기도원 정도였다면 이제는 온 가족이 함께 참여하는 실천적인 문화가 될 수도 있다. 주말에 봉사활동을 한다든지, 또는 전도여행을 떠날 수도 있겠고 그 외에도 교회 행사를 다양하게 운용할 수 있을 것이라고 본다 .

또 주5일 근무를 교회만 나서서 반대한다면 국민 대다수가 근로자인데 왜 그들에게 인심을 잃으려고 자처하는가? 경제적인 득실이나 이해 관계는 근로자와 사용주 그리고 정부의 결정에 맡겨두어야 한다고 본다. 정치적인 계산이 깔려있다고 의심을 하지만 세계적인 추세로 거스를 수 없는 일을 공연히 반대하는 것은, 마치 썩은 고삐로 황소를 묶어두려는 행위만큼 어리석어 보인다.

교회가 주5일 근무를 반대하는 것은 교회가 건강하지 않다는 증거라고 보여진다. 건강하고 능력이 있다면 사회환경이 어떻게 변하든지 두려워하지 않을 것이다. 주5일 근무에 대해 교회가 할 일은 부정적인 요소는 줄이고 긍정적인 요소는 살리며 성도들을 주일 성수할 수 있도록 교육하고 신앙의 바른 길로 이끄는 것이지 반대의 목소리를 높이는 것이 아닐 것이다.

17. 안티기독교와의 대화를 돌아보며

'안티-'(Anti-)는 인간 사회에서 늘 있어왔던 또 다른 세력이다.
즉 어떤 힘 있는 세력에 반대편에 있는 세력을 말한다. 그러므로 안
티는 힘 있는 어느 존재에 대한 대칭 세력이라고 볼 수 있다.

그런데 기독교 안티, 혹은 안티 기독교는 무엇인가? 몇 년 전만해
도 생소한 이름이었다. 기독교 안티의 등장은 인터넷과 함께 시작
됐다. 인터넷의 익명성과 강한 전파성으로 인하여 우리 사회에 등
장한 신조어의 세력이다.

그들은 기독교에 불만을 가진 사람들의 모임인데, 일시적 불만을
쏟아놓는 사람들이 아니라 인터넷이라는 가상공간에서 지속적으로
세력을 펼쳐가고 생각들을 공유해가고 어떠한 이야기들을 지속적
으로 확대 재생산해 나가고 있다. 그 어떠한 이야기라는 것은 기독
교에 대한 불만이 주를 이루고 있다. 어느 목회자의 일탈(逸脫) 행
위에 대한 폭로, 교회 운영에 대한 불만을 인터넷 블로그에 올리고
지속적으로 퍼나르며, 그리고 댓글로서 참여하는 식이다. 한때는
이들이 오프 라인, 즉 서울의 어느 지역에서 수십 명이 모여서 모임
을 결성하여 세를 과시한 일도 있었다.

이들은 교회에 다니다가 낙심한 이들도 있는 것으로 보이며, 다
수는 어느 특정종교의 사람들로서 기독교 약화를 목적으로 활동하

는 것으로 파악되고 있다.

안티 기독교들은 교회의 복음전파에 막대한 장애를 가져왔다는 분석이다. 기성세대는 인터넷의 위력을 잘 모른다. 그들은 대부분 오프 라인에서 정보를 얻는데 비하여, 젊은 세대는 온 라인, 인터넷에서 수많은 정보를 얻기 때문에 인터넷상에 유포되고 있는 내용들이 젊은이들에게 큰 영향력을 미치는 것은 당연한 일이다.

그런데 기독교 안티들의 주장들이 모두 거짓이라고 보면 안 될 것이다. 물론 내용을 모두 사실로 믿기에는 무리가 많다. 그러나 내용의 문제라기보다 그 저의(底意)가 문제이다. 교회를 비방하기 위한 목포, 심지어 기독교 안티 중에는 반기독교시민연합(이하 반기련)은 이땅에서 기독교 소멸을 목표로 정하고 활동하고 있다.

여러 기독교 안티중에서 반기련과 한국교회 언론회가 오프 라인에서 대화를 시도했다는 것 자체가 뉴스거리였다. 일부에서는 반기련의 실체를 인정하는 것 아니냐며 못마땅하다는 입장도 있었으나, 한국교회가 의연하게 그들의 주장이나 공격까지도 들어주고 정당한 주장이라면 수용하는 것이 옳은 것 아니냐는 것이다. 이들과의 대화는 많은 화제를 남겼으며, 결국 그들의 실체나 입장을 보고 듣는 기회가 되었다.

안티기독교와의 대화현장 스케치

2008년 11월 23일 연동교회

2008년 11월 23일 종로 5가 연동교회에서 "교회 밖과의 대화"라는 이름으로 행한 안티 기독교와의 대화는 여러 가지 시사점을 주었다는 평가이다. 그리고 파장도 꽤 있었다. 먼저 안티들이 누구인데 그들과 대화라니 말이 되느냐? 는 반대 의견부터 시작하여, 왜 그들을 대화의 파트너로 삼으려는 것이냐? 격이 맞느냐?, 그렇게 되면 그들의 존재를 인정하는 것이 되지 않느냐? 는 교회 일반적인 반대의견뿐 만이 아니라, 한국교회언론회 내부의 의견도 분분했다. 그러나 밖에서 교회를 향하여 온갖 소리를 질러대는 얼굴 없는 저들을 마냥 방치할 수만은 없는 것이라는 결론에 이르게 되었다. 그들이 무슨 소리를 하는지에 대하여 한국교회언론회 멤버들은 익히 알고 있는 터였다.

어렵게 결정했다. 그런데 토론자를 누구로 하느냐? 는 문제가 생겼다. 모두 4명의 토론자를 정했다. 먼저 악명? 높은 반기독교시민운동연합(이하 반기련)의 이찬경 회장을 섭외했다. 의외로 쉽게 응했다. 지성수 목사 이 분은 호주에서 안티 세력들과 수년 간 싸워왔던 분이라며 믿을 수 있는 분이 추천했다. 세계와 기독교 변혁연대라는 처음 들어보는 단체의 정강길 실장을 섭외했다. 이분은 진보적 신학 사상을 가지고 있는 분이나 안티 기독교(이하 안티)와 기독교 중간에서 균형을 잡아 줄 수 있다고 해서 섭외했다. 다음으로 실천대학원대학교의 조성돈 교수이다. 이 분은 분당 샘물교회 아프간 사태에 대하여 안티들과의 싸움을 용감하게 감당했던 분이다. 그리고 필자는 처음부터 사회를 자청했다. 그 이유는 자칫 과열되고 싸움까지 갈 수 있는 첨예한 논쟁의 자리이기 때문에 교통정리를 잘 해야 한다는 판단이고, 또 다른 이유는 토론자들의 중간에 간섭할 수 있는 위치가 되기 때문이었다.

보도 자료가 각 신문사와 방송사로 배부되었다. 반응이 즉각적이었다. 교계언론보다 일반 언론에서 먼저 나타났다. 그 이유는 교계언론은 주간지이고 일반 언론은 일간지이기 때문이었다. 또한 기독교가 안티들과의 대화의 장을 열어서 그들의 이야기를 들어보겠다는 발상에 놀랐다는 반응이었다. 교계 방송은 매일 광고를 해주었고 교계신문은 주요기사로 다루었다. 중앙일간 신문들도 관심을 가지고 비중 있게 다루었다.

발표자들을 한 자리에서 미리 만났다. 섭외된 4분과 사무국장 심만섭 목사와 함께 모두 6명이 식당 소백산으로 갔다. 그 곳에 가면 조금은 특별한 식사가 있었다. 버섯과 쭈꾸미구이였다. 먼저 가서 약속장소에 들어오는 분들의 얼굴을 살폈다. 모두 비교적 여유가 있고 얼굴에 웃음이 있어서 좋았다. 그런데 안티 이찬경 회장이 들어오는데 너무도 굳어 있는 얼굴이었다. 첫눈에 보기에도 우리와 다르게 보였다. 순간의 생각이 스쳐갔다. 얼굴 안 보이는 곳에서 우리에게 기독교를 개독교, 교회를 개집, 성경을 똥경, 목사를 먹사라며 온갖 욕설과 험악한 말들을 다 퍼 붓다가 막상 얼굴을 대하니까 순간 굳어지는 것이 당연하리라. 그래도 필자는 그를 편안하게 대해주려고 했다. 일산에서 오셨다니 고맙다. 차는 막히지 않더냐고 묻고 자리를 권하고 했더니 분위기가 조금은 달라졌다.

2일후에 있을 토론회에서 무엇을 어떻게 대화할 것인가를 정했다. 먼저 공정성을 보장하겠다고 했다. 그 이유는 안티는 1명이고 상대는 3명이라는 생각을 하기 쉽기에 1대 1대로 하는 것처럼 하기 위하여 1명이 묻고 1명만 답하는 식으로 하면 될 것이라고 정했다.

토론회 진행을 크게 3단계로 하기로 했다. 각자 먼저 준비된 원고의 분량과 관계없이 발표는 10분씩으로 하기로 했고, 다음으로 발표자 간에 토론을 할 수 있는 패널간의 디스커션 시간, 그리고 청중들의 질의와 문답 시간을 갖도록 했다. 모두 동의했다. 서먹했던 분위기가 서로의 미묘한 입장을 이해하려는 분위기로 바뀌었다. 그 때에 반기련 회장에게 물었다. "안티활동을 하는 사람들 중에서 전에 교회에 다니던 이들이 꽤나 있지요?" 대답은 "예 많이 있는 것 같습니다." "그러면 회장님은 이름이 이찬경이니까 기독교적 이름은 아닌지요?" 대답은 "예, 전에는 다녔었지요." 순간 나의 머리에 어느 시어(詩語)가 생각났다. "사랑합니다"의 반대말이 "미워합니다" 가 아니라 "사랑했었습니다"라는 시어다. 그렇구나. "믿습니다"의 반대말은 "믿었었습니다"로구나. 목사인 필자의 마음이 어떤 책임감 같은 것을 느끼게 했다. 모두 놓친 사람들, 기독교인들에게 실망하고 떠나간 사람들이 모여서 안티를 형성하고 있다는 것을 확인하게 되는 순간이었다.

문제는 한국교회언론회 내부에서 발생하였다. 오전 11시에 있었던 제 49차 실행위원회에서 오후 3시에 있을 안티와의 토론회에 대한 보고와 점검과정이 있었다. 발표자들의 원고를 소책자로 묶어서 위원들에게 나누어 주었다. 그런데 지성수 목사의 원고가 문제였다. 다른 곳에서는 혹시 용납이 될 수도 있는 내용이었다. 그러나 한국교회언론회 이름으로 나아간다면 크게 문제가 될 내용들이었다. 목사의 글인지 안티의 글인지 구분이 어려운 내용들이 들어있었다. 긴급히 책을 폐기해야 한다는 의견이었다. 긴급하게 본인에게 전화를 했다. 목사님 일전에 만났을 때에 이야기된 내용과 전혀 다른 내용을 보내어서 우리는 시간에 쫓겨서 원고 검토도 없이 책으로 묶었는데, 이제 보니 우리에게 트릭을 쓰셨습니까? 목사님의 견해가 이러하다면 목사님 순서를 넣을 수가 없겠습니다. 그랬더니 그 분의 이야기가 그것은 안티들을 몰아가기 위한 것이며, 실제 자신을 믿어달라고 했다. 지금 혼자 결정하기 어려우니 전화를 끊고 다시 하겠다고 했다. 한국교회언론회 회원들 간에 언성이 높아지기까지 했다. 결국 본인을 불러서 의견을 들어보고 토론회 참가여부를 결정짓되, 그분의 원고는 배부할 수 없다는 것이다. 그래서 나머지 3명의 원고를 급히 복사해서 낱권으로 배부하도록 했다. 복사 기술이 뛰어나서 가능한 일이었다. 오후 3시까지는 불과 2시간 밖에 남지 않았다. 중세 교회를 개혁했던 16세기 종교개혁이 가능했던 것이 15세기 구텐베르크(Gutenberg)에 의한 인쇄술 발명이었다는 역사적 사실이 새롭게 이해되어졌다.

그날따라 비가 많이 내렸다. 오후 2시 30분이었다. 전화가 왔다. 토론장에서 시끄럽다는 것이다. 경찰서에 신고가 있었고 경찰이 와서 어떤 사람을 연행해 갔다고 한다. 전화통화중 지금도 시끄럽다는 것이다. 우려했던 것이 왔는가? 그렇다면 우리 진행자들은 시간 전에 가지 말고 기다렸다가 정시에 가기로 했다. 들려오는 이야기는 안티들이 사발통문(沙鉢通文)을 돌려서 몰려가자, 칼을 차고 가자, 기독교가 자기 안티들을 폭력적으로 무엇을 하려는 것일 수도 있다는 등의 험악한 분위기가 감지되었다. 그러나 우리는 담대하기로 했다. 현장은 기자들이 설치한 카메라로 인하여 앞으로 나아가기가 어려웠다. 청중에 1/3은 기자들인 것 같았다. 150 명이 들어갈 자리에 빈자리가 보이지 않을 정도였다. 언론의 관심이 이렇게 클 줄은 몰랐다.

사회자인 필자는 하나님께 지혜를 구했다. 사회자가 중앙에 자리했고, 좌측에는 이찬경 반기련회장, 그 옆에는 조성돈 교수, 그리고 필자의 우측에는 정강길 실장, 그 옆에는 지성수 목사가 자리했다. 지성수 목사는 우여곡절 끝에 참여했지만 이 토론회를 참여하기 위하여 호주로 출국을 일 주일 연기했다고 했다. 한국교회언론회 대표 박봉상 목사의 인사와 기도로 시작되었다. 기도 시간에 모두 눈을 감고 조용히 했다. 그런데 역시 필자 옆에 있는 이찬경 회장은 책자를 옮기는 소리, 노트북 켜고 자판 두드리는 소리가 기도 시간

내내 났다.

이제 마이크를 잡고 토론회를 이끌어갈 준비를 해야 한다. 장내는 긴장감으로 팽팽했다. 속으로 더 기도했다. 하나님, 주님을 위한 자리, 한국교회를 위한 자리가 되게 해 주시기 원합니다. 불상사가 없게 하시고, 안티들도 감동을 받게 하여 주옵소서. 그리고는 입을 열었다.

"교회를 향한 비판의 소리는 처음 듣는 것은 아닙니다. 교회 역사 이래로 있어 왔습니다. 표현방법이 시대에 따라서 달랐습니다. 현재는 인터넷 시대답게 온라인상에서 기독교를 비난하는 일이 생겨났습니다. 조직적이고 지속적이며, 맹렬한 비난은 한국이 세계에서 유일한 현상입니다. 종교비판실현시민연대(이하 종비련)이라는 단체도 있습니다. 반기독교시민운동연합(이하 반비련)으로 다 잘 알려진, 기독교 입장에서 보면 악명 높은 단체도 있습니다. 이 분들의 주장이 무엇이며, 그 맹렬한 비판은 타당한가? 그리고 교회의 답변은 무엇인가?를 서로 말하고, 듣고, 묻고, 답하는 자리를 마련했습니다. 오늘 이 자리가 이해하기에 따라서는 매우 어려운 자리입니다. 한국교회 역사상 유래가 없는 자리입니다. 역사적인 자리라고 말해질 수 있는 현장입니다. 욕을 먹을 짓(?)을 한 기독교와 얼굴 없는 곳에서 유감없이 욕을 퍼 붓던 안티기독교들과 한 자리에 앉았습니다. 서로의 의견을 듣고 건전한 사회를 위하여 고민해 보는 자리가 되길 바랍니다."

이에 토론자들을 소개했다. 이어서 발표자의 순서를 정하는 제비

뽑기가 있었다. 그런데 이상하게도 좌측에서부터 우측으로 변경할 것도 없이 순서가 정해졌다. 공정한 것도 중요하지만 원만한 진행을 위해서 사회자가 토론자의 발표 중에도 끼어들 수 있도록 동의를 구했다. 사실 사회자가 마음만 먹으면 언제고 개입할 수 있도록 했다. 발표가 있기 전에 다시 한 번 당부를 해야 했다. 먼저 이 자리는 한국교회와 사회를 위하여 마련한 자리입니다. 어떤 개인을 비난하기 위한 자리가 아닙니다. 이 자리에 참석해서 말씀해 주시는 분들의 말씀이 혹시 개인의 생각과 다르면, 다름으로 인정하시며, 그것이 교리적인 문제라고 해도 그 판단을 강요하는 자리가 되어서는 안되리라고 봅니다. 또한 이 자리에 나오신 분들은 우리가 초청한 손님들입니다. 예의를 잃지 않도록 부탁드립니다.

이제 발표가 시작되었다. 조성돈 교수의 요지는 안티들의 기독교 공격은 크게 2가지인데

하나는 교리적인 문제이며, 다른 하나는 태도적인 문제이다. 그 중에서 성서의 문제를 제기하는데 성서는 믿음의 대상이며 표상이며 상징인데 이를 현실의 논리로 이해하려는 것은 심각한 모순에 부딪힌다고 했다. 또한 구약 성경에 나타나고 있는 이스라엘 민족과 타 민족과의 전쟁의 문제를 살인과 폭력의 문제로 접근하는 것은 전체의 오류라고 지적했다. 이 문제는 자연스럽게 신약에 이르러서는 전쟁에 대한 언급이 없고 기독교인들의 삶을 어떻게 살아야 하는가 라는 것으로 변화가 이루어졌음을 주의해서 보아야 한다고 했다. 그리고 기독교를 반대하는 두 번째 이유가 기독교인의 삶의

태도적 문제이다. 이 지적에 대하여 조 교수는 개인적으로는 무조건 반성하고 싶은 마음이 있으면서도, 그것은 교회만의 문제가 아니라 교회를 포함한 한국사회전체의 문제라고 보아야 옳은 것이다. 그러면서 기독교가 반사회적이라는 지적은 전혀 어울리지 않는 비판이라고 했다.

두 번째 발표자인 반기련의 이찬경 회장은 기독교를 반대하는 이유를, 기독교가 사랑을 외치면서 뒤로는 물질에 혈안이 되어 있다며 교회내의 물질만능주의를 비판했다. 또한 일부 교회지도자들의 일탈행위와 부도덕성에 대하여 비난했으며, 기독교 교리의 배타성과 독선적인 태도와 타 문화와 다른 종교에 대하여 존중하는 마음이 없다고 목소리를 높였다.

이찬경 회장의 원고외에 밖에서는 또 다른 글, "기독교를 반대하는 우리의 입장"라는 인쇄물이 배포되기도 했다. 그런데 그들의 주장을 보면 앞뒤가 맞지 않는 내용으로 시작하고 있었다. 저들이 목표로 하는 것은 "이 땅의 기독교 박멸"인데 머릿글에서 "기독교를 반대하는 것이 마치 기독교인을 미워하는 것처럼 호도(糊塗)하는 분들의 편견과 왜곡이, 우리의 본뜻을 변질시키는 일이 없도록 미리 당부말씀을 드리고 경계하고자 합니다" 라고 했다. 저들은 기독교를 미워하는 것 뿐 기독교인들을 미워하는 것이 아니라고 했으나, 온갖 욕설은 무엇이며 기독교 없는 천국이란 무엇을 말하는지 자신들의 주장을 스스로도 혼란스럽게 하고 있었다.

세 번째 발표자 정강길 실장은 안티 기독교는 기존에 기독교의 폐해로 인하여 발생했으나 기독교는 무조건 망하라는 신념이 무차별적으로 전제되고 신봉된다는 점에서 그 폭력성 만큼은 그대로 답습하고 있다고 진단했다. 그러면서 기독교가 우리의 삶에서 건강한 모습을 보여준다면 안티가 생길 이유가 없다며 기독교계의 변화를 요구했다.

네 번째 발표자 지성수 목사는 오전에 있었던 한국교회언론회에서 발표자 원고배부 문제를 거론하면서 주체측을 곤혹스럽게 하는가 했더니 언론회측의 입장을 이해하라고 하더니, 기독교계의 일부 목사들은 천국문 앞에서 손들고 서서 벌을 받을 사람들이 좀 있다고 했다. 그런가했더니 이번에는 안티들의 시민운동이라는 이름으로 불타는 적개심에 기초하여 감정적이고 악의적이며 발작적이고 신경질적 측면을 부각해서 말하고는 마지막으로 로마의 네로(Nero) 황제도 못 이룬 '기독교 박멸' 이라는 소리를 하지 말 것을 권고했다. 기독교를 도매금으로 욕하지 말고, 사안적으로 그리고 개인적으로 하라. 즉 도매로 하지 말고 소매로 하라고 했다. 그의 발표가 끝나니 롤러코스트에서 내린 기분이었다. 아무튼 염려했던 것과 달리 시원하게 할 말을 하고 말았다.

이어서 발표자간에 가시 돋친 설전이 있었으나 사회자가 불을 끄는 일을 부지런히 한 결과 별 충돌이 없었다. 다음으로 청중들의 질문시간이었다. 사전에 청중들에게 마이크나 발언기회가 없으며, 질문은 반드시 준비해 준 질문지를 사용하도록 했다. 그런데 질문의 내용 대부분이 안티 응원단들에게서 나온 것이다. 한 사람이 몇 개씩 썼다. 이를 정리하고 제지하느라고 사무국장이 진땀을 흘렸다. 수 십장의 질문지를 지금에 다시 열어 보면 저들이 얼마나 기독교에 대하여 왜곡된 시각과 악한 감정을 지니고 있는가를 알 수 있다. 사회자에게도 자기들에게는 못 마땅한 면이 있었는지 사회자에게도 질문을 했다. 내용은 왜 기독교만 보편적이라고 하는가? 회교도들은 자신들이 보편적 종교라고 하는데, 왜 회교도 국가인 아프간에 가서 전도한다고 문제를 일으키는가? 사회자가 답을 했다. 기독교는 자신들이 보편적 종교라고 하고, 회교도는 자신들이 보편적 종교라고 하면 자기들끼리 싸우든지 말든지 하게 놔 두지 왜 끼어드시나요? 심판 보시려고요? 라고 웃고 넘어갔다.

긴장으로 시작했던 2시간이 지나가고 있었다. 이때에 하고 싶은 말을 해야겠다며 사회자인 필자가 마이크를 잡았다. "우리는 교회가 그 사명을 충실하게 수행한다면 세상의 축복이 되리라는 사실을 의심하지 않습니다. 그런데 하나님께서는 교회를 화해와 변화의 도구로 사용하시기를 원하십니다. 그러나 이 말씀은 교회가 전적으로 선하고, 세상이 전적으로 악하다는 뜻도 아닙니다. 교회가 신앙양심에 직면하도록 하나님께서는 세상을 도구로 사용하실 수 있음을 역사에서 볼 수 있습니다. 이 말은 교회의 활동이 기독교 진리와 항상 일치하지 않을 수도 있다는 말이 됩니다. 세상이 교회를 향하여 잘 못을 지적하며 교회 역할에 도전해 온다고 해도 세상을 두려워할 필요가 없습니다. 세상은 교회가 소유하고 있으며, 전하고 있는 구원 복음에 아무런 내용을 더하지 못합니다. 그러나 하나님께서

인류에게 베푸시는 일반은총을 통하여 교회가 온전해야 하는 모습
이 무엇인지 알 수 있습니다. 역사상 교회가 진리의 일부를 상실할
때가 있기도 했습니다. 이때에 세상이 교회를 향하여 진리가 어떠
해야 함을 깨우쳐 주기도 했습니다. 그러나 교회는 그러한 충고에
귀를 기울이지 않을 때가 있었습니다. 현재 안티 기독교가 지금까
지 기독교에 대한 맹렬한 비난으로 기독교를 '참 나쁜 종교'라는
이미지를 심어놓는데 큰 성과를 가져왔습니다. 최근 수년간 기독교
인구증가가 감소 추세인 것도 안티기독교의 활동에 영향이라는 분
석도 있습니다. 백번 양보해도 한국의 안티 기독교의 언어폭력성,
전투적 용어는 너무합니다. 순화(醇化)되어야 합니다. 그렇지 못하
다면 비난의 근거가 정당하다고 해도 그 설득력을 얻을 수 없을 것
이다." 라고 했다. 몇 군데는 교권주의자(敎權主義者)들에게는 언짢게
들릴 수도 있는 말이었다.

이 행사의 피드백은 의외로 차분했다. 사회 일간지에서도 긍정적
으로 평가했다. 교회언론들은 한국교회언론회의 용감성(?)에 대하
여 칭찬을 했다. 문제는 안티들의 반응인데, 저들은 자신들의 목소
리를 크게 낼 수 있었던 자리에 만족했다는 표정이었다.

처음부터 한국교회언론회는 두 가지 목적을 가지고 이 일을 했
다. 하나는 얼굴 없는 곳에서 기독교를 욕하는 저들을 밖으로 끌어
내서 저들의 폭력적 언어 사용의 문제점을 지적하여 변화를 유도하
고, 또한 온라인에서 서로 싸우고 다투는 것이 기독교의 모습이 아
니며 넉넉한 마음으로 들어 줄 수도 있다는 것을 보여줄 필요가 있

었다는 것이다. 안티들 중에는 전에 '믿었었던' 잃어버린 하나님의 양들도 있다는 사실을 알고 있었기 때문이다. 다음으로는 안티들의 입을 통하여 교회를 비판하는 소리를 교회들이 한 번 들어 보시라는 것이다. 우리끼리의 언어만 가지고 우리끼리 소통할 것이 아니라, 세상의 언어로써 불리워지는 비판의 소리를 듣고 교회가 서야할 자리와 감당해야 할 역할에 대하여 점검해 보는 기회가 되기를 바라서였다.

말도 많고 탈도 많은 한국교회, 그러나 누군가 "안티가 있는 것은 영향력이 있다는 증거입니다"라고 했다. 그러나 기독교 안티의 문제는 기독교가 영향력이 있다는 것으로만 이해하여 안심해서는 안된다. 교회가 스스로 돌아보라고 세상으로부터 들려주는 하나님의 또 다른 목소리라고 알아 하나님의 말씀에 충실한 교회가 되어야할 것이다.

18. 한국교회 이제도 민족의 소망이다

어느 기회에 이야기 한 것처럼 MBC는 한국교회에 대하여 왜 그리 친하지 못한지, 왜 교회의 선한 가치는 눈감고, 긍정적인 면은 없는 것으로 하고, 부정적인 면만 집중 부각시켜서 비방하는 방송을 하는지 모를 일이다. 그것이 2008년에는 더욱 심하였다. 이같은 방송태도는 방송의 공정성의 의무를 위반한 것이며, 의도성을 의심하기에 충분한 것이다. 이 편파적 방송으로 인하여 기독교인들이라면 분노하지 않을 수 없었을 것이다.

MBC는 '뉴스 후' 라는 고발프로에서 한국교회의 일부의 문제를 클로즈업하고, 카메라 앵글을 고정시켜서 시청자들의 눈을 속이는 교묘한 방송으로 구성하여 지속적으로 한국교회를 비방했었다. 그 실력은 지난해 MBC가 촛불시위를 선동하던 그 실력이라고 보면 될 것이다.

이 방송은 시청자에게 '이제 한국교회는 이 시대에 희망이 아니다' 라는 결론에 근접하기까지 효과를 가져 오기에 이르렀다. 참으로 지상파 방송은 그 위력이 제 4의 권부라는 말을 피부로 느낄 수 있는 것이었다. 이 거대한 권력과 싸울 수 있는 것은, 방송 전파를 살 수는 없는 일이기에 신문의 지면을 사는 방법뿐이었다. 그래서 신문으로 기독교의 입장을 성명하기에 이른 것이다. 복음적 가치는 온 인류에게 유일한 희망인 것이 성경의 진리인데 한국교회가 이 시대와 민족의 희망임을 선포하지 않을 수 없었다. 신문 전면에 실은 내용을 일곱 시간 만에 탈고(脫稿)했다고는 지금도 믿기지 않는 일이다. 오직 지혜의 영이신 성령께서 주관하셨음에 영광을 주님께 돌릴 뿐이다.

한국교회 이제도 민족의 소망이다
2008년 2월 조선일보 · 국민일보

희망은 어두운 곳을 비추이는 빛과 같은 존재이다. 절망을 이기는 놀라운 힘이다. 우리는 한국교회가 구한말 절망하던 한민족의 슬픈 날들을 희망으로 일으켜 세웠던 자랑스런 역사를 기억한다. 그리고 이제도 한국교회가 우리 민족의 희망임을 의심하지 않는다. 그러나 작금의 도를 넘어선 언론에 의한 기독교 비난이 공정성을 상실한 일방적 매도로 가고 있음을 직시하고, 이에 대한 기독교의 입장을 밝히고자 한다.

I. 역사적으로 한국교회는 민족의 교회였으며, 애국의 종교였다.

1. 1920년에 춘원 이광수의 "우리민족은 기독교에 감사해야 한다. 신문명으로 무지를 깨우쳐 주었다. 학교를 세워 신학문을 전해

주었고, 병원을 세워서 병든 육체를 고쳐주었으며, 민족정신을 일깨워 주었다"는 말은 기독교가 절망하던 민족, 국가를 잃고 유리방황하는 우리민족의 희망이었다는 것을 증거 한다.

2. 한국교회는 한글로 성경을 번역하여 보급함으로 성경만 보급한 것이 아니라 한글을 보급하였으며, 주일학교는 정규학교에 다니지 못하는 이들에게 교육의 장을 마련해 주었다.

3. 1885년 최초의 근대식 병원 광혜원을 비롯하여 전국 곳곳에 병원을 세워서 병든 이들을 치유했으며, 1886년 근대교육의 효시 배재학당을 비롯한 구한말과 해방 전후까지의 사립학교는 대부분 기독교 학교였다.

4. 인간은 하나님께로부터 평등하게 태어났다는 평등사상을 전해주어 남녀, 신분의 차이 없이 모두 하나님 앞에서 한 자녀로서 한 자리에서 예배하는 것으로 민주적이고 인권적인 긍정적 기여는 한국의 근대국가 건설에 중요한 정신적 개척자 역할을 하였다.

5. 축첩금지(蓄妾禁止)를 가르침으로 일부일처의 당연한 가정윤리를 확보하는데 교회의 역할은 결정적이었다. 금주, 금연, 도박금지 등은 개인적이고 사회적인 바람직한 시민상이 무엇인지 가르쳐주었다. 국가를 위해서 애국적이고 선구자적인 일에 앞장섰던 일은 수없이 많다. 일본에서 빌려온 차관에 발목이 잡힌 국가를 건지려고 국채보상운동을 펼쳤으며, 국산품을 애용하자는 물산장려운동과 일본 상품에 대한 불매운동을 주도하였다.

6. 국권 잃은 조국을 다시 살리려는 3.1운동에 주도적인 역할을

하였다. 민족대표 33인 중에 16인이 기독교인이었으며, 전국 교회는 이에 앞장섰으며, 교회 수 십 곳이 불에 탔으며, 수 백 명의 사상자가 발생하였다. 일제에 의한 민족정신 말살 기도였던 신사참배 강요에는 목숨으로 대항하였으니, 그로 인하여 교회는 50여 명의 순교자와 수 천 명의 수감자가 발생했던 큰 피해는 오히려 민족의 자랑이며 교회의 씨앗이고 영광의 상처로 남았다.

7. 국가 잃고 민족의 운명이 풍전등화와 같았던 시절에 슬픈 조국을 끌어안고 함께 울며 조국과 운명 공동체로 여기며, 길고 긴 질곡의 터널을 함께 헤쳐 나왔으며, 군사독재 시절 함께 고통하며 민주주의 꽃을 피우게 하였음을 자랑스럽게 여긴다.

8. 지금도 새벽기도시간에, 교회마다 산골짜기에서 국가의 번영과 민족 통일을 위하여 눈물로 기도하는 성도들은 무엇 때문에 그리하는가? 한국교회는 민주주의 열망에 앞장섰으며, 인간적인 사회건설의 가면을 쓴 공산주의 준동(蠢動)에 단호하게 맞서왔다. 그러나 북한 정권하에 신음하는 동포들을 위하여 기도와 물질로 아낌없이 돕고 있다. 1997년 이후 10년간 약 3,000 억원 이상의 물품으로 북한을 지원하였다. 탈북자의 90% 이상이 교회의 도움을 받았다는 탈북자들의 증언을 들어보라.

9. 보건복지부 장관을 지낸 어느 분의 고백은, 그가 전에는 기독교가 이 땅에서 사라져야 한다는 극단적 언행을 일삼았으나, 막상 보건복지부에 들어가서 기독교에 대한 생각을 바꾸게 되었다고 한다. 사회복지 민간부분의 70-80%를 교회가 감당하는 것을 보고

놀랐다는 것이다. 전국의 6 만여 교회는 규모에 차이는 있으나 이웃과 나누려고 하고 섬기려고 한다. 그것이 하나님께 받은 사회적 사명으로 알고 힘써서 행한다. 다만 지금까지 "오른손이 하는 것을 왼손이 모르게 하라"는 예수님의 말씀대로 숨어서 행하면서 하나님이 기억하시면 족하다는 신앙으로 했을 뿐이다.

10. 청소년들의 희망 길잡이로, 노숙자들의 친구로, 노인 대학을 열어서 어른 섬기고, 재난당한 이웃들의 아픔을 함께하기 위하여 달려가는 모습은 이 땅에 또 하나의 천사가 아닌가? 태안 앞바다 오염을 씻어내기 위하여 달려간 자원봉사자들 대부분이 기독교인이 아닌가? 생명을 살리는 일에 있어서 장기 기증과 헌혈자의 70% 이상이 기독교인이 아닌가?

11. 그러므로 한국교회는 이제도 민족의 희망이다. 교회를 통하여 이 땅에 예수 그리스도의 복음을 전해 준 것은 하나님의 선물이며 슬픈 민족의 축복이었다. 신분과 남녀를 차별하고, 호랑이 보다 더 무섭다던 탐관오리(貪官汚吏)들의 폭정, 전쟁과 기근, 질병으로 숨막혀 질식할 것 같은 소망 없던 세상에 신선한 소망의 빛이었다. 민족주의 애국자들은 잃어버린 조국을 되찾을 희망을 기독교에서 발견했던 것이다. 그러므로 상동교회 청년회의 일원이었던 백범 김구 선생은 "하나님이 내게 네 소원이 무엇이냐고 물으시면 조국의 독립입니다"라고 할 것이라는 유명한 말을 남겼다.

12. 복음은 삶을 긍정적으로 살도록 힘을 주었다. 천국의 소망이 있기에 현실의 어려움을 이기고, 항상 기뻐 할 수 있는 힘을 얻는

것이다. 할 수 있다는 신앙은 삶의 활력을 주었다. 하나님의 약속이 세상의 소망이 되었다.

13. "네 부모를 공경하라. 살인하지 말라. 간음하지 말라. 도적질 하지 말라. 거짓증거하지 말라. 이웃의 것을 탐내지 말라." 라는 하나님의 계명은 우리 사회의 무너져 내리는 도덕적 기준과 윤리적 기준을 지탱해 주고 가정을 든든히 지켜가고 있다.

14. 섬기고 나누며 헌신의 삶을 가르쳐주고 실천하는 곳이 교회이다. 초대교회 교부였던 키프리아누스(Cyprianus)가 정의한 대로 "교회는 모든 성도들의 어머니다"(mater fidelium) 교회는 병든 영혼이 고침을 받는 영혼의 병원이다. 하나님을 배워가는 학교이다. 지친 영혼이 누울 수 있는 쉼터이다. 세상을 구원할 복음을 담보한 천국열쇠의 진리 소유권을 위임받은 센터이다.

15. 이 존귀한 교회는 4세기 교부였던 어거스틴(Augustinus)이 설파한대로 "교회는 주님의 몸이기에 부패할 수 없으며 부패하지 않는다. 부패한 인간이 있을 뿐이다" 그러나 인간은 바뀐다. 성령의 새롭게 하시는 역사로 바뀌며, 한 세대는 가고 또 한 세대가 옴으로 바뀐다. 그러므로 교회는 언제나 새로움을 위하여 하나님께서 일하신다. 이처럼 교회는 자정능력이 있으며, 희망이 있다. 그러므로 교회는 사회봉사 여부를 떠나서도 중요하게 그 존재의의를 갖는 하나님의 신적인 기관이다.

16. 교회는 인간으로 구성되었지만 하나님의 성령에 의해서 인도되는 초월적 기관이다. 교회의 순결을 지키시고 감찰하시는 이는

성령 하나님이시다. 따라서 교회에 대한 권위적인 판단과 심판을 행하실 유일한 권세는 하나님께 있다. 칭찬과 책망도 하나님께서 행하실 것이다. 그러므로 교회가 세상에 있으나 하나님께 속하였고 이런 관점에서 교회는 세상과 구별된다.

17. 지상의 교회는 주님의 교회이다.(마태복음 16:18) 하나님은 구원의 기관으로 교회 외에 다른 기관을 세우신 적이 없다. 교회가 세상보다 열등하거나, 세상에 종속된 기관이 아니므로 어떤 경우에도 교회의 권세와 그 자치성에 손상을 주는 일체의 시도를 배격한다.

18. 큰 교회 세우는 것을 문제 삼는 언론이라면 대형교회가 악이고 소형교회가 선이라는 증거를 제시해야 한다. 교회를 아름답게 지어서 하나님께 봉헌하고자 하는 마음은 신앙의 바람직한 정서이다. 성경 없는 기독교와 마찬가지로, 교회 없는 기독교는 생각할 수 없는 것이다.

19. 지상의 교회는 역사상 수많은 도전을 넘어왔다. 2세기 3세기는 로마권력의 이름으로 교회를 없이하려 했으며, 19세기는 루드비히 포이에르바흐(Ludwig Feuerbach)등이 철학의 이름으로 기독교를 공격했고, 칼 마르크스(Karl Heinrich Marx)등은 인본주의와 유물론 사상으로 기독교를 공격했으며, 현대는 언론권력으로 하나님의 교회가 공격을 받으나 우리는 이 일이 교회를 더욱 새롭게 하며, 튼튼하게 되리라는 확신이 있다. 교회는 주님의 교회며, 주님이 세상 끝 날까지 함께 하시겠다는 약속이 있기 때문이다.

II. MBC TV의 교회 비방 방송에 대하여 한국 교회 이름으로 강력히 규탄한다.

1. 최근 교회에 대한 무차별적인 비판에 대하여 교회는 자기성찰의 기회라는 긍정적인 자세를 가지려하나 일부 언론 권력은 해도 너무한다. 공영방송으로서의 MBC의 방송태도는 언론 사명을 가장한 언론폭력이라고 규정한다.

2. 작금의 MBC 방송 의도는 지극히 이념적이고, 사회 이데올로기적이며, 음흉한 정치적 계략이 숨어있다고 의심하지 않을 수 없다. 고도로 계산되고 목적을 가지지 않았다면 어떻게 이처럼 집요하고 스토커(stalker)적일 수가 있는가? 동일한 인물들과 동일한 주제를 제목만 바꾸어서 수 년 간에 걸쳐서 이토록 지상파 방송이 공격하는 예가 민주사회에서 그 예가 또 있는가? 무엇을 위하여 공영방송이 이처럼 기독교의 선한 가치는 짐 싸서 감추어 놓고 편파적 방송에 목을 매는가?

3. 공영방송인 MBC의 교회에 대한 비판은 도를 넘어 기독교 비방을 일삼는 것과 기독교 없는 대한민국을 목표로 반기독교 운동을 한다는 자들의 주장과 유사함에 주목한다. 독일계몽주의의 총아라고 할 수 있는 마르크스가 제일 먼저 행한 것은 기독교를 비판하는 일이었다. 그는 교회를 인본주의와 유물론적인 관점에서 비판하는 것이 세상을 진정으로 인간답게 살게 하는 세상을 만드는 것의 첫 걸음이라고 보았다. 그 같은 연장선상인가, 오늘날 한국사회는 마치 기독교를 비방하는 일이 사회의 정의를 실현하는 일인 양 대범

하게 나오고 있다.

4. MBC는 지난 2008년 1월 25일 저녁 9시 뉴스 시간에 뜬금없이 한 교회의 선행을 방송한 것은 그 다음 날 본격적인 교회 흠집내기 방송을 위한 눈속임이라는 그 얄팍한 수작이었음을 간파하는 일은 어려운 일이 아니었다. 무엇 때문에 국민의 소유인 공영방송이 반기독교적이고 교회 파괴적인 성향을 보이는가?

5. MBC는 지난 수년간 기독교 비방과 흠집내기에 열을 올리고 있다. 시청률 때문인가? 강자 앞에서는 작아지고, 약자 앞에서는 강해지는 보도 태도는 방송 언론의 양심과는 무관한 것인가? 정치 권력에게는 해바라기성이며, 약자에게는 하이에나식의 방송 태도는 공영방송의 특권인가? 지난 2007 대선에서 대통령당선자 확정 전과 확정 후에 180도 달라진 방송태도는 당연한 방송의 생존방식이라는 말인가?

6. 다른 기관이나 종교는 청정지역이고 특히 기독교만 문제라는 식의 보도는 공정성을 가장한 지능적인 편파방송이다. 교회의 재정은 매월 제직회의에 꼬박꼬박 보고하고, 최소한 1년에 4~12번 보고하는데 그것은 투명하지 않고, 역사상 처음 공개하는 다른 기관은 투명하다는 것인가? 교회의 재정은 교인 모두가 주인이고 감시자인 것을 잘 알 터인데 귀 막고 눈감고 있는가?.

7. 교회의 재정은 교회 공동체가 자발적으로 헌금하고 공동체의 합의에 의하여 집행되는 것을 무슨 권위로 이것은 되고 저것은 안 된다고 하는가? 종교에 대한 심판권을 방송이 가지고 있는가?

8. 대형교회를 옹호하는 것이 아니라, 교회의 규모가 크면 악이고 작으면 선이라는 등식은 어디서 가져온 것인가? 교회는 교인들이 자신의 선택에 의해서 결정하는 것이므로 그 일을 비난하는 것은 교인들에 대한 모독이 아닌가?

9. 비판자가 비판대상자보다 더 깨끗해야 비판할 수 있다는 말에 대하여 동의하지 않을지 모르나 답은 해야 할 것이다. MBC는 상암동 신사옥과 일산 장항동의 방송센타 건립은 불법 땅장사 의혹이 있다는 문제제기에 대하여 무엇이라고 변명하겠는가?

10. MBC는 "세금 안내도 되는 사람들"이라는 비아냥대는 제목으로 한국 대형교회 일부의 목회자들을 집중 고발했는데, 그렇다면 주제에 맞게 세금 안내고 있는 목회자들을 보도해야 하지 않았는가? 그런데 여의도 순복음교회는 세금 내고 있다는 것이 밝혀지지 않았는가? 후에 MBC의 태도는 '내기는 내는데 담임 목사가 얼마나 내는지 알 수 없다' 는 식으로 부정직하고 부정확한 보도를 숨기려는 후안무치(厚顔無恥)의 행동은 시청자에게 참 나쁜 방송이라는 인식을 남겨 주었다.

11. 한국교회는 그동안 교회와 목회자들이 자율에 의해서 세금을 납부하고 최근에 복잡한 교회 구조상 일치하기 어려운 문제에 대하여 전향적으로 검토되고 있는 형편인데 몇몇 교회를 표적으로 하여 한국교회 전체를 매도하려는 것은 언제부터 학습 되어진 방송태도 인가?.

12. 교회와 성직자가 과연 사회 일반인들의 평균보다도 못한 윤

리적 생활과 탈세를 일삼는 파렴치범이라도 된다고 몰아가고 싶은 것인가? 목적을 세우고 카메라 앵글을 고정하여 시청자의 눈을 흐리게 하는 MBC는 국민적 저항에 직면할 것이며 그 책임은 전적으로 MBC에 있음을 밝힌다.

13. 우리는 시청거부 운동을 전국적으로 전개할 것이며 MBC가 공영방송으로서의 자격을 상실하였으므로 민영방송으로 전환되기를 적극 지원할 것이다.

14. 방송의 생명은 객관성과 공정성에 있다. 방송 주제에 맞아야 하고 내용에 있어서도 공익성과 실상, 그리고 대상과 실효성 등 가장 기본적이고 필요한 자료 제공도 없이 몇몇 대형교회를 겨냥하여 마녀 사냥식으로 휘두르는 기획의 칼날이 언젠가는 반드시 MBC에게도 향할 수 있다는 경고를 분명히 해 두는 바이다.

15. 한국교회는 MBC의 공영방송이 공익성을 가장하여 교회와 기독교 진리 파괴 행위에 대하여 '기독교 진리 수호차원'에서 모든 가능한 수단을 동원하여 대응할 것임을 1,000만 기독교인의 이름으로 천명한다.

III. 교회는 위기를 기회로 삼을 것이다.

1. 지상의 교회는 완전하지 않다. 교회의 구성원들 역시 이 세상 죄의 위험성에 노출되어 있다. 그러나 고의적으로 하나님의 뜻을 어기려는 사람이 있겠는가? 그러함에도 그에 대한 책임은 인간에게 있다. 하나님께 영광, 인간의 책임이라는 신앙적 대 명제 앞에서

교회 지도자들은 다시 한 번 마음의 옷깃을 여미고자 한다.

2. 교회는 스스로도 무오하다고 생각하지 않는다. 실제로 교회는 세상에 존재하면서 세상보다 보다 높은 윤리적 기준을 제시하지만 그에 미치지 못하는 경우에 더 큰 고민과 슬픔이 있다. 그러므로 이제 작은 실수라도 자신에게 적용은 더 엄격해야 하며, 타인의 잘못은 주기도문처럼 용서하는 하나님의 사람들이 되기를 기도하며 가고자 한다.

3. 예수님께 나온 어느 청년처럼 아직도 무엇이 부족하니이까? 라는 물음에 대한 예수님의 말씀을 따르려고 한다. 한 일 즉 뒤에 있는 것을 잊어버리고 위에서 부르신 부름의 상을 위하여 달려가는 신앙의 본을 보이는 삶을 서로 격려하려고 한다.

4. 세상의 지배원리인 약육강식 원리가 아니라, 큰 자는 낮아져서 작은 자를 섬기고, 작은 자는 큰 자의 수고를 이해하고 인정하며 서로 돕고 사랑하여 함께 이루어 가는 아름다운 세상과 교회를 만들려는 수고를 하나님 앞에서 경주(競走)하려고 한다.

5. 세상의 교회에 대한 비판은 그것이 오해에서 온 것이라고 해도, 교회에 대한 사회의 실망이라는 점에서 이해하려고 한다. 냉혹한 자본주의 사회에서 오직 황금만이 가치의 유일한 척도가 되고 있는 시대 속에서 인간의 따뜻한 가슴과 손을 기다리는 시대가 도래하기를 기다리는 것은, 이미 실패한 20세기 공산주의적 사회가 아니라 주 예수님의 가르치심의 실천뿐이라는 것을 인정해야 한다.

6. 지금까지 성직자는 세금 그 이상의 것을 나누며 살고 베풀며

살았다고 하나 그것이 자랑이 될 수 없으며, 사회가 더 많은 것을 요구한다면 기꺼이 함께 할 수 있다는 것을 밝힌다.

7. 6만의 교회와 10만의 성직자 그리고 1,000만의 성도는 그 믿는바 주 하나님의 성령에 이끌리어 살아간다. 특별히 이름도 없고 빛도 없이 오직 하나님이 부르신 사명에 매여 눈물어린 헌신과 수고를 다하는 주의 종들에게 남다른 존경과 사랑을 보낸다.

8. 교회가 그 사명을 충실히 행할 때에 사회의 희망임을 확신하며, 목회자들의 헌신 못지않게 성도들의 흔들림 없는 신앙과 헌신과 수고위에 교회는 든든히 서가며 하나님의 도우심으로 '한국교회, 이제도 민족의 희망임'을 확인하고자 한다.

19. MBC '100분 토론' 뒷 이야기

　최근 10 여 년 동안의 안티기독교(anti-christianity) 혹은 기독교안티들의 활동은 인터넷 세대들에게 기독교를 '참 나쁜 종교'로 선전하는데 100% 200% 성공을 거두고 있다. 그들은 기독교의 선한 가치나 옳은 일에 대해서는 눈을 감고 귀를 막고는 오직 자신들의 주장만 큰소리로 반복적으로 외쳐댄다. 시간과 장소를 가리지 않는다. 시간과 장소를 가리지 않는다는 말은 인터넷, 즉 온 라인만이 아니라 오프 라인에서도 세를 과시한 적이 있다는 뜻이다. 그들은 기독교에 대하여 흠집을 낼만한 일이라면 무엇이든지 집요하게 공격한다.

　기독교인 개개인의 잘못은 물론이거니와 기독교적 과(過)는 전국적으로, 세계적으로, 그리고 역사적인 것까지 자료를 축적하여 공격한다. 물론 그중에는 사실이 아닌 것과 비슷한 것을 사실인양 왜곡하는 경우가 많다.

　그들의 목표는 '이 땅에서 기독교 박멸이 목표' 혹은 '이 땅에서 기독교가 사라지기까지' 라고 한다. 그들의 조직은 토론방과 안티바이블에 집중되어 있는 반기독교시민연대(이하 반기련)와 종교비판자유실현시민연대(이하 종비련)가 대표적이며 최근에 종교법인법제정추진시민연대(이하 종추련)라는 단체가 생겨나서 기독교를 맹렬하게 공격하고 있다. 그런데 위의 단체들은 안티기독교 단체의 모체격인 반기련의 멤버들중에서 일부가 종비련으로 그리고 종비련의 멤버들 중에서 종추련으로 분가(分家)를 한 것이다.

이들은 모두 시민운동단체라는 이름을 사용하고 있다. 이들의 활동은 온라인에서만 머물지 않고 도심과 대학을 중심으로 반기독교 관련사진 및 카툰(catoon)전시회를 지속적으로 개최하여 일반사회와 시민들에게 기독교의 배타성(排他性)과 사회적 해악성(害惡性)을 고발함으로써 반기독교 정서를 확산시키고 있다.

최근 수년간 기독교 공격의 호재로 삼는 것이 '성직자가 세금을 탈세한다' 는 명목이다. 우리국민들은 병역의무와 납세의무를 이행하지 않으면 파렴치범으로 여기는 정서인데 이를 기독교 성직자 공격의 호재로 십분 활용하고 있는 것이다. 졸지에 성직자들은 탈세범, 파렴치범으로 매도되고 있다. 그들은 거리에 나서서 성직자에게 과세시키자며 서명을 받기도 했으며, 성직자에게 과세하지 않았다는 이유로 국세청장을 직무유기죄로 고발하기도 했다. 물론 법에서는 이유없다는 결론을 내린 상태이다. 저들은 성직자들을 특권층이라며 국민들에게 반감을 가지도록 유도하고 있다.

이런 와중에서 언론은 이 같은 사태를 간과할 이유가 없다. 이글을 쓰는 지금 시간에도 언론은 성직자 과세에 대하여 또 다른 흥밋거리를 만들고 있다. 이 말은 모 방송에서 어떤 인터뷰 요청이 있었으며, 그것은 끈질기게 성직자 과세를 이뤄내야겠다는 의도로 이해할 수밖에 없다.

이와 같은 배경설명은 2008년 7월에 있었던 뜨거운 논쟁을 이해하는데 도움을 드리기 위함이다. 실로 지난여름의 일은 날씨만큼이나 매우 뜨거운 일이었다. 종비련 사람들은 인터넷 상에서 성경이 자라나는 세대에게 해로운 서적이라며 성경금서목록지정운동, 즉 성경추방서명운동까지 벌이고 있었던 터이었다. 저들이 언론을 이용했는지? 아니면 언론이 싸움에 불을 붙였는지는 모르겠으나 라디오와 TV가 동시에 가동되었다. 국영방송과 공영방송이 함께 열을 올렸다.

먼저 MBC 라디오 손석희 아나운서가 진행하는 아침 7시 방송 '시선집중'에서 생방송 전화 인터뷰다. 손석희 아나운서는 송곳질문과 함께 질문예상을 뛰어 넘어서는 상대의 의표를 찌르는 질문을 함으로써 청취자들의 마음을 시원하게 한다는 평을 받고 있으며, 손석희 씨가 진행하는 MBC TV '100분 토론'은 많은 시청자를 확보하고 있는 프로이다. 전화 대담 상대는 성직자들이 세금을 탈세한다는 것을 밝히기 위해 잘 준비된 듯 보였다. 교회와 성직자들이 과세에 있어서 면제된 것은 일제 때에 일제 식민지 정책에 부역한 대가와 미군정에 협조한 것 등으로 인하여 특혜를 받고 있는 것이라는 터무니없는 공격부터 시작되었다.

또한 교회를 사고파는 일이 많이 있다. 성직자들은 교회 돈을 마음대로 사용한다는 식으로 매도하며, 국민은 누구나 예외 없이 납세의무를 다해야 한다는 주장이었다. 자칫하면 그의 주장이 청취자들에게 사실로 들려질 수 있는 나름대로의 근거를 제시하고 있었다. 그때에 하나님께 지혜를 구하지 않을 수 없었다. 그래서 일탈행위자들의 일을 보편화하는 것은 옳지 않다고 하여, 손석희 아나운서의 동조로 인하여 넘어갔고, 이 주제가 분명 방송거리가 된다고 판단한 MBC TV팀에서 출연자를 캐스팅 하면서 금요일 저녁 '100분 토론'에서 라디오 패널이었던 필자를 포함하도록 했다는 것이다. 후일담이지만 손석희 아나운서가 직접 이억주 목사를 출연시키도록 부탁을 했다는 것이다.

방송은 늘 그렇지만 뉴스거리와 주제가 살아 있어야 가치가 있는 것이다. 즉 시간이 중요하다는 것이다. 그 같은 방송 특성상 준비기간이 짧을 수밖에 없다. 수요일 오전에 전화해서 금요일에 방송하자는 것이다. 성직자 과세를 주장하는 단체에서 패널이 2명, 불교계나 천주교계에서는 사양하고 있으니 기독교계에서 2명의 패널이 나와서 100분 동안 토론하라는 것이다. 언제나 그렇듯이 용감한 것은 기독교계이다.

그런데 고민은 잘해야 본전이라는 판단이다. 잘못했다가는 언론에 뭇매를 맞기 십상이다. 단순논리 앞에서는 무조건 질 수 밖에 없다. 그 단순논리라는 것은, 국민이면 납세의무는 당연한 것이 아니냐? 국가는 국민들의 세금으로 운영되는 것 아니냐? 왜 무임승차하려는 것이냐? 성직자는 이 땅에서 무슨 특권층이냐? 담임목사직을 자식들에게 세습시키고, 고급승용차 타고 다니며, 자식들 외국에 유학 시키는데 그 많은 수입에서 왜 세금을 안내느냐? 외국의 경우는 모든 성직자들이 납세하지 않느냐? 지난 수십 년 간 목사들 잘

먹고 잘 살지 않았느냐? 등의 주장이다. 그에 대하여 사실은 그렇지 않으며 성직자들이 납세하지 않는 것은 이 같은 이유에서이다. 라고 말하는 것이 너무도 설명과 논리 전개에서 어려웠다.

또 다른 어려운 문제는 교회 내부의 의견이 통일되어 있지 않다는 것이다. 일부의 목회자들은 세금을 내야 한다고 하고 대다수의 목회자들은 성직자의 삶 자체가 다 드려진 삶인데 무슨 세금인가? 라며 반대하고 있다. 일부의 목회자들이 자발적으로 세금을 납부하는 예도 있다고 하고, 또한 일부에서는 성직자도 국민의 한 사람이니까 납세는 당연하다는 주장도 계속 있어 왔다. 세금납부를 반대하는 목회자는 절대다수로서 그 반대의 이유는, 우리의 삶이 세금을 낼 만큼의 수입이 되는가? 극빈자 지정을 받아서 정부보조를 받아야 할 형편인데 무슨 세금타령인가? 성직자는 성도들이 국가에 세금내고 나서 헌금한 것인데 이중과세가 아닌가? 목회자가 납부해야 할 항목은 근로소득세인데 그것은 성직자를 노동자라고 여겨서 성경이 금하고 있는 삯꾼이 되라는 말인가? 목회자가 세금을 내면 국가가 교회를 간섭하게 될 것이며 그것은 교회의 세속화를 가져올 것이 뻔한데 그것은 절대 불가하다. 그리고 일부는 성직자는 세상에 간섭을 받으면 안된다는 주장이다.

그러나 방송 토론은 상대편과의 싸움에서 이기는 것이 중요한 것이 아니라, 시청자들을 얻는 것이 중요한 것이다. 그래서 팀을 이룬 세무사이신 김진호 장로님과 토론의 방향을, 토론에서 상대에게 밀리더라도 시청자의 마음을 얻자는 것으로 정했다. 금요일의 시간은 더 빨리 지나갔다. 마음이 바쁘니까 시간도 빨리 지나가는 것 같았다. 그날 저녁에는 KBS 라디오 정관용 씨가 진행하는 ‘열린광장 100분 토론회’도 생방송으로 준비되어 있었다. 7월 13일 금요일 오후 7시부터 8시 40분까지다. 이 방송 패널로는 종추련에서 한 사람과 한 분 목사님이 나오고 필자와 김진호 장로님이 한 팀을 이루었다. 이곳에 오기 전에 한기총에서 한기총 총무님과 대담하고 교계를 대표해서 잘해주기를 바란다는 당부와 격려 후에 이른 저녁식사까지 마치고 여의도로 향했다. 정관용 시사평론가는 이 주제에 대하여 무엇이 문제인지 비교적 자세히 알고 있어 보였으며 나름대로 공정한 진행을 위해 애쓰는 것 같았다. 문제는 종비련에 나온 상대 패널 보다, 그와 같은 팀을 이룬 방 모 목사님의 공격이 따끔했다. 그러나 그는 외계에서 왔던지 아니면 고의로 진실을 왜곡하고 있었다. 그 분은 교회의 재정이 투명하게 공개되고 있지 않다는 주장을 펴고 있었다. 사실 교회보다 재정을 투명하게 공개하는 단체가 어디 있겠는가? 매월 혹은 2개월마다 제직회가 있고 연말에 1년 재정 보고가 있는데 투명하지 않다고 주장하고 있었다.

MBC TV에서는 카메라 슈팅이 9시부터 있으니까 8시 30분까지 분장실로 오라고 한다. 그러나 물리적으로 불가능하다. KBS에서 끝나는 시간이 8시 40분인데 어떻게 그보다 10분 일찍 갈 수 있으며, 이동 시간은 어떻게 하라는 것인가? 그래서 KBS는 MBC보다 먼저 약속이 되어 있으니까 취소할 수 없다고 했다. 그랬더니 9시까지 와서 9시 30분에 카메라를 돌리자고 한다. 그 날 우리는 그야말로 겹치기 출연이 이런 것이라는 것을 경험했다.

분장실로 들어서니까 아무렇게나, 예의도 갖추기를 원치 않아 보이는 험상궂게 생긴 40대 초반의 사람이(잠시 후에 출연자인 것을 알게 되었지만)우리에게 시비를 걸어 왔다. "정력도 좋으시군요? 두 탕씩 뛰구요?" KBS 라디오 열린 광장과 MBC에 연속 출연한다는 말인데 심기를 건드리려는 심리작전인 듯 보였다. 참으로 목사로서는 생전 처음 듣는 무례하고 저속한 말이었다. 그러나 순간 '사탄의 시비로구나' 하고 마음을 정리하고 함께 동행 했던 두 분의 목사님과 웃으면서 "우리 참으로 달리기 잘 했습니다"라고 넘어갔다. 그는 잠시 후에 겨우 약속 시간에 도착한 김진호 장로님에게도 똑같은 시비조의 심드렁하고 비꼬고 조롱하는 듯한 말투의 질문을 하고 있었다. 그 사람은 종비련의 사무처장이라는 직함의 김인상이었다. 알고 보니 이 사람은 3일전에 손석희 아나운서가 진행하는 MBC 라디오 방송 '시선집중'에서 한 번 싸움(?)을 했던 사람이 아닌가? 이 사람은 방송 중에도 심드렁하고 상대인 우리를 비웃는 듯하고 조롱하는 듯한 태도, 그야말로 냉소적인 태도로 일관했다. 그와 함께 팀을 이룬 고은광순 여사는 그야말로 막무가내였다. 고은광순 여사는 평소에 기독교와 무슨 악연이 있는지 알 수 없으나 기독교를 공격하는데 가장 앞장서고 있는 사람이었다. 지난해에는 "개판치는 목사들 왜 이렇게 많은가"라는 제목의 글로서 논란이 많았던 사람이다. 이 날도 교계를 공격하고 성직자들의 비리를 폭로하기 위하여 작심하고 나왔던 것 같았다. 성경에도 없는 십일조를 거두어 들인다고 우겨댈 때는 너무도 어이없는 확신에 차 있었다. 왜 없는가? 성경 말라기를 보라고 해도 그런 말이 없다고 우겨댄다. 또한 일부 대형교회의 행태라며 성직자 납세라는 토론회 주제와는 동떨어져 있는 소위 '목사직 세습한다'고 비난할 때는 참으로 난감했다. 그러나 토론에서는 밀려도 시청자의 마음을 얻자는 생각에서 완강한 대항 보다는 밀리는 쪽을 택했다. 그 결과 저들은 방송 패널 간에는 억지로 이긴 것 같으나 후에 방송 시청자들의 '화가 나서 간신히 참았다' 라는 말을 들었으며, 반대로 '성경도 모르면서 빡빡 우기는 바람에 다 망쳤다' 는 같은 조직들의 온갖 악플에 시달려야 했다. 김인상 사무처장은 일관되게 시니컬(cynical)한 태도와 교회 수입의 97%를 목사가 가져간다는 말도 안 되는 주장 때문에 역시 호된 질책을 당해야 했다. 그 중에는 '나는 성직자들이 세금을 내야 된다고 주장하는 사람인데, 이번에 반드시 이겨서 납부하도록 해야 하는데 김인상 네가 다 망쳤다' 또는 '상대 패널들은 너 보다 연세도 많은 것 같고 비교적 반듯하게 살아온 분들 같은데 빈정대고 상대를 업신여기는 듯한 돼먹지 않은 태도 때문에 다 망쳤다' 며 방송 결과가 자신들의 패널 때문에 실패했다는 성토로 인터넷상에서 그야말로 야단이 났었다.

　방송 중에서 가장 큰 위기는 아무래도 김인상 씨의 "조용기 목사의 십일조가 1년에 1억이라고 하는데 그러면 수입이 얼마라는 말입니까?" 라면서 소득이 이렇게 많은데 어찌하여 세금을 안 내는 것입니까? 라는 말에 잠시 무거운 침묵이 흘렀다. 4초, 5초, 그러나 그 시간은 참으로 길게 느껴졌다. 그 때에 성령님께서 필자에게 순간적으로 이 위기를 빠져나오도록 지혜의 말씀을 주셨다. "얼마를 받았는가 하는 것보다 어떻게 썼는가가 중요한 것이 아닌가? 그 분이 어디에 어떻게 썼는지를 우리가 알지도 못하면서 방송에서 개인을 비난하는 것이 옳은가?" 라고 강하게 반문하였다. 이때에 손석희 아나운서가 필자의 말을 거들고 나섰다. 속으로 한숨이 나오는 순간이었다.

방송이 끝나고 다시 분장을 지우기 위하여 대기실로 향하는 가운데 해프닝이 벌어졌다. 방송 중에 매우 못 마땅한 태도 때문에 속으로 분을 삭이던 김진호 장로님과 상대 패널 두 명과의 논쟁이 벌어졌고, 자못 흥밋거리였는지 방송카메라를 계속 돌려댔다. 웃으면서 "방송 끝났어요"라며 간신히 말렸으나 분이 풀리지 않으신 모양이다.

이틀 후 오전 전화벨이 울려서 받았더니 어느 중년여성의 음성이었다. "이억주 목사님이신지요?" 금방 알아들을 목소리였다. 지난 금요일에 방송에서 기독교계를 유감없이 비난했던 고은광순 여사였다. 방송에서 도도하고 당당하던 태도와는 전혀 다른, 풀이 죽어 있는 목소리였다. 네티즌들에게 뭇매 맞는 것이 어떤 것인지 경험했던 것 같았다. 어떻게 전화했느냐고 물었더니, 우선 미안하다는 것이다. 성경을 잘 모르고, 십일조가 성경에 없다고 우긴 것에 대하여 사과한다는 것이다. 그래서 나에게 사과할 필요는 없다고 했더니, 그 다음 계속되는 말이 "한국교회가 왜 이억주 목사를 앞장세우는지 알겠다"는 것이다. "그러나 이제는 한국교회에 이용당하지 말

라”고 충고(?)한다. 참으로 교회와 목사를 몰라도 너무 모르는 사람
이다. 교회가 누가 누구를 이용하고 이용당하는 것으로 이해하는
것이 얼마나 교회를 모르는 태도인가? 기독교 안티들이 기독교를
올바로 알지 못하고 악한 감정으로 공격하는 것이라는 것을 짐작하
게 되었다.

  방송에 대한 피드백(feed back)은 인터넷상 검색에서 가능했다.
그야말로 폭발적이었다. 한국교회언론회에서 반대 성명과 논평, 그
리고 일주일에 라디오와 TV 방송 출연이 4번이라는 기록 후에 국
세청장이 ‘성직자 과세 계획이 없다’는 발표로 성직자 과세문제는
일단락 된듯하나 정리되지 않는 미해결의 주제로 언제든지 다시 점
화될 수 있는, 꺼지지 않는 불로 남아있다.

  이제 한국교회는 성직자 납세문제에 대하여 공론화 과정을 거쳐
야 할 때이다. 언제까지 묻어두고 갈 수는 없다. 교계의 현실을 밝
히고 입장을 표명해야 한다. 한국교회언론회에서의 복안도 있고,
바람직하다고 분석되어진 필자의 견해도 있으나 본서에서 언급하
는 것은 자칫 한국교회의 의견 분열을 가져 올 수 있어서 삼가기로
한다. 그러나 시간이 많지 않다고 본다. 한국교회는 이제 이 문제를
지혜롭게 대처해야 할 때가 되었다.

20. 목회자의 복음적 책무와 자정을 위한 선언문

교회와 목회자는 서로를 떼어 놓고 이해하기가 어렵다. 신학교가 가는 곳으로 목회자가 나오고, 목회자가 가는 곳으로 교회가 간다는 것은 자명한 사실이다. 그러므로 교회의 문제는 목회자의 문제라고 받아들여야 한다. 교회를 통한 영광을 목회자가 먼저 누린다면 교회를 위한 고통도 목회자가 먼저 담당해야 한다고 본다. 2009년 5월 14일 포럼, '한국교회를 위한 제언'(An Urgent Statement for Korean Churches)에서 한국교회의 현실적 문제점에 대한 점검과 그 대안은 제시되었다고 본다. 그런데 마음에 죄송함과 두려움이 있는 것은, 발제한 필자가, 글을 읽으시는 분들보다 더 깨끗하다거나 더 의롭다거나 하는 확신도 없는데 너무 미련하게 앞서지 않았나 하는 마음이며, 이름도 없이 빛도 없이 목숨 다하여 헌신하시는 훌륭한 주의 종들이 많으신데 그분들에게 누가 되지 아니했는가 하는 마음이다.

그러나 세상은 눈에 많이 띄고, 소리 소문이 큰 것을 더 중요하게 여기는 현실이고 보면, 목회자의 작은 실수도 고치고, 새롭게 하는 수고가 있어야 주님의 교회가 세상의 희망일 수 있다는 소박한 열심 때문임을 고백할 수 있다이 선언문은 2008년 3월에 뜻을 함께했던 한국교회언론회에서 발표하고 지속적인 전파의 운동을 기획했었는데, 1년이 늦어진 셈이다. 이 선언문 보다 더 높은 가치를 삶으로 실천해 가는 존경스러운 분들이 많이 있다는 것을 자랑스럽게 여기지만, 이 선언문을 미처 이해하지 못한 분들에게는 하나의 가이드가 되었으면 하는 간절한 소망이 있다.

목회자의 복음적 책무와 자정(自淨)을 위한 선언문
2009년 5월 14일 한국교회언론회

교회는 사회 속에 있으며, 우주적 교회는 사회를 품고 있다. 그러므로 교회의 사회적 책임은 막중하다고 하겠다. 현재 우리 사회는 희망을 찾고 있으며 그 참된 희망은 종교적 가치에서 나온다고 확신한다.

한국교회는 지난 십 수 년간 이 같은 교회의 본질적 의무와 사회적인 요청에 부응하지 못한 점이 있음을 인정한다. 교회사적인 고찰은 목회자의 문제는 곧 교회의 문제로 귀결되므로, 현재 교회 문제는 목회자의 문제로 인식한다. 그러므로 목회자는 복음적 무한대의 책임에서 회피하거나 변명하지 않으려고 한다.

'개혁교회는 항상 개혁되어져야 한다' 는 종교개혁의 정신을 따라서, 성경정신으로 돌아가고자 하는 통렬한 자기반성과 아울러, 하나님께로 향한 회개의 심정으로, 이 시대에 우리에게 주신 목회자의 사명을 새롭게 하며, 동시에 온전하지 못한 일들은 과감하게 개혁해 나갈 것을 천명한다. 또 이 목회자 자정선언은 한국의 모든 교회 목회자들이 받아들이고, 따르며, 지켜나가기를 간절히 바란다.

1. 복음적 가치에 충실하지 못한 것을 회개한다.

사도들이 전해준, 예수 그리스도의 십자가에서 피흘려 죽으심으로 이루신 구원의 복음을 전파하며, 종교개혁자들이 순교로써 이룩한 개혁주의의 전통을 이어갈 것을 천명한다. 이 복음 위에 세워진 교회는 영혼을 살리는 병원이며, 하나님을 배우는 학교이다. 그런데 복음의 가치보다 세속적 성공에 치중하지는 않았는지, 더 높은 차원의 도덕적 윤리적 삶을 지향했는지, 형제를 사랑하고 이웃을 돌아보는 일에 최선을 다했는지에 대하여 깊은 자기 성찰을 하며, 뼈아픈 회개를 통하여, 앞으로 복음적 가치에 따라 충실하게 살고자 다짐한다.

2. 교회가 분열과 대립으로 서로 사랑하지 못했음을 반성한다.

예수 그리스도의 피흘려 세우신 교회는 사람들의 교회가 아니라 주님의 교회임을 고백한다. 한국교회가 지난 60여 년 간 반목(反目)과 질시(嫉視), 인간적 욕심과 비 신앙적 결정으로 인하여, 교단들이 쪼개지고 분열된 것에 대하여 회개하며, 원수까지도 사랑하라신 예수님의 말씀을 순종하며, 성령의 하나 되게 하신 것을 힘써 지켜, 세상을 향하여 화합의 본보기가 될 것을 다짐한다.

3. 교회가 성장 지상주의에 사로잡혀 교회 간 양극화를 초래한 일은 바로잡아야 할 과제로 인식한다.

한국교회는 지난날 하나님의 크신 은혜로 큰 부흥과 성장을 가져왔지만, 이것이 자본주의적 경제 논리에 의해, 대형화에 성공한 자만이 인정받는 사회적 현상과 맞물려, '성장 지상주의'에 몰입했음을 인정하며, 결과적으로 복음의 본질에서 벗어나 대 · 소형 교회 간 위화감과 양극화에 의한 갈등현상은 바로잡아야 할 과제로 인식한다.

4. 목회자들의 도덕적 해이를 반성하며, 보다 높은 수준의 도덕성을 견지할 것이다.

"목회자의 영혼은 아침 햇살처럼 맑아야 한다" 는 어거스틴(Aug-ustinus)의 진언은 오늘도 목회자들이 지켜가야 할 영혼의 현주소여야 한다고 믿는다. 목회자가 세속적 가치에 오염되어 재리(財利)와 명예를 탐하고, 말과 행동으로 본을 보이지 못하여, 세상으로부터 비난받았던 일들을 한없이 부끄럽게 여기며, 언행일치의 삶, 헛된 명예를 배설물로 여기는 무욕(無慾)과 높은 윤리적 삶을 실천해 나갈 것을 결심한다.

5. 세상의 학위와 명예보다 영성의 권위자가 되기 위해 더욱
힘쓸 것이다.

지난 수년간 가짜 박사 학위 문제에 목회자가 연루된 것은 어떠한 변명으로도 정당화 될 수없는 수치스러운 일이다. 그러므로 정직한 자기 노력에 대한 학문의 업적 외에는 욕심내지 아니하며, 명예와 공명심(功名心)을 앞세우기 보다는 성경적이고, 영적인 일에 더 전문가가 될 것을 다짐한다. 그리하여 예수 그리스도를 닮은 참된 목회자상을 추구할 것이다.

6. 개인의 경건성과 사회적으로 건강한 영향력을 끼치는데
노력한다.

기도와 말씀에 전무하며, 개인적 경건의 삶에 주력하며, 성도들에게 생명의 꼴을 먹이는데 양심을 속이지 않을 것이다. 또 분에 넘치는 삶을 지양하고, 검소와 절제된 삶으로 세상에 본을 보이는 삶을 살 것이다.

7. 복음적 바탕위에 깨끗한 교회의 정치를 이루어 나갈 것이다.

교회의 주인은 하나님이시다. 그런데 세상의 정치 방법을 교회로 끌어들여, 부정과 탈법을 관행적으로 여겨 용납한 교회 정치를 부

끄럽게 생각하며, 이것이 교회의 권위와 목회자의 신뢰를 추락시키
는데 가장 나쁜 영향을 미쳐 왔음을 자각하여, 교회 정치를 성경적
실천으로서 쇄신하여, 진정한 교회의 발전과 부흥을 위한 일에 힘
쓸 것이다.

8. 교회가 사회의 빛과 소금이 되는 사명에 힘쓸 것이다.

교회는 세상의 어둠을 밝히는 등불과 같고, 소금처럼 부패하는
곳에 방부제와 같아서 세상을 새롭게 하며, 사람들의 삶에 행복을
가져다주는 존재가 되어야 함을 자각한다. 그러나 맛 잃은 소금은
버려지고, 불 꺼진 등은 등경위에서 치우시는 하나님을 두려워하
며, 오히려 교회의 대 사회적 사명에 헌신과 충성을 다하려 한다.
또한 하나님이 주신 문화명령을 이루어 가되, 자연과 환경을 아름
답게 보존하며, 모두가 행복하게 살아가는 문화를 이루어가는 일에
함께 노력할 것이다.

한국교회 목회자들은 지난날 교회가 행한 국가와 민족을 위한 수
고에 대하여는 잊으려 한다. 지난날의 자랑이 오늘의 부끄러운 일
들에 대한 면죄부가 되지 못하기 때문이다. 오직 위에서 부르신 부
름의 상을 위하여 부단없이 달려가는 신앙인으로서 그 사명에 충실
하고자 한다. 우리는 예수 그리스도의 거룩하신 교회가 세상의 희
망임을 잊지 않는다. 목사가 가는 곳에 교회가 가고, 교회가 있는

곳에 행복한 지역 사회가 이루어져 가는 꿈을 소망한다. 이제 성령의 인도하심을 따라, 한국교회 목회자들이 제2의 종교개혁을 이룬다는 굳건한 의지로, 주님의 교회를 세워 가는데 힘쓰며, 이 땅에 복음적 가치를 실현시켜나가는 사명에 목숨 다하는 헌신을 엄숙히 다짐한다.

21. 조선그리스도교연맹
강영섭 위원장을 만나다

우리나라와 일본과의 관계를 일컫는 말 중에 "가까고도 먼 나라"라는 말이 있다. 지리적으로는 가깝지만 정서적으로, 마음으로는 멀다는 뜻이다. 그런데 북한과 남한, 북한과 우리나라와의 관계는 참으로 난해한 면이 있다. 혈통적으로 동일한 민족인데, 관계는 어떤 원수의 나라보다도 더 원수 같으니, 가깝고도 먼 나라는 일본뿐만이 아닌 것 같다. 그러므로 북한과의 문제는 마음의 병처럼 늘 고통스러운 것으로 그 해결은 우리 민족에게 있어서 가장 중요하고 시급한 것이라고 생각한다.

북한의 실상은 이제 비밀이 아니다. 주민들의 그 고통은 세계가 다 아는 사실이다. 그동안 북한문제에 대하여 이해나 접근은 다분히 정치적이거나, 경제적인 것이 주를 이루었다. 순수한 인간애, 동포애의 접근은 종교인들이 담당했다. 종교계, 특별히 기독교인들은 주님의 말씀을 북한에 전해서 한 영혼이라도 구원해 보려는 선교적 열심이 대단했다. 한국교회언론회에서 추산한 바로는 1997년부터 10년간 북한을 도운 비용이 약 3,000 억 원에 이르는 것으로 집계하고 있다. 북한은 남한 교회가 선교적 목적과 함께 동족애로서 북한을 돕는 것을 경제적으로 더 많은 이익과 연결하려고 했다.

북한은 외형적으로 종교의 자유가 있는 것처럼 보이고, 목사도 있는 것처럼 보이려고 조선그리스도교연맹(이하 조그련)이라는 단체를 내세우고 있다. 그 단체의 위원장은 강영섭이다. 강영섭은 강양욱의 아들이니 김일성과는 외척관계인 것이다. 강양욱은 평양신학교를 졸업한 장로교 목사로서 조만식 장로가 창립한 조선민주당 상무위원과, 후에 조선기독교연맹중앙위원장과 북한의 국가 부주석을 지낸 인물이다. 강양욱과 김일성가(家)의 관계는 김일성의 어머니가 강돈욱의 딸로 알려져 있다. 김일성의 어머니의 이름은 강반석인데, 반석이라는 이름은 당시로서는 극히 이례적 이름이다. 평양 창덕학교 교장이었던 강돈욱의 딸로 태어나서 기독교 신자인 강돈욱이 딸의 이름을 반석이라고 지어 주었다는 설과, 선교사가 신앙생활과 전도에 열심이었던 강돈욱의 딸에게 반석이라는 별칭을 붙여주었다는 설이 있다. 그런데 강양욱은 강돈욱과 형제라는 설도 있다. 이로보건데 강양욱은 김일성의 어머니인 강반석의 외삼촌이 되는 것이다. 세월이 지나서 강양욱의 아들 강영섭이 활동하는 현재도 분명 강영섭은 로열 패밀리군에 속하다고 보아야 한다.

강영섭은 목사라고 한다. 그는 그동안 한국기독교총연합회(이하 한기총) 외의 단체를 통하여 북한에 재정적 물적 지원을 받아왔으나, 한국교회에서 가장 큰 기관인 한기총과의 관계를 맺기를 원했다. 한기총이 한국교계에서 가장 큰 기관인 것을 알고는 당시까지 한국교계에서 지원받은 것 보다 더 많은 지원을 받아내려는 의도였던 것 같다. 어떤 경로로 한기총과 회담하기를 요구해왔다. 당시 한기총은 총무인 박영률 목사가 한기총을 활발하게 이끌어가고 있었다. 그분이 한기총과 북한 조그련과의 회담에서 대표 4인을 이끌고 북경에 갈 때에 필자를 일원으로 선택해 주었다.

북경 르단호텔에서 강영섭(이하 강위원장)과의 만남은 이상한 부분이 있었다. 먼저 위에서 언급한대로 강위원장은 로열 패밀리에 속한다고 보았는데 초라한 모습에 놀랐고, 회담 분위기에 의아해 했다. 동석한 북한 대표들 3인은 한 마디의 발언도 없었다. 그러나 양측의 회담은 강위원장이 주도하려고 했다. 회담도 하나의 작전이고 전술로 이해하는 것 같았다. 예상대로 한국교회에 재정적인 도움을 요구하였다. 그런데 회담 중에 항상 민족과 통일을 내세우고 우리 민족끼리를 내세우고 있었다. 상투적인 용어를 소개하면, "우리 민족끼리 잘 해봅시다" 였다.

우리 일행이 북경에 도착하기 전, 불과 2 주간 전에도 탈북자들을 검거해서 북한으로 끌고 가면서 짐승처럼 대우했다는 소문이 파다했고, 북한 지하교회를 박해하는 사람들이 우리 앞에서는 천연덕스럽게 한국교회를 향하여 민족이니, 통일이니, 우리민족끼리니 하는 말에 마음이 많이 상했다.

그래서 필자가 강위원장의 발언에 제동을 걸었다. "강위원장님 말씀하신대로 민족과 통일 등의 민족적 상위 개념이 중요합니다. 인정합니다. 그런데 한 가지 말씀드리자면, 남한 기독교는 그 같은 상위개념도 중요하지만, 신앙의 자유, 인권 등의 문제를 민족이나 통일 못지않게 중요하게 생각합니다. 남한 교회는 북한을 도울 용의도 있고, 능력도 충분합니다. 그러므로 신앙의 자유나 인권 등의 내용이 조금이라도 진전된 모습을 보여 주십시오. 그러면 우리가 돌아가서 한국교회를 설득하여 북한을 힘써 돕도록 하겠습니다” 라는 필자의 이 말에 놀라기는 강위원장만이 아닌 것 같았다. 함께 참석했던 한기총 인사들도 마찬가지였다고 했다. 순간 강위원장의 얼굴빛이 달라졌다. 회담 순위기가 어색해졌다. 그러나 회담은 예정된 시간을 넘겼고 강위원장 일행은 다른 중요한 일정이 있다며 양해를 구하고 먼저 자리를 떴다.

우리 일행은 잠시 남아서 회담결과에 대한 이야기를 하면서, 필자의 미련한 용기에 대하여 이야기를 했다. 일행 중에 한 인사는 말하기를, 지금까지 한국교계 지도자들이 수차례에 걸쳐서 강위원장과의 회담과 대담이 있었지만, 한 번도 필자와 같이 강위원장에게 북한주민들의 신앙의 자유, 인권 등을 언급한 적이 없었는데 정말 대단하다며 엄지손가락을 들어 보였다. 그러나 필자의 무모한 용기는, ‘우리가 힘써서 북한을 돕는데 무엇 때문에 눈치보고 할 말을 못해야 하는가? 지금도 수많은 북한 기독교인들이 고통을 당하고 죽어 가는데 어떻게 이 자리에서 저렇게 천연덕스럽게 말하고 있는가?’ 라고 생각하니 의분(義憤)이 솟아났기 때문이었다.

그런데 그 필자의 발언은 강위원장에게 오랫동안 부담이 되었던 것 같다. 그 후 1년이 지난 후에 일본에서 한국교계지도자들과 북한 강위원장과의 회담이 있었다. 이때에 한기총 총무인 박영률 목사가 참석했는데 강위원장이 발언하기를 “지금 여기는 없는데, 전에 한기총 대표 중 한 분이 우리 북조선에 신앙의 자유가 없다고 했는데, 우리 북조선 신앙의 자유 있습네다”라고 발언하더라는 것이다.

당시나 지금도 북한의 조그련은 한국의 목사들을 ‘돈 조달창구’로 생각하는 것 같다. 남한의 유명세를 타던 목사님들, 경쟁적으로 달러를 싸들고 북한에 가서 사진 찍고 돌아와서 무슨 큰 선교나 한 것처럼 선전하던 지난날의 일들은 부끄러운 행보가 아니었을런지. 북한이 언제나 변할 것인지. 참으로 오늘도 눈물 나는 땅을 바라보면서 기도한다.

22. 북한 민주화를 위한 Forum 참관기

지난 2004년 3월 10일부터 3월 11일까지 미국의 수도 워싱턴에서 열린 북한 민주화를 위한 국제 포럼은 미국에 사는 한국인들 뿐만이 아니라 미국 정가에서도 관심을 끌기에 충분했다.

먼저 장소가 워싱턴이고 그것도 10일은 하원의원회관이고 11일에는 상원의원회관이었다.

더 중요한 것은 출연 인물들이었다. 포럼의 발제자는 미 연방국회의원으로는 하원의원 프랭크 울프(Frank Wolf), 에드워드 로이스(Edward Royce) 그리고 상원의원으로는 샘 브라운 백(Sam Brown Back)이 나왔으며 미국 자유종교위원회(미 대통령 직속기관)위원장 마이클 영(Micheal Young)이 나왔다. 해리티지 재단의 동북아시아 정책 분석관인 한국인 2세 황영경(Balbina Hwang)씨와 허드슨 연구소 수석연구원인 마이클 호로비츠(Micheal Horowi-tz)와 디펜스 포럼의 대표 수잔 숄티(Suzanne Scholte)와 랜토스 연방 하원의원의 부인 애내트 랜토스(Annette Lentos)가 나왔다. 포럼의 주요 포커스는 북한 인권상황과 그 해결 방법을 구하는 것이었다. 북한의 인권상황 보고는 가히 충격적인 것이었다. 그것은 우리가 막연히 알고 있는 '고통' 이나 '핍박' 정도가 아니라 그야말로 사느냐? 죽느냐? 의 문제였다.

제1발제자로 나온 해리티지 재단의 동북아시아 정세분석관인 황영경은 북한 민주화를 위한 민간단체의 역할을 강조하면서 북한의 인권은 북한의 핵문제보다 더 위험하다고 했다.

북한 인권상황은 탈레반이 지배하던 아프가니스탄보다 더 심하며 세계에서 비인권적인 국가중에서 제1로 꼽는다고 했다. 북한의 상황은 인육을 먹기까지 하며 영양실조는 성장기에 어린이들이 거의 성장하지 않는다고 했다.

북한 정권이 위험한 이유는 1) 선군정치(先軍政治) 2) 핵폭탄 3) 미사일 4) 테러리즘 5)남한을 적으로 가르침 6) 인권 무시 7) 마약, 인신매매, 위조지폐 8) 남한과 미국을 악으로 가르침 등이었다.

지난 DJ정권의 햇볕정책(sunshine policy)은 북한의 인권을 애써 외면했다고 했으며, 당시 노무현 정권도 다르지 않다고 했다.

남한 정부가 북한의 인권문제를 제기하지 않으니까 북한이 좋아한다고 했다. 그는 강조하기를 남한이 알아야 하는 것은 "북한이 얼마나 비참한가하는 것이다"라고 했다.

북한의 굶주림과 비극의 전적인 책임은 북한에 있지만 남한이 북한을 형제라고 말하면서 인권에 대해서 침묵하는 것이 큰 문제라고 했다. 북한의 김정일은 식량 배급을 조절함으로 북한 주민을 다스린다고 했다. 줄 수도 있고 굶주려 죽게도 한다는 것이다. 거듭 강조하는 것은 북한의 인권은 핵보다 더 위험하다, 즉 더 많은 사람을 죽게 한다는 것이다. 이 문제에 대해서 한국 정부는 침묵하지 말아야 한다고 거듭 거듭 강조했다.

납북자 문제만 해도 그렇다 일본은 피납자가 13명인데 얼마나 강하게 북한을 압박했는데 한국은 납북자가 100,000명이 넘는데도 왜 말하지 않는가?.

미국보다 한국이 먼저 그리고 강하게 제기해야 한다고 강조했다.

제2발제자로 나온 장윤옥 교수는 탈북자 문제 보고를 하면서 울음을 참지 못했다. 탈북자는 중국 땅에서 짐승처럼 살든지(그것도 언제 북한으로 끌러갈지 두려운 날들을 보내면서) 아니면 다시 북한으로 끌려가서 수용소에서 비참하게 죽어가든지 둘 중에 하나라고 했다. 탈북자 중에 여성은 더욱 비참하다고 했다. 탈북여성의 70%-90%는 중국인과 북한 군인들의 성적노리개가 되고 있다는 충격적인 보고를 했다.

울프 의원은 북한 정권은 언젠가는 몰락한다고 했다. 성경에 인권을 박해하는 자는 망한다고 하지 않았느냐. 그 이유는 인권을 박해하고 탄압하는 악마의 정권이기 때문이라고 했다. 홀로코스트의 나치정권이 몰락하지 않았느냐고 했다. 자기가 알고 있는 한 북한에서는 최근 몇 년 동안에 300만 명 이상이 굶주림과 박해로 죽었다고 했다.

로이스 의원은 북한은 김정일에게 충성하는 사람들에게만 식량을 제공한다고 했다. 그러므로 미국이나 한국 그리고 유엔에서 지원하는 식량은 일반 국민들에게 돌아가기 어렵다고 했다. 그들이 먼저 먹고, 다음으로 군인들이 먹으며 그들이 먹고 남은 것은 암시장에 내다 판다고 했다. 자기가 가지고 있는 정보로는 최소한 200

만 명 이상이 굶어죽었다고 했다.

김정일은 자신의 거짓이 드러날까 두려워서 외부와 주민을 철저히 차단하고 있다고 했다. 그것을 깨기 위해서 무엇인가 준비하고 있다고 했다.

호로비츠는 2004년 4월 28일을 북한 자유의 날로 정해서 북한 자유를 선언할 것이라고 했다. "북한 인권에 침묵하는 것은 큰 범죄행위다"라고 했다. 한국도 미국처럼 북한 인권에 대해서 압력을 행사해야 한다고 했다.

마이클 영은 북한의 인권은 세계에서 가장 나쁜 인권국가 중에서 하나이거나 아니면 가장 나쁘고 악질적인 국가(Worst Country)이다. 인권문제가 핵문제에 가리워졌는데 이제는 함께 가야 한다. 열쇠는 한국이다. 한국이 어떻게든 해야 한다고 했다.

애내트 여사는 자기가 나찌하의 홀로코스트에서 살아나온 사람이므로 북한의 인권은 더욱 몸서리 쳐진다고 했다. 북한의 비밀경찰에 의해서 어느 목사님이 혀를 철사에 꿰어 끌러가서 처형된 것을 알고는 몸서리를 쳤다고 했다. 그리고 탈북자도 문제이지만 북한에 있는 사람들도 죽어가는 것을 알아야 한다고 했다.

샘 브라운 백 의원은 '북한 자유 법안'을 국회에 상정해놓고 있다. 시작도 기도요 마침도 기도이니 기도해 달라고 했다. 북한 자유 법안은 매우 중요하다. 북한을 구하는 길이라고 생각한다. 자유법안의 내용은 죽음에 내 던져진 탈북자들, 중국과 북한비밀경찰의 인간 사냥감이 된 그들, 한국정부도 외면하고 있는 그들에게 미국이 미국 시민권을 주어서 미국으로 데려오는 것이며, 북한의 원조(지금까지 한국의 10배 이상을 지원해 왔던)를 인권상황과 연계 시킨다는 것이다. 그는 말하기를 북한에 식량과 함께 복음을 보내야 한다고 했다. 그는 시간이 되었다고 했다. 그 시간이라는 것은 성경에 50년이 되면 희년이 되어 노예를 해방하는 것인데 북한은 이미 50년 이상 고통당하고 있지 않는가?

수잔은 북한에서 기독교인들이 살아남는다는 것은 더욱 더욱 어렵다고 했다. 북한의 인권은 핵보다 더 두려운 일이다. 김정일이 주민을 다스리는 방법은 1)정치범 수용소 2)정보차단 3)식량배급이라고 했다. 북한을 위해서 한국교회의 기도를 부탁했다. 북한의 문제는 영적 싸움이라고 했다. 그리고 수많은 사람들의 눈물의 기도를 하나님께서 반드시 들으신다고도 했다.

탈북자 이순옥 여사와 그 아들은 기독교인들이 갇혀 있는 수용소에 대한 증언을 했는데 그들은 신앙을 지키다가 육신이 괴물처럼 되어서 죽어간다고 했다. 왜 무엇이 두려워서 북한의 인권을 말하지 못하는가 라며 눈물로써 증언했다. 하나님께서는 눈물과 피로써 절규하는 사람들의 기도에 응답하실 것이라고 믿는다고 했다.

필자가 충격적인 포럼을 참관하고 결론적으로 말하고 싶은 것은 북한의 인권은 비참하게 죽어가는 사람들의 절규를 듣고서 '우리는 어떻게 해야 할 것인가' 의 문제이다. 우리는 같은 동족으로써 지구상에서 다시없을 이 비극을 외면해서는 안 될 것이다. 우리 정부가 적극 나서도록 해야 하며 교회와 사회가 모두 나서서 국제 사회와 함께 죽어가는 저들을 구해내야 할 것이다.

하나님께서 말씀하신 하나님 사랑과 이웃사랑은 입으로만 외우는 것이 아니라 몸으로 말해야 하며 에스겔 선지자가 말한 대로 사람들을 죽음의 길에서 돌이키게 하는 일이기 때문이다.

23. 축구응원단 '붉은 악마' 개명운동을 돌아보며

사람의 이름은 신중하게 짓는다. 대한민국 국가대표 축구응원단의 이름은 개인의 이름보다 더 신중해야 했다. 그것은 국가적 이미지와 연관이 있기 때문이다.

축구응원단의 명칭이 '붉은 악마'라고 한 것은 당시까지 응원문화가 없을 때에 그 이름을 선점하여 사용한 사람들이 있었기 때문이다. 악마는 애칭이라고 해도, 그것으로 그치지 않고, 이름에 의미를 부여하기를 치우천황의 부활이니, 악마의 기운으로 승리한다느니 하면서 역사적으로나 국제적으로 부정적인 이미지 부각을 오히려 즐기고 있는 현실이었다.

대부분의 국민들과 기독교인들은 응원단의 이름을 바꾸어야 한다는 인식이 있었으나, 붉은 색과 열광적 응원열기에 묻혀서 명칭 개명에 대한 주장은 마이동풍(馬耳東風) 격이었다. 그도 그럴 것이 약삭빠른 기업들은 붉은악마 응원단에 막대한 재정적 지원을 하면서 기업홍보에 큰 이익을 보려고 경쟁하는 가운데 재정적 힘까지 보태졌으니 당연한 것일 수 있었다.

응원단 이름을 바꾸어야 한다는 주장은 계란으로 바위를 치는 격이었다. 그러나 붉은악마 응원단 명칭은 반드시 바꿀 수 있으며, 바꿔야 한다는 확신을 가지고 온 힘을 다한 시대의 일꾼들이 있었다. 붉은 악마 응원단 명칭이 왜 안 되는지에 관한 홍보 책자를 개인이 자비를 들여서 만들고, 수년간 싸워온 귀한 분은 하나님만 아시면 된다는 분인데 이름을 밝힐 수는 없음을 양해 구한다.

이 내용은 붉은 악마 이름을 바꾸어야 한다는 포럼과 공청회의 내용이다. 그런데 기독교계의 옳은 주장에 대하여도, 기독교 일부 인사들은 문화현상인데 왜 그러느냐며 자기 인기성 발언이나 하며 내부에서 힘을 빼는 한심스러운 인사들도 있었다. 사실 내심으로는 붉은 악마 응원단이 백년은 가리라는 두려움도 있었다. 그러나 하나님의 역사는 이때에도 이루어졌다고 믿는다.

한국축구 국가대표팀 응원단의 명칭, '붉은 악마' 가 공식적으로 해체되었으니 말이다. 그 이면의 이야기는 참으로 드라마와 같다고 할 수 있다. 그것은 주일학교 교사와 주일학교 어린이의 신앙적 만남이 결정적 도화선이 되었다.

그동안 기독교를 폄훼하고 비방하는 방송을 일삼던 MBC의 어느 PD가 주일학교 다니는 자녀의 말을 듣고 충격을 받아서 붉은 악마의 문제성을 깨닫고 방송을 만들어서 붉은악마를 깨치는 일에 사용되었으니 하나님께서는 나귀의 턱뼈로도 가장 강한 무기가 되게 하시는 역사를 보게 한 것이다. 하나님의 하시는 일은 이렇게 놀라울 수밖에 없다. 그동안 수많은 교계 지도자들과 성도들의 기도가 있었다는 사실도 또한 중요한 것이다.

붉은 악마 응원단 명칭 바꿔야 한다

2005년 12월 12일 미래한국신문

　지난 수년 간 '붉은 악마' 응원단이 한국 축구 응원문화를 이끌어 온 것을 부정하는 사람은 드물다. 응원하는 관중을 '12번째 선수'라고 한다. 그래서 온 국민들이 함께 하는 축구에서 응원단의 이름도 국민들이 거부감 없이 받아들일 수 있는 이름이어야 한다. 대부분의 국민들은 축구 응원은 좋으나 응원단의 명칭이 반드시 '붉은 악마' 여야 한다고 생각하지는 않는다.

　붉은 악마 응원단은 이름에 반대하는 이들을 향해 '레드 컴플렉스'(red complex)를 지니고 있는 사람들이라고 말하기도 한다. 우리 국민들은 이념갈등을 겪던 시절에 붉은색에 대한 고정관념을 가지고 있었던 것도 사실이다. 그러나 문제는 색깔이 아니라 왜 악마를 고집하느냐는 것이다.

　악마를 좋아하는 이들이 누군가? 많은 이름을 두고서 하필이면 왜 악마라는 이름으로만 응원해야 하는가 라는 물음에 답해야 한다.

　축구 응원단을 붉은 악마라고 명명한 유래는 1983년 멕시코 세계 청소년 축구대회라고 알려져 있다. 한국 대표팀이 4강에 오르자 외국 언론들은 붉은 유니폼을 입고 세계강호들을 연파하는 모습을 보고 레드 퓨어리스(red furies, 붉은 복수의 여신)라고 보도했다. 그 후에 이 단어가 국내에 ‘붉은 악마’로 번역되었으며 1995년 12월에 축구 국가대표팀 서포터즈 클럽이 결성되면서 ‘붉은 악마’라는 이름을 그대로 채택했다.

그 과정에서 레드 퓨어리스(red furies)의 영어 표기를 레드데블(red devils)로 바꾸게 되었다. ‘붉은 악마’라는 명칭은 조직적인 응원문화가 없는 시절에 선점(先占)한 이름인데 이제라도 개명 요구하는 국민들의 주장을 외면해서는 안 된다고 본다.

문화 사회학적으로 보아도 악마에 대한 동서양의 의미부여가 다르지 않다. 동양의 불교는 악마를 지옥을 지키는 사악한 악신으로 이해한다. 기독교 신앙적으로도 악마는 용납될 수 없는 이름이다.

기독교인들은 붉은 악마 응원단의 증후군(syndrome)을 단순히 문화적 현상이 아니라 영적 현상으로 본다.

한 예를 든다면 2002년 월드컵 때 한국대표팀의 경기가 있던 날 붉은 악마 응원단이 등장했을 때 전국의 수많은 무속인들이 그 자리를 찾았는데, 이는 응원의 열기가 있는 현장에서 유사 이래 최고의 영적인 기운을 느끼게 되었고 그 기운을 받으려 했다는 것이다.

또한 공공장소에 단군상을 설치해서 사회적으로 물의를 일으킨 이승헌이라는 사람은 붉은 악마의 등장을 “치우천황의 신명의 재림이다”, “악마의 모습을 한 천사 같은 치우천황, 그래서 악마 속에 천사가 있고 천사속에 악마가 있음을 알 수 있다”고 하면서 단순히 문화적 현상이 아님을 기고한 바 있다.

붉은 악마를 친구로 하고 즐기던 사회현상은 점술문화(占術文

化), 미신 문화, 악마 찬양이 유행하고, 도덕적 타락과 생명 경시 풍
조가 이 땅에 만연(漫然)되게 하였다고 진단된다. 2002년 월드컵이
끝난 다음해인 2003년 이후 한국은 경제협력개발기구(OECD) 30
개 회원국 중에서 가장 높은 자살률을 기록하고 있다. 인구 10만 명
당 23.3명의 자살률은 일본(18.7명) 헝가리(22.6명)를 제치고 수위
를 차지했다. 이혼율은 미국 다음으로 높게 나타나고 있다.

의식 있는 사람들은 이 같은 사회현상을 심각하게 우려하고 있으
며 이 같은 일들은 사탄의 속임수에 의해 일부 부도덕한 기업의 상
업적 목적과 전 · 현직 최고 정치지도자들의 정치적 목적이 젊은이
들의 순수한 열정과 국민들의 애국적 정서를 등에 업고 만들어낸
기형적 문화현상이라고 진단한다.

그렇지 않아도 참여 정부 들어와서 과거 어느 때보다 사회적 갈
등이 심화되었으며 이념적으로 남남갈등(南南葛藤)이 증폭되고 있
다. 붉은 악마 응원단이 만들어낸 "꿈은 이루어진다"는 뜻이 무엇
이냐고 묻는 이들도 있다. 한국 축구 결승 진출의 꿈이냐 혹은 온
세상이 모두 붉게 물드는 것이냐며 이념적 의문을 제기하는 이들도
있는 현실임을 직시해야 한다.

이름은 의미를 담고 있다. 한 개인의 이름도 신중하게 여러 가지
를 고려하여 짓는다. 하물며 국제적으로 알려지고 있는 축구 응원
단의 이름은 더욱 그렇다고 본다.

축구 응원단 명칭으로 인한 사회적 갈등 증폭은 일부의 사람들
외에는 바라지 않을 것이다. 사회적 통합과 갈등 치유 측면에서도

이름은 개명(改名)되어야 한다.

붉은 악마 응원단의 명칭을 문화현상이니 그냥 두자는 의견도 없지는 않았으나 문화는 시대정신(zeitgeist)의 반영인바 잘못된 문화는 바른 문화로 바꾸어가야만 한다.

우리는 복되고 자랑스러운 문화를 후손들에게 남겨야 할 사명이 있다. 악마의 문화와 이름을 후손들에게 물려줄 수는 없는 것이 아닌가? 1,000만 명의 그리스도인들은 하나님의 영광된 날들과 사랑하는 조국의 미래를 위해서도 이 일에 침묵할 수 없으며, 이 시점에서 온 국민은 현명한 결정을 내려야 할 것이다.

24. 외치지 못한 설교

지난 2008년 6월 10일 시청앞 촛불집회는 시위 주관자들의 입장에서는 하이라이트였다. 그동안 폭발적인 참가인원에다가, 6월 10일은 6.10 항쟁의 기념일이기도 했다. 그런데 보수주의 진영에서는 이 날 시청 앞에서 카운터(counter) 성격이 짙은 집회를 구상하고 있었다. 재향군인회에서 한국교회와 함께 오후 6시에 시청 앞 집회는 보수단체가 이번에도 한국교회에게 인원 동원의 덕을 보려는 심산이었던 같다. 언제나 그렇듯이 교회의 이름으로 모이는 곳에는 기도와 설교가 빠질 수 없다. 어쩌면 설교가 더 중요하다. 그런데 설교 임무가 필자에게 주어졌다. 화려하고 이름나는 자리라면 어림도 없을 일이지만, 이곳에 나아가서 설교했다가는 그날로 안티들과 촛불 시위자들에게 비난의 폭격을 맞을 것이 뻔하기 때문에 지혜로운 분들은 고사(固辭) 했던 것이다.

현장에 도착한 시간은 오후 5시인데도 시청앞은 그날 저녁 민노총을 비롯한 현정부에 대하여 불만을 가진 모든 세력들이 모여서 '쥐 잡는 날'로 정했으니, 그 분위기가 어떠했는지는 짐작하고도 남음이 있을 것이다. 그런데 기독교계 몇몇 기자들이 필자에게 다가와서 하는 말이 "목사님을 위해서입니다. 설교하시면 큰일 날 것 같습니다. 목사님이 이곳에 나타난 것만도 뉴스거리입니다"라며 설교하지 말 것을 부탁했다. 그러면 설교문을 미리 주겠다고 했다. 그러나 기자들은 물러서지 않고 하는 말이 "저희들은 매일 저녁 이곳에 와서 이곳 분위기를 잘 압니다. 이곳은 반대 세력들에게는 폭력도 행사할 수 있는 환경입니다." 라며 필자를 보호하기 위한 진정성이 있는 말로 설교를 만류했다. 목사가 하나님의 말씀 증거를 요청받았을 때에 거절하는 것은 주의 종 답지 못하다. 그래서 설교 제의를 받았을 때는 잠시 머뭇거렸으나 승낙했고, 시간이 되면 설교하려고 했다.

그런데 일몰 시각이 다가오고 촛불시위 군중들은 바다 물결처럼 몰려오는데, 집회에 참여한 용기 있는 크리스천들은 큰 바다에 외로운 섬과 같았다. 집회 진행이 늦어지는 가운데, 경찰 치안책임자가 말하기를, 이제 이후로는 시위대의 폭력행위에 대하여 경찰로서는 책임질 수 없는 상황이 올 수 있다며, 불상사를 예방하기 위하여도 집회를 종료해 줄 것을 요구하는 가운데 필자의 설교는 무산되었다. 그래서 이 설교는 외치지 못한 말씀이 되고 말았다.

모세의 중보기도

(출애굽기32:11-14)

저는 지방도시에서 목회하는 보잘 것 없는 무명의 목사입니다.

우리나라에는 훌륭한 목사님들이 많습니다. 그런데 왜 제가 오늘 설교를 해야 하는지의 답은 하나님께 있다고 믿습니다.

여러분들께서도 왜 오늘 이 자리에 있어야 하는가의 답도 우리 하나님께 있다고 믿습니다. 저를 이곳에 오도록 부르신 분은 하나님이신 것처럼 여러분을 이곳으로 부르신 분은 우리 하나님이시라고 믿습니다.

인류의 생사화복과 국가의 흥망성쇠를 임의로 주관하시는 우리 하나님의 섭리하심과 은총이 사랑하는 조국위에 충만케 되기를 원합니다. 서울 시청 앞, 이 광장에서는, 사람들이 일컫는 바대로 좌와 우의 대립, 또는 보수와 진보와의 대립이 있어왔습니다. 그런데 이제부터 국가를 위하고 시민을 위한 아름다운 명소로 만들어 가야 합니다.

여러분들의 국가를 사랑하고 염려하는 수고를 세상이 알기를 원합니다. 여러분은 애국자이십니다. 그런데 그 이전에 하나님의 백성입니다. 저는 먼저 여러분들께 몇 가지를 확인하고 싶습니다.

이곳 시청 앞 광장에서 분노를 표출하고 함성을 올릴 만큼 시국이 절박하다고 여기십니까? 지금 가고 있는 길이 옳은 길이라고 확신 하십니까? 이곳에서 지금 기도하는 일이 우리의 역사를 바르게 하고, 국가가 바로 서게 하는 역사적 부름이라고 확신하십니까? 여러분이 뜻하는 바가 승리하리라고 확신하십니까? 이 기도회가 하나님이 원하시는 것이라고 확신하십니까?

그렇다면 한 가지 더 묻습니다.

지난 40여 일간 이곳에서 촛불시위에 참가한 사람들은, 국민건강 문제가 염려된 때문이며, 정부가 정치를 바로하고, 국제적 협상에 서는 국가적 이익을 지켜가야 한다는 강한 주문이었습니다. 그러므 로 촛불시위 참가자들은 애국적 마음에서 참가했다는 것을 인정하 시겠습니까? 인정해야 합니다. 그것은 사실이기 때문입니다.

문제는 그들의 그 순수한 마음을 이용하여 자신들의 정치적인 목 적을 이루려는 자들이 있다면 그들은 참으로 사악한 자들입니다. 그러나 절대 다수의 촛불시위 참가자들은, 여기 지금, 이 기도회에 참가하신 여러분들과 같은 애국적 국민의식을 함께 가지고 있다고 인정하셔야 합니다.

생각이 다르다고 해서 서로 반목하고 서로를 적으로 여겨서는 안 될 것입니다. 사랑해야 합니다. 평화해야 합니다.

하나님께서 원하시는 것은 모든 사람들이 평화하는 것입니다. 이 병렬 님의 사망은 슬픈 일입니다. 시위에 가담하였다가 구속된 이 들의 일도 마음 아픈 일이며, 잘 해결되기를 기도해야 합니다.

한국교회언론회에서는 지난 5월 14일 성명하기를, "소고기 협상 잘 되었으니 안심하고 먹으라"는 정부의 발표는 무책임한 것이라고 질책했습니다.

그런가하면, 국민들도 감정적으로 대응하는 것이 문제 해결 방법 이 아니라고 권고했습니다. 폭력은 모두의 적입니다. 건전한 의사 표현의 집회는 마땅히 존중받아야 합니다. 우리 정치역사는 시위문 화가 이루어 왔습니다. 3.1 독립운동부터, 6.10 민주화 운동이 그러했습니다. 그 중심 사상은 비폭력입니다.

마하트마 간디(Mahatma Gandi)가 말한대로 '비폭력(non-violence)은 연약한 자의 무기' 입니다. 이제 비폭력이야 말로 자유시민의 무기여야 합니다. 폭력적 방법은 거부되어야 합니다.

민주시민사회에서의 폭력은 야만입니다. 폭력으로 얻을 것은 비극뿐입니다. 폭력은 더 큰 폭력을 불러옵니다. 폭력은 모든 자유 시민들의 적입니다. 비폭력 시위가 우리의 자랑스런 시위문화 유산이 되도록 해야 합니다.

국가를 위한 기도회에 참가하신 여러분, 여러분들은 하나님을 사랑하며, 국가를 사랑하는 용기 있는 분들입니다. 숨어서 대세에 따르는 기회주의자는 역사를 만들어가지 못합니다.

인류의 올바른 역사는 비겁자에 의해서 만들어졌다는 이야기를 들은 적이 없습니다. 그러나 사람들을 미워한다면, 그 기도는 하나님이 듣지 않으십니다. 죄를 품으면 하나님이 듣지 않는다고 하셨습니다. 미워하는 것도 죄입니다.

우리 국민들은 서로의 생각이 다르다고 해도 서로 사랑해야 합니다. 사람들이 혹시 잘못 알고 있는 것이라면 설득하시고, 연세 드신 분들은 젊은이들이 잘못하면 사랑의 마음으로, 인생의 경륜을 통한 지혜로서 잘 가르쳐 주셔야 합니다.

우리 그리스도인들은 싸움에 능한 사람들이 아닙니다.

우리 주 예수님의 가르침을 따라서 사랑과 평화를 지켜가야 하는 사람들입니다. 진리에 대한 싸움에서는 목숨까지 내어 놓아도 다른 것은 너그러워야 합니다. 그러나 바로 가는 길에서는, 진리를 위한 일에는 언제나 용감하게 앞장서 왔습니다.

우리는 지금까지 나의 주장이 전부 옳고, 너의 생각은 모두 틀리다는 고집으로 대립해 왔습니다. 진보도 건전한 진보여야 합니다. 보수도 건전한 보수여야 옳음을 인정받습니다. 자신들의 주장이라는 범주에 스스로 묶여서는 안 됩니다. 절대적 선은 오직 하나님의 말씀뿐입니다.

진보는 기존의 모든 것을 부정하는 것입니까? 보수는 진보의 주장을 위험한 것으로만 여겨 거부해야만 합니까? 사사건건 의견이 안 맞는다고 서로 대립하는 것 말고, 다른 길은 없습니까?

우리가 극복해야 할 것은 인간을 인간답게 하지 못하는 악의 사상들입니다. 공산주의 사상이 좌라면 그리스도인들은 우측이 맞습니다. 왜 그런가하면 기독교인들은 공산주의를 반대합니다. 그 이유는 공산주의는 하나님을 부인하고 하나님에 대하여 도전하기 때문입니다. 또 한 가지는 하나님의 형상으로 지음 받은, 천하보다 귀한 인간의 생명을 목적으로 대우하지 않고 도구로 여기기 때문입니다. 수를 헤아릴 수 없는 그리스도인들이 저들의 손에 희생되었습니다.

우리 그리스도인들이 공산주의자가 될 수 없는 이유는, 경제운용 체계의 문제보다는, 그같이 하나님께 도전하고, 인간의 생명을 경시하고, 기독교를 말살하려하기 때문입니다.

사실 인류는 1917년부터 70년간, 공산주의 이데올로기가 인간을 행복하게 할 수 없다는 사실을 증명받기까지 너무도 값비싼 비용을 지불했습니다. 프랑스 역사학자들은 공산주의라는 이데올로기로 인하여 지난 세기, 수십 년 간, 약 1억 명이 희생되었다고 밝힌바 있습니다. 공산주의는 인간의 행복이 아니라 불행과 비극, 그리고 저주로 이끌어 간다는 사실을 이제는 부인할 수 없게 되었습니다.

혁명적 사상은 위험합니다. 그 행동은 치명적입니다.

지난 1989년 프랑스에서는 프랑스 혁명 200 주년 기념식에, 당시 소련의 반체제 인사인 솔제니친(Solzenithin)을 초청하여 프랑스 혁명에 대한 연설을 듣고자 했습니다. 그 때에 솔제니친의 입에서 나온 말은 "혁명은 미친 짓 입니다" 였습니다. 혁명으로 인한 피해자 측의 후손들이나, 가해자 측 후손들이나 놀라기는 마찬가지였습니다. 물론 느끼는 감정은 전혀 달랐을 것입니다.

우리는 아직도 급진적 혁명의 방법을 신앙처럼 여기는 자들을 경계해야 합니다. 이데올로기를 절대 진리처럼 떠받드는 것은 어리석은 자들의 일입니다.

절대 진리는 우리 하나님의 말씀 외에는 존재하지 않습니다.

아직도 20세기의 유물인 공산주의 사상을 신봉하는 자들이 있다면 정말 학문적 연구대상입니다. 우리가 알기는 하나님을 대항하여 높아진 권력이나 사상들은 성공한 예가 없다는 사실입니다.

오늘 우리 사회는 매우 혼란스럽습니다. 옳은 말도 듣지 않으려고 합니다. 합리적이고 논리적으로 이해하려 하지 않습니다. 감정적 대립만 난무합니다.

그가 누구든지 자신들에게, 귀에 거슬리는 말을 하면 적입니다.
원수처럼 여깁니다. 나만 옳고 너는 틀렸다고 말합니다.

오늘의 모든 국가적 문제의 책임이 MB에게만 있는 것입니까? 전
에는 한때, YS에게만 있다고 했었습니다. 조금 지난 후에는 DJ가
문제라고 했었습니다. 그리고 불과 수개월 전까지 5년여 동안 국가
의 문제는 MH에게 있다고 했었습니다.

왜 그렇게 했어야 했습니까? 우리가 살아가고 있는 이 땅 위에서
의 모든 문제는, 우리 모두 공동의 책임입니다. 어찌하여 우리나라
대한민국, 착한 국민들의 마음이 이렇게 되었습니까?

이 일을 어떻게 해야 합니까? 우리는 기도하는 사람들입니다. 모
세처럼 하나님께 나아가야 합니다. 모세의 기사를 기록해 주신 하
나님은, 민족의 국난 때에, 위기 때에 모세처럼 기도하면, 하나님께
서 응답하시고 문제를 해결해 주신다는 약속인줄 믿습니다.

결국 문제는 인생들이 만들었습니다. 쇠고기 문제든, 정부에 대
한 문제든, 모두 인생들이 만든 일입니다. 그런데 사람들은 문제를
진지하게 서로 나누고 해답을 찾으려는 자세가 아니라, 네 탓이라
는 원망뿐입니다. 나는 잘못이 없다는 오만에서 오는 변명뿐입니
다. 해결능력이 우리에게는 무망(無望)해 보입니다.

그렇지만 전능하신 하나님께 문제 해결의 열쇠가 있습니다.

모세처럼 "여호와여 어찌하여 그 큰 권능과 강한 손으로 애굽 땅
에서 인도하여 내신 주의 백성에게 진노하시나이까, 어찌하여 애굽
사람으로 이르기를 여호와가 화를 내려 그 백성을 산에서 죽이고

지면에서 진멸하려고 인도하여 내었다 하게 하려 하시나이까 주의 맹렬한 노를 그치시고 뜻을 돌이키시사 주의 백성에게 이 화를 내리지 마옵소서” 라고 기도해야 합니다.

우리는 주의 말씀처럼, 오직 우리는 택하신 족속입니다. 왕 같은 제사장들입니다. 거룩한 나라입니다. 그의 소유된 백성입니다. 그러므로 하나님께 기도할 수 있습니다.

요나처럼 이 풍랑을 만난 것이 나의 연고라고 여겨야 합니다. 우리가 끌어 앉고 기도하며 가야 합니다.

기도하는 백성은 망하지 않습니다. 에스더처럼 “죽으면 죽으리다” 라는 목숨 건 기도가 민족을 살리고 국가를 살립니다.

60년 전인 1948년 5월 31일 오후 2시 첫 국회가 열렸습니다.

“대한민국 독립민주국 제 1차 회의를 열게 된 것을 우리가 하나님께 감사해야 한다”는 당시 이승만 의장의 제의대로 이윤형 의원이 하나님께 기도함으로 우리나라 국회는 시작되었습니다.

“동해물과 백두산이 마르고 닳도록 하나님이 보우하시 우리나라 만세”는 그냥 만들어진 애국가가 아닙니다. 만주의 주이신 하나님께서 우리나라를 사랑하십니다.

이제 한국교회, 이 시대에 희망으로 거듭나야 합니다.제 2의 3.1운동처럼 거룩한 복음운동이 일어나야 합니다. 한국을 살리고, 세계 속에 하나님 나라 건설은 먼저 믿는 그리스도인들의 헌신과 희생위에 건설됩니다. 우리는 무능하여 할 수 없으나 우리의 주님, 주 하나님께서 보내신 성령의 힘을 입을 때에 가능합니다.

이 시대는 분명 위기입니다. 그러나 하나님께서 함께 하시면 위기도 기회가 됩니다. 우리 민족은 수많은 민족적 위기를 잘 극복해 온 위대한 민족입니다.

이제는 기도하는 천 만의 성도가 있습니다. 이곳에서의 외침의 기도가 우리 하나님께 상달될 줄 믿습니다.

2000년 전, 아레오바고 광장에서 사도 바울에게서 생명의 설교를 듣게 되었던 것처럼, 2,400년전, 아테네 광장에서 데모스테네스(Demosthenes)로부터 희망의 연설을 듣게 되었던 것처럼, 1963년 워싱턴 광장에서 마틴 루터 킹(Martin Luther King Jr)목사의 "나에게는 꿈이 있습니다"(I have a Dream)라고 연설을 듣고 감동했던 것처럼, 오늘 서울 시청 앞 광장이 생명과 희망과 꿈의 광장이 되기를 원합니다. 평화와 화합의 새 역사의 기적이 일어나는 광장이 될 줄 믿습니다.

이곳에서의 하나님의 백성의 외침이 하늘에 상달될 줄 믿습니다.

오늘의 이 사나운 바람, 국민적 갈등, 불신, 그리고 국가적 불협화음도 아름다운 교향악으로 바꾸실 수 있는 분이 전능하신 우리 하나님이십니다.

우리 동족애로써 함께 가야 합니다. 믿음의 선각자들이 우리 대한민국을 하나님이 주신 동산이라고 노래했었습니다. 그 노래는 계속되어야 합니다. 세계 속에 일류국가로 도약하는데 우리 국민들 간의 갈등이 장애가 되어서는 안됩니다.

독일의 철학자 피이테(J. G. Fichte)의 피맺힌 연설, 프랑스의 침략으로 국가의 운명이 풍전등화와 같던 조국 독일을 보면서 말한 대로 오늘 우리도 "아직도 태어나지 아니한 우리의 후손들에까지 부끄럽지 않는 오늘을 살아야 합니다."

조상들이 피흘려 지켜준 땅입니다. 허리띠 졸라매고 이루어낸 경제입니다. 우리는 이제도 우리가 만난 어려움들을 하나님의 은혜로서 이겨낼 수 있으며, 세계 속에 일류국가 대한민국을 건설할 수 있으리라는 믿음이 있습니다.

우리는 이것을 믿기에 기도해야 합니다. 하나님께서 우리 민족을 사랑하십니다. 오늘 이 자리에 모인 하나님의 백성들을 기뻐하십니다. 기도하는 백성이기 때문입니다.

우리들의 싸움은 성경에 이르신 말씀처럼, 혈(血)과 육(肉)에 대한 것이 아닙니다. 이 세상 어두움의 세력과의 싸움입니다.

우리와 생각이 다른 국민들, 동족들과의 싸움이 아니어야 합니다. 우리의 기도는 미운 사람들의 패배를 위한 기도가 아니라, 내 속에 있는 사나움을 내어 놓는 기도여야 합니다. 하나님의 도우심을 입기 위한 기도여야 합니다.

하나님의 거룩하신 임재가 우리 위에 임하실 때에, 우리는 거룩한 백성으로 거듭나며, 우리 사회의 모든 갈등, 미움, 원망 등이 형제의 사랑, 대한민국 동포애의 아름다운 교향악이 될 것입니다.

하나님 우리 아버지께서, 여기 모여 국가의 평안과 국민들의 화합을 위하여 눈물로 기도하는 주의 백성들의 기도에 응답하심을 믿습니다.

2부

성직자의 입(Interviews)

성직자의 입
(Interviews)

   21세기 거대 권력인 언론, 대중의 마음을 가장 강하고 때로는 종심깊이 장악하는 언론은 기독교와 교회 그리고 성직자들에 대한 문제들에 대한 보도와 의도적인 편집으로 반기독교적인 정서를 대중들에게 깊이 각인시키고 유포시키려한다. 이러한 사회적 현상의 배경은 무엇일까? 그것들은 일부 기독교 지도자들의 부도덕과 일탈(逸脫), 중·대형교회의 목회직 대물림, 정치 권력과의 유착(癒着) 부패한 교회정치의 폐해, 타종교에 대한 기독교의 배타성(排他性) 등이다.

   한국교회는 지금 통렬한 자정운동이 필요하며 절절한 회개운동이 필요하다. 교회사적으로 보아도 부흥 운동이 일어날 때는 반드시 죄에 대한 철저한 회개와 삶의 변화가 동반되었었다. 그리스도인과 교회의 성결성(聖潔性) 회복이 관건이라 생각하면서 언론과 대화했던 것들을 모아 보았다.

25. 여호와의 증인들의 병역거부

종교적 신념에 따른 병역거부에 대해 서울 남부지법이 병역을 기피한 혐의로 구속기소된 오모, 정모씨에 대해 병역법상 입영 또는 소집을 거부하는 행위가 오직 양심상의 결정에 따른 것이므로 양심의 자유라는 헌법적 보호대상이 충분한 경우에는 정당한 사유에 해당한다며 무죄를 선고했습니다. 여론 조사결과 대다수 국민들의 법 감정은 종교적 이유를 들어 병역 의무를 거부하는 것을 받아들일 수 없다고 생각하는 것으로 나타났는데요, 사건 배경을 말씀해 주시겠습니까?

서울 남부지법 형사 단독심(1심)에서 병역법을 위반한 혐의로 기소된 오모, 정모, 황모 씨에 대한 판결에서 법원은 피고인들에게 헌법이 보장한 양심의 자유를 들어서 무죄를 선고한 일입니다. 소수의 인권을 보호하려는 법원의 판결이라고 이해는 가지만 사회적이고 국가적인 합의 절차 없이 서두르는 것은 사회적 혼란과 국가안보에 큰 저해가 되리라고 봅니다. 병역법을 거부하는 이들은 그동안 교계에서 이단으로 정죄해오고 있는 '여호와의 증인' 이라는 종파의 신도라고 합니다.

여호와의 증인이라는 종파의 사람들이 병역법을 위반한 혐의로 사회적 법적 논란이 되어 온 것은 어제 오늘의 일이 아닙니다.

이번 판결의 문제점은 무엇인지요?

이번 판결은 문제점을 많이 던져준 판결이라고 봅니다. 먼저 여론도 법원의 판결을 인정할 수 없다는 비율이 절대 다수로 나타나고 있습니다.

문제점이란 두 가지로 볼 수 있습니다. 먼저 법리적인 문제라고 봅니다. 1심 판결은 헌법 19조에 명시된 양심의 자유를 너무 포괄적으로 적용한 것이 아닌가합니다. 양심이란 세계관(世界觀)이나, 신조(信條), 주의(主義)등을 의미하며 양심에 반하는 행동을 강요할 수 없다는 것인데, 상위법인 헌법이 그와 같은데 하위법인 병역법이 이를 강요할 수 없다는 요지입니다.

그런데 헌법 37조 2항에서는 국민의 기본권인 공공복리, 국가 질서 유지, 국가 안전보장을 위해서는 권리를 제한할 수 있음을 밝히고 있습니다. 또한 헌법 39조 1항에는 모든 국민은 법률이 정하는 국방의 의무가 있다고 했습니다.

그러므로 병역을 거부하는 행위는 국가안정보장과 직접 연관 되는 행위이므로 헌법 19조만을 들어서 양심적 병역거부가 무죄라는 판결은 법리적인 문제가 있다고 봅니다.

다음으로 국가 현실과 형평성의 문제입니다. 국가의 현실은 개인의 양심이라는 것에 국가 안위를 맡길 만큼 안일하지 못합니다. 엄격하게 말하면 우리나라는 전쟁을 쉬고 있는 상태입니다. 휴전이지

종전이 아니며, 또한 세계 어느 나라에서도 현재 우리 남,북한 간의 대치상황만큼 심각한 나라는 없습니다.

그러므로 양심적 병역거부를 법원이 인정할 경우 국방의 기본 질서가 무너지리라고 국민들은 우려하고 있습니다. 또한 병역법에 의해서 국가의 부름을 받고 병역의 의무를 다하기 위해서 온갖 고생을 다하는 이들의 양심과, 병역을 거부하는 사람들의 양심이 어떻게 다른 것입니까?

병역을 거부하는 사람들은 양심적이고 병역 의무를 다하는 대다수의 사람은 비양심적인 것입니까? 양심은 무조건의 개인의 감정이나 주의 주장이 아니라 보편타당성을 인정받아야 한다고 봅니다.

여호와의 증인들의 양심이라는 근거는 잘못된 교리에 의한 것입니다. 잘못된 교리라는 것은 우리들이 목숨 바쳐 지켜온 국가와 정부를 사탄의 기관으로 본다는 것입니다. 그러므로 양심적 병역거부라고 하지만 그들의 양심이라는 것은 잘못된 교리에 근거한 것입니다. 소위 양심적 병역 거부를 무죄로 판결하는 것은 진보적 법조인들 사이에서도 반대의견이 다수였다고 알고 있습니다. 2심에서는 1심의 판결과 다르리라고 기대합니다.

대체 복무 문제에 대해서 말씀해 주시지요. 현재 우리나라에서는 석 · 박사 학위자에게 대체 복무를 허용하는 것으로 알고 있는데 이는 형평성의 문제를 제기하게 되지 않을까요?

대체 복무는 병역법이 정한대로 시행하는 것으로 압니다.

석, 박사 학위자에 대한 대체 복무는 국방과 연계하여 국가에 유익이 있다고 판단되는 범위 내에서 시행하고 있는 것으로 알고 있습니다. 그러므로 여호와의 증인들의 병역거부를 대체복무로 해달라는 것과는 다르다고 봅니다.

징병제를 실시하고 있는 나라 80여 개국 중에서 대체복무를 인정하는 나라가 40여 나라라는 통계가 있습니다. 그러나 그 시행 국가는 우리나라의 현실과 전혀 다르다고 봅니다. 또한 여호와의 증인 같은 특정 종파를 위해서가 아니라 국토방위 전반의 문제를 고려해서 문제가 없을 범위 내에서 국민적 합의가 있은 후에 시행하고 있다고 봅니다.

그러므로 병역 대체복무법은 국가적 현실의 변화를 지켜보면서 국민적 합의 후에 지혜로운 선택을 해야 한다고 생각합니다. 외국처럼 대체복무법이 시행되는 날이 와야지요. 군인들이 필요 없는 진정한 평화의 날을 기도해야 하지 않겠습니까?

앞으로 종교를 핑계로 병역을 기피할 가능성은 없는 것인지요?

그것을 크게 우려하고 있는 것입니다. 과거 우리나라 고려 때는 불교사찰이 병역기피자의 도피처가 되었던 역사도 있었습니다.

크리스천으로 말 할 수 있는 것은 소위 양심적 병역거부가 합법화될 경우 여호와의 증인들의 포교에 날개를 달아 주는 결과를 가져올 수도 있다는 것입니다. 그것은 양심을 내세운 병역기피자의 안전한 도피처의 역할을 하게 될 수 있기 때문입니다.

향후 교계의 대응 방안은?

사회 여론으로 보아 기독교계 뿐 아니라 사회 구성원들 대부분이 반대 운동에 나설 것이라고 봅니다. 먼저 교회는 이단이 가져다주는 폐해를 다시 인식하는 기회가 되어야 한다고 봅니다. (사실 여호와의 증인들은 우리가 목숨 바쳐 지켜오는 국가와 정부를 사탄의 세력으로 본다는 점을 알아야 합니다)

목숨 바쳐(값 비싼 댓가로)얻은 자유, 평화에 현재 무임승차하여 살고 있다는 것을 인정해야 합니다.

"우리가 선을 행하되 낙심하지 말지니 피곤하지 아니하면 때가 이르매 거두리라. 그러므로 우리는 기회 있는 대로 모든 이에게 착한 일을 하되 더욱 믿음의 가정들에게 할지니라"(갈라디아서 6:9~10)

26. 인터넷 실명제

최근 우리 사회는 미국 발 금융위기로 인하여 경제문제가 심각한데, 유명연예인의 자살로 인하여 인터넷 문화에 대한 반성과 대책을 서두르고 있는 것으로 압니다. 이에 대한 말씀을 부탁드립니다.

지난날들을 돌아보면 우리 사회는 언제나 문제가 있어왔습니다. 정치적인 공세도 있었으나 실제로 늘 문제를 안고 있어 왔습니다. 그런데 최근 우리나라뿐만이 아니라 미국 일본 중국 유럽 등 금융위기라는 불안한 경제사정이 있습니다. 그래서 국민들이 걱정스러운데, 말씀하셨듯이 유명 연예인의 잇따른 자살은 우리 사회를 우울하게 하고 있습니다. 생명을 스스로 끊는다는 것은 참으로 비극입니다. 스스로 목숨을 버리는 데는 여러 복합적 요인이 있다고 하겠으나, 고 최진실 씨의 경우 드러난 내용은 악성 소문에 시달렸다는 것입니다. 물론 이혼 등으로 인하여 마음에 스트레스가 있었겠으나 그동안 잘 극복해 왔는데 인터넷을 통한 악성 루머와 악플, 악한 댓글이 하루에도 수 백 건씩 올라오는 것을 읽곤 했는데 견디지 못하고 극단적인 선택을 한 것으로 전해지고 있습니다.

불행한 사건을 계기로 인터넷 실명제를 해야 한다며 정치권에서 서두르고 있는 것으로 아는데요 어떤 내용인지 말씀해 주시지요.

저희 한국교회언론회는 인터넷 실명제를 지난해부터 정부 각 유관 부처에 요구해왔었습니다. 자료를 살펴보니까 지난해, 2007년 7월 26일에 아프가니스탄 인질 사태로 불거진 문제, 그것은 악플 때문인 것을 파악하고, 악플은 반사회적이고 반인륜적 행위라고 하면서 인터넷 실명제를 요구했었구요, 지난 2008년 5월과 6월에 연이어 인터넷 실명제를 요구했었습니다. 부질없는 이야기가 되겠으나, 저희들의 요구를 진지하게 받아들여서 인터넷 실명제가 되었다면, 지금 같은 비극은 막을 수 있었지 않았겠는가 라고 생각해 봅니다.

그런데 지금도 정치권에서는 정당의 이해관계, 즉 인터넷 실명제가 되었을 때에 자신의 정당이 이익이 될 것인가, 아니면 손해가 될 것인가를 먼저 저울질하여 찬성과 반대의 명분을 쌓고 있으니 참으로 한심한 국회의원들이 꽤나 있는 것 같습니다.

인터넷 실명제를 반대한다는 것은 일반인으로는 이해가 안 되는 면이 있는데요, 인터넷 실명제를 반대하는 이들의 논리가 어떤 것인지요?

두 가지입니다. 하나는 인터넷 실명제로 가면 자유로운 의사 표현이 어렵다는 것입니다. 지금처럼 ID, 혹은 가명으로 할 때에 자유롭게 의견이나 견해를 말할 수 있으나 실명제가 되면 자신의 주민번호나 이름을 올려야 하는데 그것은 언론의 자유를 침해한다는 것입니다. 두 번째는 지금의 인터넷 시스템으로도 범죄적인 악플들은 추적하여 처벌이 가능한데 왜 꼭 실명제를 실시해야 하느냐는 것입니다.

이같은 인터넷 실명제 반대 논리가 현재 우리 인터넷 문화의 문제없음이라고 증명하지 못하고 있습니다. 실재 인터넷 익명제로 인하여 명예훼손을 당하고, 명예훼손은 아니라고 해도 불쾌한 경험을 호소하는 이들이 너무 많습니다.

그리고 표현의 자유를 제한한다고 말하는데, 표현의 자유가 있다면 자유에 따른 책임도 있는 것이며, 실명으로는 못하고 익명으로 해야 표현할 수 있는 내용이라면 그 내용의 신빙성 혹은 유효성에 의문이 간다는 것이지요.

인터넷의 악플을 다는 것을 '복면쓴 폭도'라고까지 부르는데 표현이 심한 것인가요? 아니면, 그같이 문제가 심각한건가요?

최근 인터넷 실명제를 실시해야 한다는 의견은 어느 신문사의 조사에 의하면 65%가 찬성 32%가 반대한다고 발표했습니다. 그것은 오프라인 뉴스사에 의한 것입니다. Yahoo, Korea에서의 조사는 찬성 80% 반대 18%, DreamWiz에서는 찬성 57% 반대 37% 모두 과반을 넘었습니다.

실재 인터넷공간은 험담, 욕설, 등의 언어폭력이 심각한 수준입니다. 인터넷에 접속하는 국민건강에도 문제가 있다는 지적입니다. 얼굴이 안 보인다고 해서 함부로 해도, 정도가 너무 지나치다는 분석입니다.

지난 2007년 아프가니스탄 기독교 봉사단 납치문제도 악플러들이 문제를 키웠다는 말들을 하는데 반기독교 사람들의 주 활동무대가 인터넷 공간이 아닌가요?

물론입니다. 지난 아프간 사태에 나타난 악플은 끔찍한 수준이었습니다. 사람들의 마음을 가진 이들이 썼을까? 라는 의문이 들 정도였습니다. 오랜만에 탈레반이 좋은 일했다. 싹 다 죽여라 등 그런데 그런 악플러들을 찾아내었는데 7명이 1개월간에 10만 건을 올렸다고 합니다. 그리고 기독교를 욕하고 온갖 비난을 다하는 안티 기독교 사람들이 인터넷에서 벌이는 이야기들은 참으로 눈뜨고 보기 어려운 내용들이 많습니다.

문제가 심각하니까 뜻있는 분들이 인터넷 선플달기 운동을 벌이

고 있다는 소식도 있습니다.

예. 좋은 현상입니다. 칭찬과 격려 등은 사회를 밝게 하고 사람들을 행복하게 합니다. 악플에 시달려본 사람들은 선플이 반가울 것입니다. 그러나 인터넷 사용자들의 의식이 온라인에서도 오프라인에서처럼 사람들이 나를 보고 있다는 생각를 하고 나의 말을 내가 책임진다는 생각으로 바뀌기 전에는 하나의 잠깐의 운동으로 끝나고 나면 옛날로 되돌아가고 말것입니다. 악플러의 기승으로 인하여 우리 사회가 몸살을 앓고 있고, 그 해독은 너무 심하여, 악플을 견디지 못하고 스스로 목숨을 끊는 경우까지 심심치 않게 벌어지고 있는데, 이제는 더 이상 방치할 수 있는 수준이 아니며 적당한 제재가 필요한 시점이라는 공감대가 형성되고 있다고 봅니다. 사람들의 자율이 인터넷을 밝게 할 수 없다면 제도나 법률이 도와주어야 한다고 봅니다.

일부 사람들은 악플러들의 희생이 되었다고 볼 수 있는 유명연예인의 죽음을 애도하면서 그의 죽음이 신앙적으로 어떠냐는 논란이 있는 것으로 압니다. 자살이 신앙적으로 용납이 되는 것이냐, 아니냐의 논란입니다.

극한 상황을 말한다는 것은 항상 쉽지 않습니다. 그런데 쉽지 않으니까 더 원론적인 대답을 할 수 밖에 없겠습니다. 사람의 생명은 자신의 것이 아닙니다. 하나님의 것입니다. 우리가 내 마음대로 세상에 온 것이 아니듯이 갈 때도 내 마음대로 결정할 수는 없습니다. 남의 생명을 빼앗는 것이나, 나의 생명을 내가 빼앗는 것이나 다르지 않습니다. 그러므로 아무리 좋게 설명하려고 해도, 자살은 절대 않된다는 것을 이해하셔야 하리라고 봅니다.

인터넷 실명제와 함께 사이버 모욕죄도 함께 제정하여 실시한다고 하는데, 강경한 법제정만이 능사가 아니라는 의견도 존재하는 것 같습니다.

물론 법이 국민들의 모든 삶을 제약한다는 것은 불행한 사회입니다. 그러나 현재 우리나라의 인터넷 보급률은 65%로 세계 1위인데, 사실 사이버 공간도 일종의 사회인데 인터넷 사회질서 수준은 부끄러울 정도입니다. 사이버 가상공간인 인터넷이 사회를 밝게 하고 편리하게 하여 사람들을 행복하게 하는 데만 쓰여 진다면 얼마나 바람직하겠습니까?

그런데 우리나라의 현실은 부작용이 너무 많습니다.

그러므로 자율에 맡기기는 너무 심각한 수준입니다.

물론 인터넷 실명제가 표현의 자유만을 이야기 할 때는 최선의 선택이라고 볼 수는 없고, 또한 모든 악플을 다 방지 할 수 있다고 보지도 않습니다. 그렇다고 해도 악의적인 글들로 인한 피해는 줄여야 한다는 당위성 측면에서는 실명제가 전면 실시되는 것이 옳다고 보는 국민들이 더 많습니다.

마지막으로 그리스도인들의 인터넷 문화, 그리고 현재 벌어지고 있는 현상에 대하여 말씀해주시기를 부탁합니다.

우리 그리스도인들은 무엇을 하든지 하나님 앞에서의 삶이라는 것을 잊지 마셔야 합니다. 아무도 볼 수 없고 보는 이 없다고 해도, 사람이 무슨 무익한 말을 하든지 마지막 날에 심판을 받으리라고 했습니다.   앞에서도 잠깐 언급했듯이 인터넷 공간도 사회입니다. 사람들과의 만남은 언제나 인격적이어야 하고, 신앙적이어야 합니다. 원하기는 인터넷 공간에서도 소금과 빛이 되는 길로 가셔야 하지 않겠습니까? 하는 부탁입니다. 그래서 밝고 행복한 사회를 이루어 가는데 새벽 이슬 같은 하나님의 백성들이 헌신해 주시기를 바라는 마음 간절합니다.

27. 죄의식 실종시대 살기

주제가 좀 특이하다는 느낌이 듭니다. 지금 세계는 "죄의식 실종시대"라고 하셨는데요?

그렇게 느끼게 됩니다. 이 주제는 지금 우리 사회를 보여주는 단적인 예라고 봅니다. 우리 사회를 지켜가는 것은 사회 구성원인 사람과 사람 사이의 선한 약속에 의한 것이라고 생각합니다. 어느 것은 권장해야 하고, 어느 것은 금지하는 것으로 삼는 것이 서로의 약속인데, 이것을 학문적인 용어로 사용한다면, 프랑스의 짱 자끄 루쏘(J. J. Rousseau)의 『사회 계약론』을 들먹일 수 있을 것이라고 봅니다. 즉 사회 구성원들이 이런 것을 해야 하고, 이런 것은 하면 안 된다는 식의 내용이 있습니다.

금지 약속을 어기는 것은 죄라고 불려지고, 법에 따라서 처벌도 합니다. 그런데 죄라고 해서 모두 처벌하는 것은 아닙니다. 죄를 처벌하는 법이 존재해야 처벌이 가능합니다. 문제는, 법으로 처벌당하는 일만 면하면 된다는 생각, 죄를 범해도 문제가 안 되도록 하면 된다는 생각을 가진 시민들이 늘어날수록 그 사회는 불행한 사회가 될 것입니다.

그렇다면 이 주제는 우리들이 이 사회를 크게 염려해야 할 정도가 되었다는 의미로 이해가 되는데요?

예, 그렇게 염려하는 이들이 늘어가고 있습니다. 세상은 사람들이 살아가고 있고, 사회나 국가 또한 사람들이 만들어가고 있는 것 아닙니까? 그런데 우리나라뿐만이 아니라 세계가 한결같이 '죄'라는 의식을 잊어 버리고 살려는 것처럼 보입니다. 최근에 "현대판 주홍글씨"라는 내용의 기사가 세계인들의 주목을 끌고 있습니다. 현직 파라과이 대통령인 페르난도 루고(Fernando Rugo)에 관한 기사를 두고 한 말입니다.

주홍글씨라는 말은 나다나엘 호던(N. Hawthorn)의 소설 제목에서 따온 말입니다. 원래 제목은 *The Scarlet Letter* 인데, 17세기 미국 청교도 시대를 배경으로 하여 19세기에 쓰여진 소설로써 성직자와 젊은 부인과의 간통 사건을 소설화한 내용입니다. 붉은 글씨로 'A' 자를 새긴 것은 간통, 즉 영어로 어달터리(Adultery)를 의미하는 것으로 통상, 주홍글씨라고 말들을 합니다.

파라과이 대통령은 해방신학자 출신의 로마 가톨릭 주교 출신이며, 가난한 자의 아버지라고 불리었던 주교 아닙니까? 그는 대통령에 당선된 뒤에 우리나라의 경제 발전상을 배우겠다고 우리나라를 제일 먼저 다녀간 것으로 알고 있는데요. 구체적으로 무슨 문제가 있나요?

페르난도 루고 대통령에게 숨겨둔 2살의 아들이 있다는 것입니다. 그것도 국민들에게 한창 지지를 받던 주교 시절에 말입니다. 이 기사가 나간 지 약 1주일 후에 또다시 다른 숨겨둔 아들, 6세의 아들이 더 있다고 해서 야단입니다. 대통령은 지금부터 10년 전에 로살리 카릴로 라는 당시 16세 소녀와 부적절한 관계를 지속해 왔고, 그 결과 2, 3년 전에 아들을 낳았다는 것입니다. 그런가하면 베니그나 레기사몬이라는 현재 26세의 여성과의 사이에도 6세난 아들이 있다는 것입니다. 첫 번째 아들 사건이 터졌을 때에는 그것이 사실이라고 시인했는데, 또 다른 아들이 나타났으니 먼저의 고백이 용기 있고 솔직하다는 동정을 받았던 것이 무색하게 되어버리고 말았습니다.

그렇군요. 그럼 세계 다른 나라들에서 드러난 '죄의식 실종'에 대한 것은 어떤 것들이 있는지요?

먼저 미국의 예입니다. 그래도 청교도 정신에 의해서 세워진 나라라고 알고 있는데, 최근의 경제적인 문제로 나타난 죄의식 실종 문제는 심각하다고 보여 집니다.

AIG 보험사가 막대한 정부지원금을 받아서는 회사를 일으켜 세우는데 더 힘을 쏟아야 함에도 불구하고 국민들의 세금인 정부 지원금으로 먼저 임직원들의 보너스, 돈 잔치를 벌였다는 것입니다. 기업의 윤리의식, 죄의식의 실종을 단적으로 보여주고 있다고 봅니다.

그런가하면, 미국의 국가산업 중에 자동차 산업은 오바마 대통령이 선거 운동기간 내내 언급하던 것인데, 이 회사들이 외국 자동차 산업에 밀려서 도산위기에 직면해 있는데, 정부의 막대한 예산을 긴급히 투입해야 회생 가능하다며, 국회에서 특별법을 제정해 가면서까지 지원하려고 하는데, 회사 대표들은 워싱턴으로 오는데 자가용 비행기들을 타고 나타났다고 해서 국민들의 속이 부글부글 끓었던 일이 있었습니다. 기업윤리의 실종의 단면을 보는 것입니다.

그 외의 나라들의 죄의식 실종의 표본들은 어떤 것들이 있는지요?

중국을 꼽을 수 있을 것입니다. 먼저 역사관에서의 죄의식이 전혀 없어 보입니다. 티베트를 강제로 먹어버리고도 아무런 문제의식을 가지고 있지 않으며, 동북공정(東北工程)이라고 불리우는 역사적 침략으로, 우리나라의 발해나 고구려의 역사가 자신들의 역사라고 우기고 있는 것을 보면 역사에 대한 죄의식이 심히 문제가 된다고 봅니다.

그런가하면 가짜의 문제입니다. 소위 '짝퉁' 이라는 말은 이제 고전이 되었습니다. 음식물에 멜라닌, 냉면이나 설렁탕 국물에 사용하는 원료에 천식약품, 가축 사료에도 쓰면 안 되는 첨가물섞기, 게

다가 가짜 소금까지 유통시키는 등이 다반사인데, 돈만 벌면 된다는 생각 뿐, 죄의식이 아예 존재하지도 않아 보입니다. 중국이라는 세계 최대 인구거국이 바로 하지 않으므로 세계가 매우 불편합니다. 그만큼 영향력이 크다 할 것입니다. 중국을 위해서도 많이 기도해야 해야 할 것 같습니다.

이 같은 관점에서 북한의 문제를 어떻게 보아야 하는지요?

최근 북한의 요청에 의해서 우리 정부의 대표단이 개성 공단을 다녀왔습니다. 국민들은 무언가 기대를 했습니다. 그런데 북한의 요구는 개성공단 토지 임대차 계약을 다시하고, 북쪽 노동자들의 임금을 올리고, 개성공업지구 사업과 관련하여 기존 계약을 재검토하자는 내용 전달만 있었다고 합니다. 그러면서 북한이 억류하고 있는 우리 근로자에 대한 접견 요구는 들은 척도 하지 않았다고 합니다.

북한과의 관계에서 우리 남한은 MH 정부, DJ 정부에서 지금까지 엄청난 대가를 지불해 왔습니다. 그러나 그 결과는 실속만 '쏙쏙' 빼먹는 북한의 이중적 태도에 골탕을 먹고 있는 것입니다. 북한이 남한을 진정으로 동일한 민족이며, 한반도의 통일 파트너로 생각한다면, 민족적인 약속에 의해서 나진 선봉 공단, 개성공단, 금강산 관광 등을 위한 약속을 하고, 많은 이익을 내 왔다면, 이에 상응하는 약속도 지키는 것이 국민들 사이에 신뢰를 쌓아가는 것이라 생각합니다. 북한을 정상적인 국가로 보기 어려운 것은, 거짓, 약속 파기하기, 자국민들의 비인격적 구금, 공개 처형 등 인간으로서의 죄의식 실종의 극치가 아닌가 합니다.

이웃 나라들은 그렇다고 해도 최근 우리나라의 죄의식 실종문제는 심각하다고 염려하는 이들이 점점 많아지는 것 같은데요? 어떻게 이해해야 하는지요?

전직 대통령과 주변 사람들에 의한 금전 수수 사건을 보면서 참담한 생각을 하게 합니다. 그래도 전직 대통령인데, 식구들이 금방 드러날 거짓말로 일관하고, 대통령 부부도 거짓말과 변명으로 일관하는 것을 보고서 국민들은 이제 측은한 마음이 든다고 합니다. 높은 자리는 국민들을 섬기고 국민들을 위한 것이 아니라, 자기들의 실속을 챙기기 위한 기회로 삼았다고 하는 것이 소위 '깜' 도 안 되는 사람들이 맞았었구나 하는 생각을 하게 되니 말입니다.

그런가 하면 민중의 지팡이라는 경찰공무원의 비리와 부패 연루 사건을 보면, 누구를 신뢰해야 하나 하는 실망이 이만 저만이 아닙니다. 그런가하면, 행정부 복지예산 담당공무원들의 복지 예산 가로채기 등은 참으로 심각한 모습입니다.

또 교육공무원들의 종합평가와 관련 학점속이기 등이 전국 학교에서 공공연히 이루어졌다고 하고, 전국노동조합 내부의 성폭행관련 문제에 있어 은폐, 회유 등은 우리 사회 곳곳에 만연되어 있는 부패상의 단면을 보는 것 같습니다. 정치계의 거짓말은 거론할 가치조차 느끼지 못하는 시대가 되고 있습니다.

사회적 불륜, 성매매 단속에 걸리면 "재수 없어서 걸린 것이다."라고 말한다고 하니 참으로 부끄러움도 모르는 그야말로 국가 총체적 죄의식 실종시대를 살고 있는 것 같습니다.

이런 죄의식과 문제의식을 느끼지 못하는 사회는 어떻게 될까하는 우려의 마음이 있습니다.

우리는 먼저 역사에서 교훈을 얻어야 합니다. 가장 대표적인 것이 로마 제국의 멸망일 것입니다. 로마 제국은 한 때 '모든 길은 로마로 통 한다'고 할 정도로 부강했습니다. 그러나 멸망의 길을 걷게 된 원인에 대한 견해는 여러 가지가 있지만, 가장 주요한 것은 '정신적 도덕적 타락으로 인한 퇴폐적이고 향락적인 생활'을 지적하는 학자가 많습니다. 따라서 우리 사회도 죄의식의 실종, 양심 실종의 정신적 타락과 도덕적 해이가 사회 전체의 붕괴를 가져올 수도 있다는 교훈을 무시하면 안 됩니다. 특히 지도자들에게는 더욱 엄격한 교훈으로 받아들여야 합니다.

성경적 관점에서는 어떻게 보아야 할까요?

성경에서는 부정과 부패, 뇌물, 남을 속이기, 부당한 부의 축재, 가난한 자를 돌아보지 않는 것 불륜 등은 큰 죄악으로 말씀하십니다. 크리스천들은 예수님 말씀대로 세상에서 빛과 소금으로 살아야 합니다. 어두움을 비추이는 빛으로, 부패를 멈추게 하는 소금으로 살아야 합니다. 시대마다 하나님께서 주시는 사명이 있다고 봅니다. 현대를 사는 우리 크리스천들의 사명은 죄의식 실종시대를 종식(終熄)시키는 것이 아닌가 생각합니다.

28. 우리나라의 준법정신

우리나라의 준법정신에 대한 주제를 택하신 이유가 있으신지요? 특별히 심각한 문제라도 발생한 것인가요?

최근 우리나라는 어려운 경제적인 문제들에 관한 보도, 미국의 경제와 차기정부에 관련된 문제, 북한의 김정일 국방위원장의 근황과 북핵 관련 보도, 그리고 불법과 부정부패에 대한 이야기로 신문지면을 채우고 있습니다. 하나같이 희망적인 것이 아닌 듯싶습니다. 특별히 전 대통령의 측근들의 불법과 부정 부패, 그리고 전,현직 고위공직자들의 쌀 직불금 부당수령 등의 소식, 그리고 국회를 보면, 여의도가 국민들과 분명이 다른 이상한 집단의 사람들의 모임이 아닌가 하는 생각이 든다는 국민들이 많습니다. 그래서 오늘 우리 시대에 법이란 무슨 의미가 있는가? 를 생각하게 하는 것 같습니다.

그러면 법이란 무엇인가? 에 대한 바른 이해가 필요하다고 보는데요?

법이 무엇인가에 대한 논의와 그에 대한 정의는 법학자들의 이론으로부터, 나이 많으신 어른들의 경험에서 오는 주장들, 그리고 이제 사회의 규범을 배워가는 어린이들까지의 다양한 견해들을 들을 수 있을 것입니다.

법에 대한 모범 근사치의 법학적인 정의는 "사람들이 사회생활에 있어서 행위의 준칙(準則)으로 조직화된 국가권력에 의해서 강제되는 사회 실천적 행위 규범이다"라고 말해질수 있습니다.

그런가하면, 법은 "물이 흐르는 것처럼 순리와 상식에 따라서 사회를 다스리는 질서"라고 말하기도 합니다.

중요한 것은 법이란 약속이라는 것입니다. 사람들 간에 약속, 그리고 국가나 사회에 대하여 지키기로 한 상호간의 약속입니다. 그런데 이 약속이 지켜지지 않는 사회는 문제가 발생하는 것이 당연합니다.

그러니까 법을 지키는 것을 준법이라고 하고, 어기는 것을 탈법, 혹은 불법이라고 하여 사회구성원들 간에는 유쾌하지 않게 여기는데, 그래도 이 같은 불법과 탈법이 계속 많은 이유는 무엇이라고 보시는지요?

최근 우리가 스스로를 돌아보아야 할 만한 조사 결과가 있습니다. 최근 한국법제연구원에서 2008 국민의식 조사연구 최종 성과 발표회가 있었습니다. 그런데 국민 10명중 6명은 법이 잘 지켜지지 않고 있다고 답했다고 합니다. 또한 응답자 중에서 34.3%가 "법대로 살면 손해 본다고 생각한다" 고 답했다고 합니다. 또한 법을 지키지 않는 사람들이 많아서 자신도 덩달아서 안 지킨다 20.1%, 법을 지키는 것이 불편해서 14%, 법을 잘 몰라서 11.7% 라고 응답했다고 해서 우리나라 사람들의 부정적인 준법정신의 단면을 볼 수 있게 했습니다.

우리나라 자동차 운전자의 30%가 안전벨트를 안 맨다는 통계도 있습니다. 그러면 구체적으로 법을 어기는 큰 사례들은 어떤 것들이 있을까요?

눈에 띄는 사례라면 아무래도 언론에 자주 등장하는 분들의 문제가 크게 보이고, 그 영향력이나 파급효과가 크다고 볼 것입니다.

정치인들, 국가 고위공직자들, 기업인들, 연예인들, 스포츠 스타들이 법을 잘 지켜주시면 일반 국민들은 그렇게 본받게 되겠지요.

불법, 탈법의 문제는 정치인들이 큰 문제라고 봅니다. 법을 만드는 국회의원들이 스스로 불법, 탈법을 너무 쉽게 생각하는 것 아닌가 합니다.

선거법이 있고, 국회에 들어가면 국회조직법과 운용법이 있지 않습니까? 그런데 그게 다 무용지물처럼 보입니다.

그런데 "선진국의 법은 지키라고 있는 법이고, 우리나라는 위반하라고 있는법이다"는 우스개 소리가 있습니다. 앞에서 우리나라 사람들 10명중 6명은 법이 지켜지고 있지 않다고 했고, 반면에 지켜지고 있다고 응답한 사람들은 20% 정도라고 합니다.

법을 지키면 손해 본다는 생각 때문에 준법이 이루어지지 않는다면 법을 안지키면 손해라는 사회적 인식과 공감대가 이루어져야 하리라고 보는데요?

예, 물론 그렇습니다. 법을 어기고도 아무 탈이 없고, 오히려 법을 지켜서 손해가 된다는 것이 문제입니다.

사실 불법은 결국 자신에게 손해가 된다는 인식이 중요합니다. 당장은 손해가 아닐지 모르나, 자신처럼 다른 사람들이 서로 법을 지키는 것이 손해요, 법을 안 지키는 것이 이익이라고 생각한다면 온통 불법 세상이 되고 말 것입니다.

반드시 법을 지켜야 한다는 인식도 중요하겠습니다.

미국에서의 운전면허 시험문제 하나를 소개하는 것도 좋을 것 같습니다. 안전벨트(seat belt)에 관한 것인데, 왜 안전벨트를 매야 하는가? 라고 묻는 문제의 답은 "안전을 위해서 맨다" 가 아닙니다. "법이기 때문에 맨다"가 정답입니다.

그러나 그보다 더 중요한 것은 법은 나의 약속이라는 생각을 먼저 해야 합니다. 자신의 인격과 양심에 대한 약속, 그리고 이웃과의 약속이기에 때문에 법은 지켜야 한다는 다짐이 중요하다고 봅니다.

준법 수준 정도가 국가 신임도 문제와 부패지수와 직접 연결이 있는 것으로 알고 있습니다.

예 그렇습니다. 국제투명성기구에서 2007 세계부패인식지수 를 발표했습니다. 선진국으로 인정할 수 있는 나라들은 대부분 높은 점수를 받았습니다. 조사 180개국 중에서 핀란드와 덴마크 뉴질랜드가 9.4 로 최고 점수를 받았습니다. 우리나라는 5.1 을 받았습니다. 학점으로 치면 F학점입니다. 아시아에선, 싱가포르가 9.3이고 홍콩이 8.3 일본이 7.5 미국이 7.3 으로 조사되었다고 합니다.
최근에 국내 거주 외국인들이 우리나라 공무원들의 신인도를 묻는 질문에 58%가 한국공무원들이 부패했다고 답했다고 합니다. 심각한 일입니다.

준법정신은 더 엄한 법으로 다스리면 될까요? 아무래도 국민들의 자발적인 참여가 있어야 하지 않겠습니까? 그에 대한 교육은 학교에서부터, 그리고 시민단체나 종교계가 담당해야 하는 것 아닌가? 하는 생각을 하게 되는데요?

법이 잘 지켜지지 않는다고 해서 더 엄한 법으로 다스리는 것은 최선책은 못된다고 됩니다. 단기간의 반짝 효과가 있을지는 모릅니다. 어릴 때부터 법을 존중하고 준법하는 정신을 배우도록 해야 합니다. 그리고 무엇보다도 사회지도층의 인사들이 스스로 모범을 보여야 합니다. 고전적인 이야기지만, 반드시 윗물이 맑아야 아랫물이 맑습니다.

그리고 종교단체가 역할을 해야 하는 것이 맞습니다. 종교가 가지고 있는 선한 가치는 사람들에게 바람직한 사회인이 되도록 하는 긍정적인 인간상 형성입니다. 그런데 참으로 부끄러운 것은, 최근 일부 종교지도자들이 종단(宗團)의 법을 안 지키는 것으로 인하여 눈살을 찌푸리게 합니다. 드리기 어려운 말씀이지만, 이 기회에 모든 국민들이 바르게살기, 법 잘 지키기 선언이라도 해야 할 때가 아닌가 합니다.

한국교회 초기에 교회가 사회의 도덕과 윤리수준을 높이는 큰 역할을 하였는데 한국교회가 다시 한 번 사회를 위하여 일해야 하지 않을까요?

지금도 우리 사회에서 불법은 죄다 그래서, 법을 잘 지키라고 자신 있게 강조하고 가르치는 곳은 교회뿐이라고 확신합니다.

우리나라 초기 믿음의 선조들은 술, 담배, 도박, 마약, 그리고 축

첩을 엄하게 금했습니다. 당시에는 술, 도박, 마약, 담배, 축첩 등은
사회에서는 일반적인 것이었습니다. 또한 관리들의 부정부패는 백
성들에게 호랑이보다 더 무섭다고까지 했었습니다. 그러나 교회는
예수님의 가르치심을 따라서 철저히 성경적 삶을 살도록 했으며,
그 영향력은 사회로 퍼져가게 되었고, 사회 도덕규범으로 자리하게
되었었습니다.

성경은 주님의 백성들에게 "너희는 세상에 빛이고 소금"이라고
하였습니다.

국내외의 여러 가지 문제로 어려운 이때에 교회와 성도가 중심을
잡아주기를 바라는 말씀으로 이해합니다. 국민 모두가 분발하여 건
강하고 행복한 나라, 이 땅에 예수 그리스도의 나라를 이루어 가게
되기를 바라는 마음입니다.

29. 건강한 사회를 향하여

오늘 주제는 시사성 보다 신앙적이라는 생각이 듭니다. 건강한 사회 만들기는 국민모두가 나서야 하고, 특별히 우리 크리스천이 앞장서야 한다는 의미인 것 같습니다.

최근 우리 사회를 볼 때 어디에서 희망을 찾아야 하는 것인가 하는 생각이 듭니다. 경제적 어려움은 세계적 금융위기로 인하여 우리나라 역시 예외가 아닙니다.

그러나 경제적인 문제보다 더 크고 근본인 문제는 사회 구성원들이 가져야 하는 마음자세와 건전한 윤리의식이 아닌가 합니다. 우리 사회가 건강한가? 라는 물음에 답을 해야 한다고 봅니다. 독일의 역사학자 레오폴드 폰 랑케(Leopold v. Lanke)는 "한 나라, 한 사회의 흥망성쇠는 그 구성원들이 가지고 있는 도덕적 힘(moral energy)에 달려 있다"는 말을 한 적이 있습니다. 심각한 이야기는 역사적 근거에서 나온 말입니다. 로마의 멸망 원인 중에서, 도덕적 타락을 앞 순위에 꼽고 있습니다.

우리 사회의 도덕적인 문제 제기가 공론화 되어 건강한 사회를 건설하는 일이 경제회복 문제 못지않게 중요한 시점이라고 보는 이들이 많습니다.

방송보도에도 나온 것으로 압니다. 어느 사기꾼이 공무원들에게 협박 전화를 해서 돈을 뜯었다는 기사를 대한 적이 있습니다. 참으로 어이없는 일이라고 보이는데요?

보이스 피싱에 걸려든 사람들이 꽤 많다는 보도였습니다. 그 사건하나로 우리 사회를 표본으로 삼기는 어렵다고 할 수 있을지 모릅니다. 그러나 그 사건은 우리 사회의 단면을 보여주는 예라고 봅니다. 전화로 협박 받았다고 해서 돈을 순순히 부쳐준다는 것은 자신들의 범법을 인정한 것이 아니겠습니까?

공무원들이라면 사회와 국가에 대한 책임이 다른 시민들보다 높은 직업군에 속한다고 봅니다. 공무원들이 그 정도라면, 일반 시민들이 공무원보다 더 낫다고 보기 어렵다는데 문제의 심각성이 있다는 것입니다.

세상에 회자(膾炙)되는 말들 중에 우리 사회는 불륜공화국이냐? 라는 말들도 있다고 합니다. 참으로 민망한 이야기들이 많은 데요 문제가 어디에 있다고 보시는지요?

어느 목사님이 인터넷에 올린 글은 가히 충격적입니다. "당신의 아내는 바람 안피우십니까?" 라는 제목의 글입니다. 그렇다면 당신의 남편이 바람피우는 것은 너무도 흔한 일이니 말하지 말자는 의미라고 해석한다고 하더군요. 아직도 애인이 없으신가요? 라고 묻기도 한다고 합니다. 그것은 미혼 남녀들의 이야기가 아니라는 것입니다. 자신의 아내 말고, 여자 애인이 또 있으며, 남편 말고 남자 애인이 또 있다는 시대의 사람들을 어떻게 이해해 주어야 하는지 난감합니다.

하나님께서는 그 같은 일들을 범죄라고 하셨지 않습니까? 이 민망하고 부끄러운 이야기들을 우리는 어떻게 이해해야 하며, 바르게 해야 할까요?

민망하고 부끄러운 사회 이야기라고 해도 맞부딪쳐야 합니다. 잘못된 것을 "아니다"라고 말할 수 있는 용기가 있어서 고칠 것은 고쳐야 합니다. 지금 우리 사회는 바르게 사는 것보다, 잘 사는 것을 가르쳐 왔습니다. 정신적 건강함보다 물질의 부요를 강조하고 있습니다. 더불어 사는 것보다 자신의 편안함을 우선하고 있습니다. 시민정신보다 개인의 이익을 더 주장하고 있습니다. 지금까지 우리 사회를 지탱해 왔던, 남들을 생각하던 정신은 찾아보기 어렵습니다. 법으로 정하지 않은 것은 함부로 해도 되고, 또한 법으로 정했다고 해도 적당히 피해가면 된다는 생각입니다. 법 이전에 사람으로서 마땅한 염치, 부끄러움, 떳떳함 도리 등이 실종되어 가고 있습니다. 가정이나 사회나 국가의 귀중함도, 선생님들의 고마움도 외면하고 사는 사람들이 늘어갑니다.

그 원인이 기성세대에 있습니다. 어른들이 문제를 만들어 온 것이 맞습니다. 가장 근본적인 것은 교육의 문제라는 지적입니다.

잘 사는 것보다 바르게 살고, 나의 편리함보다 다른 사람들도 생각하는 마음의 부족이 아닌가 합니다. 사회 전반에 걸쳐 있는 문제에 대하여 언론의 책임이 큰 것 같은데 어떻게 생각하시는지요?

공중파 방송들, 특히 TV 방송이 드라마 등에서 불륜(不倫)을 소재로 하는 경우가 많다는 지적입니다. 건전한 가정상을 보여주기보다는, 흥미를 끌어 올리려고 일탈적인 모습을 자꾸 보여줌으로, 그것이 문제가 되지 않는 행동으로, 혹은 한두 번 정도 비난 들으면 그냥 넘어갈 수 있고, 남들이 대부분 그렇게 살아가는 것이 아닌가 하는 착각, 또는 모방해도 되는 것처럼 학습효과가 있게 되는 것이지요. 그런 측면에서 방송이 사회상을 반영하는 면이 있다고 해도, 앞서서 부추기는 것 아니냐는 지적들입니다. 그리고 우리 사회정신이 그 같은 문제의 방송을 거절할 수 있는 힘이 없다는 사실입니다. 방송들이 시장원리만, 즉 이익만 챙기고, 공익적 사명을 다하지 못한다는 비난을 면키 어렵다고 봅니다.

이 같은 사회문제에 대하여 교회의 역할을 말씀해 주시기를 부탁
합니다.

사실 오늘 우리 크리스천들이 시대에 사명이 크다는 것을 강조하
고 싶습니다. 어두운 곳에는 빛이 필요하고, 썩어가는 곳에는 소금
이 필요하듯, 이 시대에 우리 하나님의 백성들이 빛을 발해야 할 때
라고 봅니다.

사실, 부모를 공경하라, 살인하지 말라, 간음하지 말라, 도적질하
지 말라, 거짓증거하지 말라, 이웃의 것을 탐내지 말라 고 가르치는
곳이 교회 외에 없다고 봅니다.

크리스천들이 정직하고 순결하며, 믿을 수 있는 사람들이라는 것
을 이 시대에서 삶으로 보여주어야 할 때라고 봅니다.

그 같은 빛과 소금의 역할을 한 교회 역사가 많이 있지요?

예, 물론입니다. 앞에서 로마 이야기를 잠깐 언급했습니다마는,
로마가 기독교를 박해하다가 313년에 콘스탄틴(Constantinus) 황
제 때에 기독교를 공인하고, 395년에 데오도시우스(Theodosius)
황제 때에 기독교를 국교로 선포했습니다. 그래서 로마를 비롯한
유럽이 기독교 국가처럼 되었었습니다. 그렇게 될 수 있었던 원인
중에 중요한 것은, 크리스천들의 순결이었습니다. 당시 로마 전역

의 젊은이들은 방탕하고 함부로 살아갔지만 하나님의 백성들은 순결한 것을 세상이 다 알게 되었습니다. 그래서 로마의 권력자들이 기독교 규수들을 자신들의 자식들과 결혼을 시키는 일이 아주 많아졌습니다. 그들이 로마 권력 심층부에 들어가서, 자식을 낳아서 크리스천으로 양육했으며, 그 자식들이 로마의 권력층을 형성했다고 합니다. 그래서 기독교를 박해하던 로마가 기독교를 공인하지 않을 수 없었던 것입니다.

한국교회언론회에서 "한국교회 이제도 민족의 희망입니다"라는 성명서를 발표한 적이 있으신데요. 교회가, 성도가 시대의 희망이 되기 위하여 시대적 사명에 대하여 말씀해 주시지요.

교회는 어느 때고 그 시대에 희망입니다. 구원의 복음을 담보하고 있는 기관이 교회이기 때문입니다. 하나님께서는 구원의 진실소유권, 즉 복음을 교회에게 맡기셨습니다. 그것은 하나님을 뜻을 받들어서 살아가는 성도들 모두에게 있습니다. 또한 성도들이 하나님의 말씀대로 살아서 세상에 빛이 되어야 하는 사명이 있습니다. 교회, 성도들이 무너져 내리는 시대정신의 보루가 되어야 합니다. 타락한 시대에 윤리를 다시 세우는 역할, 그것이 시대의 또 다른 중요한 사명이라고 봅니다.

우리 시대가 끝 모를 타락으로 달려가는 것은, 우리 크리스천들과 세상을 더욱 구별되게 하는 결과를 가져오리라고 봅니다.

기독교 120년에 우리나라의 도덕적 수준을 끌어올렸던 것도 기독교입니다. 축첩금지(蓄妾禁止), 금연, 금주, 도박금지 등 믿음의 선진들이 앞서서 실천했던 예수님의 가르침, 복음적 가치 중에서, 오늘날은 특별히 순결한 크리스천들로서 시대를 새롭게 하는 사명을 다짐해 주시고 실천해 주셨으면 하는 간절한 소망을 품고 기도합니다.

3부

탁상담화(Table Talks)

탁상담화
(Table Talks)

작금 한국교회는 엄청난 태풍을 맞고 있다. 이것은 잠시 지나가는 소낙비 정도가 아니라 교회를 붕괴시키려는 기세로 들이치는 쓰나미이다. 이것은 21세기 문명의 총아인 인터넷에서 발원(發源)하여 이제는 당당히 오프라인으로 나와 성경을 모독하고, 예수를 모독하며 교회에 대해 엄청난 험담을 늘어 놓는다.

이들의 돌팔매질(stoning)을 향해 "너희 중에 죄없는 자가 먼저 쳐라"고 당당하게 말할 수 있을까? 한국교회는 이제 고감도의 영적, 사회적 자정능력을 회복해야만 한다. 이러한 긴박함을 가지고 기독교인으로서 어떻게 생각하고 어떻게 살아가야 하는가? 라는 대안적 단편들을 선지자적 눈물과 통찰을 가지고 담아 보았다.

30. 기독교 역사관으로 시대를 조망해보다

1990년대로 기억한다. 대우 그룹이 아직 잘 나아가던 시대여서 그런지 「타임」(*Time*)지 뒷면에 대우그룹 이미지 광고를 낸 적이 있었다. 광고의 문구는 "역사는 꿈꾸는 사람들의 것이다"(history belongs to the dreamers)였다. 그러고 보면 역사라는 말은 일본이나 중국과의 과거사 이야기를 할 때나 혹은 학자나 정치가의 전문용어만이 아니라 기업인들까지 사용하는 친숙한 말이 되었는가 보다.

"역사 앞에서 부끄럽지 않게" 또는 "역사적 사명" 혹은 "역사가 심판할 것이다"라는 말로서 자신의 굳은 의지를 나타내기도 하고, 은근슬쩍 자신이 저지른 범죄나 곤란한 문제에서 도피해 보려는 사람들도 있다. 그러나 역사는 도피처로서는 안전하지도 않으며 일들이나 사람을 판단하는 재판관으로의 역할에 서투를 때가 많다. 그러나 분명한 것은 역사는 밝혀야 할 것은 밝혀 준다는 사실이다.

역사란 무엇인가? 라며 그 근거를 가지고 답을 말할 때에 사람들은 각기 다른 견해를 말한다. 그것을 사관(史觀)혹은 역사관이라고 한다. 여러 가지 사관이 있지만 모든 사람들에게 다 동의 될 수 있는 사관은 없으며 동의 받을 수도 없다. 그러므로 각자 선호하는 사관이 있다. 그것은 어쩌면 신앙과도 같은지도 모른다.

역사관은 사람들의 삶에 영향을 끼친다. 정치를 하는 이들에게도, 기업을 하는 이들에게도 심지어 목회자들에게도 사관은 중요하다. 그러므로 그리스도인들은 기독교 사관에 충실해야 한다고 믿는다. 그리고 기독교 사관으로 세상을 보는 것이 필요하고 중요하다.

먼저 기독교 사관이란 무엇을 말하는 것인가. 다른 사관들과 어떻게 다른가부터 살피는 것이 좋겠다. 기독교인이라고 해서 모두 같은 사관을 가지고 있었던 것은 아니었다. 최초의 기독교 역사가라고 불리우는 유세비우스(Eusebius)는 역사를 세속사(Secular History)와 거룩한 역사(Sacred History)로 구분하면서 세상 사람들의 역사 즉 세속사를 지양하고 거룩한 역사인 교회사에 더 많은 중요성을 부각시킬 의도로 교회사 서술에 임했었으나, 어거스틴(Augustinus)은 교회사나 세속사를 구분하지 않고 모든 역사는 하나의 시간과 공간 속에서 전능하신 하나님의 섭리가운데 있는 동일한 역사라고 주장했다. 후대의 기독교 역사관이라면 어거스틴의 역사관을 따르고 있다.

기독교 역사관은 과거의 사실들만 보는 것이 아니라 역사를 시간과 함께 이해하고 있다. 기독교 역사관이란 직선적(linear) 역사관이라고 부르기도 한다. 시작이 있으며 끝이 반드시 있다는 것이다. 그 말은 인류의 역사는 시간과 함께 시작되었으며 시간이 끝나는 곳에 역사도 끝이라는 생각이다. 좀 더 설명하면 시간은 우연한 것이 아니라 우주를 창조하신 전능자께서 시간도 창조하셨다는 사실을 믿는 믿음에서 출발한다. 성경말씀대로, 보이는 것들과 보이지 않는 것들을 창조하신 하나님께서 시작과 마지막을 주관하신다는 것이다.

　그 같은 관점에서 기독교 사관은 시간과 역사가 끝없는 미래로 연장되어가는 무한한 것이 아니며 또한 최후의 완성 없이 계속 반복하는 혹은 반복되는 것으로 이해하지 않는다. 즉 시간은 어떤 목적을 향하여 하나님의 섭리 하에서 진행되어간다고 본다.

　기독교 역사관은 역사가 순환된다는 그리스적인 순환론적 사관(循環論的 史觀)을 거부한다. 그것은 근본적으로 기독교 신앙 때문이다. 1)태초에 하나님이 천지를 창조하셨고 그 창조는 시간 안에서 이루어진 것이 아니라 시간과 함께 된 것이며, 따라서 시간은 인간의 삶을 맹목적으로 지배하는 숙명이 아니라 하나님의 섭리의 도구인 것이다. 그러므로 시간은 반복될 수 없고 최후의 목적을 향해 직선적으로 진행해간다. 2)말씀(Logos)이신 그리스도께서 시간 속으로 오셔서 성육신하심으로 인류 종말의 분명한 좌표가 되었고 3)인간 구원의 완성을 바라는 소망에서 종말은 실존적(實存的)으로 완성된다. 따라서 인류의 역사는 역사를 초월해 있는 세계창조, 그리스도의 성육신, 역사의 완성이라는 초역사적(meta history) 사건에 연계되어 있을 때에만 비로써 의미와 통일성을 찾을 수 있는 것이다.

그러므로 기독교 역사관은 하나님이 창조하신 시간과 공간 속에서 인간들이 이루어 내는 목적을 지닌 의미 있는 역할로써 그 동인(動因)이 하나님의 섭리요, 그 섭리를 이루는 인간의 사고와 행동인 것이다. 그것이 비록 선하신 하나님의 뜻과는 상관없어 보일 때가 있을지라도 결국 종말에 이루실 하나님의 종말론적 사건(終末論的 事件)을 향해 나아가는 과정인 것이다.

이렇게 기독교 사관은 정리해 놓고 보면 우리는 세상을 하나님 중심의 역사로 볼 수 있을 것이다. 그리고 우리의 역할과 삶이란 하나님의 선하신 뜻을 이루는 도구가 되어야 한다고 인정할 것이다. 그러므로 무엇을 하든지 다 하나님의 영광을 위하여 하라는 성경 말씀에 충실한 삶이 되리라고 본다.

"역사란 미래를 잉태하고 있는 과거에 대한 판단이다"라고 말한 호리고메 요조의 말이 옳다고 해도 우리는 역사의 심판자가 아니라 역사를 이루는 주인공들로 살아야 할 것이다.

31. 인격을 생각한다

인격은 존재의 바람직한 모습이며 내면이 겉으로 나타난 모습이다. 말에도 격이 있고, 글에도 격이 있다. 행동에도 격이 있다. 사람의 말과 글, 행동의 모습을 보고서 그 사람의 인격이 어떠하다고 말한다.

사무엘 스마일즈(S. Smiles)는 그의 『인격론』에서 진정으로 위대한 힘은 천재성이 아니라 인격이라고 했다. 그의 말을 인용하면 "천재성은 항상 감탄을 불러일으킨다. 하지만 존경심을 불러일으키는 것은 천재성이 아니라 인격이다. 천재성은 지성의 힘에서 나오는 것이라면 인격은 양심의 힘에서 온다. 사람들은 천재성을 지닌 사람들을 단순히 찬미하지만 인격을 갖춘 사람들을 신봉 한다"

필자가 만난 목사님들 중에서 존경스러운 분들이 많지만 그 중에서 안양에서 가장 영향력 있는 교회를 담임하시는 C 목사님에게서 받은 지워지지 않고 본받고 싶은 것이 있다.

그 분은 항상 신사다. 성직자 중에서도 멋진 분이다. 그 분의 말씀이 "나는 솔직히 설교를 잘 못합니다, 기도를 능하게 하지도 못합니다. 그러나 인격을 존중하는 목회를 하고, 인격자로 인정받게 되기를 목표로 삼고 노력합니다."라고 하셨다.

그 분과의 만남에서 경험으로 알 수 있는 것은 그 분은 말씀하신 것을 반드시 지키시는 분이다. 그처럼 말의 격은 바람직한 것에 대한 약속을 반드시 지키는 것이라고 생각해 본다. 돌아보면 인격적인 목회보다 귀하고 더 힘이 있는 것이 또 있을까? 한국교회 성직자의 언행이 일치하지 않아서 문제인 이때에 인격자를 만나기 어려운 때에 참으로 귀한 분이다.

예수님이 말씀하신대로 바리새인들의 가르침은 본받으나 행동은 본받지 말라고 하셨는데, 지식이 훌륭하고 뛰어난 가르침의 선생들인 바리새인들이 진정으로 훌륭한 선생이 아니라는 말씀이다.

인류에게 존경받는 선생님들은 하나같이 인격자이었다. 공자는 지혜의 탁월함이 아니라 인격으로 인하여 인류의 선생이라고 불리운다. 사람들은 소크라테스의 인격을 본받으려고 한다. 석가의 인격을 문제 삼지 않는다. 인격자라야 사람들이 따른다. 재주 많은 사람들은 잠시는 사람들을 놀라게 할 수 있으나 인격이 바닥나면 사람들이 등을 돌리고 만다. 그러나 인격자는 시대가 지나도 그 가치가 빛바래지 않는다.

진정한 신앙인이라면 인격자일 것이다. 사람들에게 인격자가 되라고 하면 성직자에게는 성자가 되어야 한다고 말하는 것이 과한가? 어거스틴은 '성직자의 영혼은 아침햇살처럼 투명해야 한다' 고 했다. 그러므로 성직자라고 불리워진다는 것이 두렵기까지 하다.

예수님을 닮기 위하여 날마다 자기를 부인하고 자신의 십자가를 지고 예수님을 따라가야 하지 않겠는가? 자신을 십자가에 못 박는 고통과 수고가 있는 삶이 귀하지 않겠는가?

참으로 배움보다 어렵고, 지식인 보다 더 귀한 것은 인격자가 되는 것이리라.

32. 충돌의 시대

경기도 평택시에서는 한바탕의 전쟁이 있었다. 수년간 끌어온 용산에 있는 주한 미군기지 이전문제가 더 이상 대화나 타협으로 해결될 수 없다고 판단한 정부가 공권력, 즉 경찰과 군병력 까지 동원하여 공무계획을 집행하는 과정에서 일어난 사건이다.

이전 반대를 외치는 주민들, 그리고 반전 반미 성향의 여러 단체의 사람들과 경찰들 수백 명이 부상을 당하는 일대 큰 충돌이 있었다. 그런가 하면 비슷한 시기에 국회에서는 여야 국회의원들 간에 한바탕 충돌 후에 부동산 특별법, 동북아 역사 재단법 등이 정부 여당의 원안대로 통과되었다. 이 같은 사건들을 보면서 사람들이 왜 충돌하면서 살 수밖에 없으며, 사회단체와 정부, 국민과 정부는 왜 충돌해야만 하는가를 생각하게 된다.

몇 년이 지났지만 사무엘 헌팅튼(Samuel P. Huntington)의『문명의 충돌』(*Crash of Civilization*)이라는 책이 많은 사람들에게 읽히며 관심을 끌고 있다. 1990년대를 기점으로 이데올로기 대립의 냉전시대는 공산주의와 사회주의에 대한 자유민주주의와 자본주의의 승리로 막을 내렸지만 다음의 시대는 문명이 대립하는 시대가 될 것이라는 주장이다. 세계평화를 위협하는 가장 위험한 요소는 문명의 충돌이라고 보았다. 그의 예견대로 기독교 문명과 이슬람 문명의 대립은 심각한 현실로 나타나고 있으며 사람들은 미국의 9·11 테러를 그 한 예로 이해하고 있다.

돌아보면 인생이란 사람들끼리 늘 부딪히고 충돌하면서 살고 있다는 사실을 알게 된다. 물리적인 충돌에서 사상적인 충돌로, 작게는 자동차들의 충돌에서부터 크게는 대형선박의 충돌, 땅에서의 충돌과 하늘에서의 충돌을 볼 수 있다. 그런데 충돌은 언제나 사고라는 이름을 얻게 된다. 충돌은 항상 위험한 일이다. 부딪히면 어느 한쪽이든 혹은 양쪽이 다 상처를 받게 된다. 그래서 화합을 중시하며, 자기주장 보다는 서로의 의견 조율이 중요한 것이다.

그런데 현실은 그게 어려워 보인다. 세상의 일반적인 충돌은 낯설은 것이 아니다. 시장에서는 상업적 이익 때문에 충돌하고, 기업이나 회사는 사주와 노조가 충돌한다. 국회에서는 정치적 이익 때문에 항상 여야가 충돌하고 국가 간에는 국가의 이익 때문에 부딪힌다. 우리나라는 지금 작은 영토 독도를 놓고 일본과 충돌하고 있다.

세상은 그렇다고 해도 교회에서 교인들 간에 충돌과 목사와 장로의 충돌도 어렵지 않게 목격된다. 그 충돌의 해결자를 사회법정으로 삼고 있는 교회현실이 서글프다. 생수 같은 신선한 물을 세상으로 흘려보내야 하는 교회까지 서로 충돌하여 흙탕물을 일으키는 현실이 부끄럽고 안타깝다. 그러면 사람들은 왜 거룩한 교회에서까지 충돌하면서 살아야만 하는가? 무엇이 사람들을 싸우게 하는가? 화합이 안 되고 평화가 깨어지는 것은 무엇 때문인가? 사회 구조적 문제인가? 사람들의 타락한 본성 탓인가?

충돌의 내용과 주장들을 살펴보면 화합이 안 되는 이유는 크게 두 가지로 요약된다. 하나는 서로의 이익 때문이다. 물질적 이익을 위해 충돌한다. 손해를 안 보려는 심산이거나 더 많은 이익을 얻으려는 욕심 때문에 충돌이 생긴다. 욕심이 필연적으로 싸움을 가져온다. 성경은 "욕심이 잉태한즉 죄를 낳고 죄가 장성한즉 사망을 낳는다"고 하였다. 욕심을 내려놓으면, 욕심을 조금만 덜 부리면 충돌은 줄어들 것이다.

다른 하나는 지도자의 문제이다. 세상은 어떤 지도자가 이끌고 있느냐가 중요하다. 19세기 영국의 작가 사무엘 스마일즈(Samuel Smiles)가 쓴 『인격론』(*On Personality*)이라는 책에서 세상을 이끄는 가장 강력한 힘은 인격이라고 했다.

지성이나 능력이 아니라 인격이라는 주장에 대하여 세상물정 모르는 순진한 생각이라고 비난할지 모르나 천재성보다는 훈련된 사람, 훌륭한 인격을 갖춘 지도자가 사람들의 충돌을 피할 수 있게 한다는 말에 공감한다.

오늘날 충돌의 시대는 지혜가 있으나 사심이 없고 권력을 위임받아도 교만하지 않은 리더쉽과 인격을 갖춘 지도자를 기다린다.

33. 잘못된 길

전철을 잘못 타서 목적지의 반대 방향으로 가 본 일은 누구나 한 번쯤은 경험함직한 일이다. 얼마를 지나서 무언가 잘못 가고 있다는 것을 깨닫고, 다음 역에 내려서 다시 반대방향의 전철을 타고 돌아올 때에 기분은 유쾌하지 않을 것이다. 처음 갈 때보다 갑절의 힘이 들고 시간약속에 나선 길이라면 십중팔구는 늦게 되어 있다.

외국에서는 도로 옆에 가끔 진입불가(wrong-way), 잘못된 길이라는 표지가 있음을 발견한다. 언뜻 보아서는 갓길 같아서 진행해도 문제가 되지 않을 것 같으나 가면 안 되는 길이다. 역주행의 길이 되거나 유실된 도로를 만나게 된다. 그와 유사한 일은 사막을 여행할 때도 발견하게 된다고 한다. 광야를 여행하는 사람들은 앞서 간 이들이 뒤에 오는 사람들을 위하여 자신이 잘못 갔던 길에다 표시를 해 놓는다고 한다. 나뭇가지를 꺾어서 그 곳을 가로질러 놓는다거나, 또는 길에 도랑을 파놓으면 뒤에 오는 사람들은 그 곳이 잘못된 길임을 알고 다른 길을 선택한다는 것이다.

자연섭리인 인간의 역사를 통해서도 우리는 많은 것을 배운다. 중국 당나라 현종 때에 이 백(李 白)이라는 사람이 있었다. 그의 시는 당대에는 물론 후대에까지 찬사를 받는다. 사람들은 그를 시성(詩聖)이라고 일컫는다. 그러나 그의 삶은 처음부터 바른 길만 갔던 것이 아니었다. 그는 젊은 시절 한 때, 방탕한 삶을 살았다고 전한다. 무너진 희망을 남의 탓으로 돌리며 세상을 술과 놀이로 살아가고 있었다.

그러던 어느 날 한 노파를 발견하게 된다. 주름투성이인 여인이 둥근 쇠공이를 바위에 열심히 갈고 있음을 보고서는 "할머니 그 쇠공이를 갈아서 무엇에 쓰려고 합니까?" 돌아온 대답은 "바늘을 만들려고 한다네."였다. 실소를 금치 못할 일에 이 백은 "할머니 무슨 농담을 그렇게 하십니까?" 라고 말하자 노파는 "이게 뭐가 그리 대단한 일이람, 열심히 하면 되지, 쇠공이로 바늘을 어떻게 만드느냐는 따위가 무슨 말이람." 그리고는 다시 열심히 일하는 노파를 보니 쇠공이가 바늘이 될 수 있다고 믿어지게 되었다고 한다.

그 일 후에 이 백은 자신의 삶이 잘못된 길임을 깨닫게 되었다고 한다. 이에 마음을 고쳐먹고 뜻을 세우고 열심히 노력하여 훌륭한 시인이 되었다고 해서 후대 사람들은 마저작침(摩杵作針)이라는 고사성어로 그 일을 기억하고 있다. 잘못된 길에서 돌아선 성공적인 사람의 예이다.

인생이라는 길은 누구든지 한 번만 가는 길이다. 그러므로 자신의 삶이 바른 길인가를 성찰해 보아야 한다. 성직자로서의 바른 길이 있고 평범한 사람들의 바른 길이 있다. 그러나 그 길을 버리고 다른 길을 간다면 필경 잘못된 길이 될 것이다. 발람이 그런 사람이었다. 나귀에게 책망을 들을 만큼 고집스럽게 잘못된 길을 가고 말았다. 잘못된 길을 버리고 바른 길을 가는 것이 어려운 것은 자신의 잘못을 인정하는 것을 괴로운 일로 여기기 때문이다. 사람들은 자신이 잘못된 길을 가고 있다는 것을 알았을 때는 누구나 후회한다. 그러나 시인하고 돌아서는 용기가 새로운 길을 갈 수 있게 한다. 그 일은 빠를수록 좋다.

미국의 대통령 부시(George Bush)도 젊은 날 한 때는 마약까지 하였던 방탕의 길을 갔던 적이 있었다고 한다. 그러나 그 잘못된 길에서 돌이킨 후에 나라를 책임지는 최고의 자리에까지 이르게 되었다. 삼국통일에 큰 공을 세운 신라의 김유신도 한 때는 술집을 드나들었으나 읍참애마(泣斬愛馬)의 결단으로 잘못된 길에서 돌아선 것을 역사는 전한다.

길에는 올바른 길이 있고 잘못된 길이 있다. 어느 길이든 사람들이 선택해야 한다. 그리고 그 선택에 대한 책임은 본인이 져야 한다. 우리가 지금 가고 있는 길은 잘못된 길은 아닌가? 살펴볼 일이다.

34. 발자국 남기기

신발가게 앞에 서 본 일이 있다. 셀 수 없이 많은 온갖 색상과 모양의 디자인, 그 많은 신발들을 보며 만든 사람들의 기술과 수고를 생각해 보았다. 그 중에서 어린이들의 신발은 작고 더 예쁘다. 그 신발을 신고 걷는 꼬마들의 모습을 보았다. 예쁜 발을 보았다. 그 예쁜 신발을 신고 남길 발자국도 보는 것 같았다.

발자국은 그 곳을 지나간 사람들의 흔적이다. 남성의 발자국은 여성의 발자국과 다르다. 어른들의 발자국은 어린이들의 발자국보다 크다. 거인의 발자국은 그 보다 더 크다. 발자국의 모양과 크기로 지나간 사람들을 짐작한다.

김구 선생은 "하얀 눈길에는 발자국을 잘 남겨야 한다." 고 했다. 나중에 따라오는 사람들을 위해서라고 했다. 그런가하면 발자국은 그 사람을 자꾸 따라간다. 산으로 가면 산으로, 들로 가면 들로 자꾸 따라간다. 끝없이 따라간다. 발자국은 그것을 남기는 자신은 잘 못 보지만 뒤에 가는 사람들은 잘 본다.

이 땅에는 수많은 사람들, 그리고 수를 헤아릴 수 없는 사람들과 동물들의 발자국이 있었을 것이다. 그러나 대부분의 발자국은 지워져 흔적이 없지만 그 중에는 오랫동안 지워지지 않는 발자국도 있다. 바위에 새겨진 공룡의 발자국도 있다. 아마도 밟고 지나간 것이 후에 화석화 되어서 지워지지 않았을 것이다.

　발자국은 의미가 많은 것도 있다. 살아간 모습을 말한다. 그 사람이 어떻게 살아갔는지를 보여주며 우리들은 흔히 그 사람의 발자국이라고 부른다. 무슨 말을 하고 살았는지, 어떤 행동을 하고 살아갔는지, 어떤 일을 하고 살았는지, 그리고 무엇을 남겼는지를 발자국이라고 한다. 그렇다면 발자국은 아름다운 것도 있겠고 그렇지 못한 발자국도 있다. 남들이 따라가고 싶은 발자국도 있고 따라가서는 안 되는 발자국도 있다. 위대한 발자국도 있고 본인 입장에서는 남들에게 보여 주고 싶지 않은 부끄러운 발자국도 있다.

　발자국은 신앙적인 것도 있다. 사도들은 예수님을 따르는 신앙의 좌표가 무엇인가라는 발자국을 남겼다. 베드로 사도는 주님처럼 머리를 위로 하고 순교할 수 없는 죄인일 뿐 교황이 아니라고 웅변한다. 하나님은 사랑이시라는 사도 요한의 설교는 듣는 이들의 심장을 흔드는 흔적을 남기고 갔다. 바울은 사는 것과 죽는 것은 오직 주님의 영광된 일을 위한 것일 뿐이라는 발자국을 남겼다. 교부 어거스틴(Augustinus)은 신앙과 사상의 거대한 저수지를 남겼다. 오늘날까지 수많은 사람들이 그의 거대한 사상과 영성(靈性)의 저수지에서 물을 길어가기도 했다. 심지어 칼 마르크스(Karl Marx), 지그문트 프로이트(Sigmund Freud) 그리고 에드문드 훗썰(Edmund Husserl)

까지도 어거스틴의 우물에서 물을 길어갔다고 하지 않는가?

　우리는 오늘도 발자국을 남기는 사람들이다. 서민들도 남기고 권력자들도 남기고 학자들도 남긴다. 작가는 글로서 발자국을 대신한다. 목회자는 설교와 삶으로 발자국을 보일 것이다. 묘비를 보면 대강 알 수 있다. 언제 태어나고 언제 죽었는지, 그리고 자녀는 몇인지 알 수 있다. 또한 어떤 일을 했는지도 알 수 있다. 그 발자국이 내 발자국이라면 그 앞에서 더욱 숙연해지고 차분해 질 것이다. 우리는 어디로 가면서 어떤 발자국을 남기고 있는지 발자국을 돌아보듯 우리의 삶을 돌아보아야 한다.

　오늘날 한국 사회와 교회는 그 발자국을 따라가고 싶을 만한 사람이 없다고 탄식한다. 참된 지도자도 없고, 본받을 스승도 없다고 한다. 거인의 발자국을 보고 싶다. 아름다운 발자국이 그립다.

　내 발자국 앞에 서보자. 잘 가고 있는지, 남들이 뒤 따라가도 되는 길로 난 발자국인지. 길을 혼자 가기 어려우면 나를 따라오라고 하신 분을 따라가면 되지 않을까를 생각해 본다. 예수님은 "나를 따라오라"고 하셨다. 예수님의 발자국은 세상에서 영원히 지워지지 않는 가장 아름다운 발자국이기에 그 분을 따라가면 함께 아름다운 발자국이 되리라는 믿음이 있다. 결국 인생은 발자국 남기기가 아닌가. 하나님께서 "이제 그만 걸으라, 내가 네 발자국을 살펴보아야 겠다."고 하실 때까지…

35. 진실의 신을 신고 믿음의 길을 가라

주님께 가는 길은 믿음뿐이다. 다른 길은 처음부터 존재하지도 않았다. 그 길은 좁고 험하기에 신발이 튼튼해야 한다. 진실이라는 신발이 가장 오래 신을 수 있다. 거짓이라는 신발은 십리도 못가서 망가진다. 탐욕의 옷을 입고 거짓의 신을 신으면 반드시 부끄럼을 당하고 망하게 되어 있다.

오늘날 우리 사회는 정치부터 마키아벨리즘(Machiavellism, 정치적 목적이 수단을 정당하게 여기는 주의)에 감염되어 있고, 나폴레옹처럼 거짓을 앞세운 '알프스산 넘기식' 의 사람들이 많다. 순간을 살기 위해 영원히 망하는 위험한 게임을 즐기는 사람들이 늘고 있다. 진실은 순진한 것이며 거짓은 지혜로운 것이라는 생각에 불한당(不汗黨)들의 놀음을 즐기는 사람들이 많이 늘어나고 있다.

우리나라는 거짓말 때문에 멍든 사회다. 이승만 정권 때에 북한군이 미아리 고개까지 쳐내려 왔는데도 "국민여러분 안심하십시오 우리 국군이 잘 막아내고 있습니다"라는 멀쩡한 거짓말 때문에 수많은 서울 시민이 희생을 당했고, 최근 몇 년 전에 지나간 어느 정권은 남.북 정상회담을 위하여 북한에 단 1달러도 준 일이 없다던 말도 새빨간 거짓말이었고, 이제는 정치가들의 말은 처음부터 믿지 않고 사는 것이 마음 편한 시대가 되었다.

거짓은 반드시 부패를 낳는다. 황 아무개라는 교수는 과학자라면서, 순진하고 과학을 신뢰하는 국민들에게 과학이라는 이름으로 속임수를 썼으니 더 말해서 무엇하겠는가? 남을 속이지 못하는 사람이 못난 사람이 된 사회가 되었다. 오늘날 우리의 현실은 이처럼 거짓이 통하는 사회, 거짓이 용인되는 사회, 거짓으로 이익을 보는 사회가 되었으니 이를 그냥 두면 우리의 미래는 참으로 암담할 뿐이다. 고상하게 사기치고, 사기 칠 머리가 없으면 폭력으로 대신하는 사회가 되어가고 있다. 어른이 하니까 아이들도 한다. 정치가가 하니까 서민들도 한다.

대학의 커닝이 보편화되어 있다고 한다. 참다못한 모 대학 기독교선교회에서 커닝 안 하기 캠페인을 펼친 일이 있다. 우리 사회에 만연한 이 거짓을 어떻게 할 것인가. 이것이 우리에게 주어진 역사적 과제라고 말하면 너무 과민하고 거창한 것인가?

『성공하는 사람들의 7가지 습관』의 저자 스티슨 코비(Steven Covey)가 몇 년 전에 우리나라에 와서 "기업의 경쟁력 중에 유력한 것이 도덕성"이라고 했다. 기술력이나 다른 경영기법보다 도덕성(morality)이 앞서야 한다는 말은 가히 충격적이다. 거짓말은 편리하다고 생각해서 반복한다. 어떤 것은 불가항력적이어서 거짓이 되는 경우도 있다. 그러나 대부분의 거짓은 이익이 된다고 여겨서 한다. 그러나 정말 그런가? 성경은 "속이고 취한 식물은 맛이 좋은듯하나 후에는 그 입에 모래가 가득하게 되리라"(잠언20:17)고 말씀하고 있다.

이제 교회가 이 시대에 할 일을 말하자. 할 말을 하자. 거짓말 안하기 운동을 하자. 기독교의 진리는 진실을 바탕으로 하고 있다. 진리와 진실은 뿌리가 같은 말이다. 거짓은 그 결과가 선이라고 해도 사탄의 교리이다. 하나님께서 미워하시는 것 중에 거짓이 중심에 있다는 것을 말해야 한다.(잠언6:17) "진실한 입술은 영원히 보존되거니와 거짓 혀는 눈 깜짝일 동안만 있다"(잠언12:19)고 했다.

성경해석자 매튜 헨리(Matthew Henry)가 말한 대로 순금은 도금할 이유가 없으니 진실은 항상 새로운 것이며 우리가 믿음으로 주님께로 나아가는 길에 신발로서 가장 오래 신을 수 있는 도구가 아닌가? 비둘기 처럼 순결하지 않으면 뱀처럼 지혜로운 것은 가증(可憎)한 일임을 알려주어야 한다. 거짓으로는 아무것도 얻을 수 없다는 것을 보여 주어야 한다. 있다면 실패와 불명예라는 것을 알게 해야 한다.

오늘날 이런 저런 일들로 인하여 성직자의 권위에 균열이 생기기도 하고 교회의 신뢰성이 문제가 있다고는 하나 그래도 하나님의 영(靈)이 거하시는 교회가 유일한 희망이다. 또한 대부분의 교인들은 자기가 섬기는 교회의 성직자를 정직하다고 믿는다. 그러므로 이 시대에 정직운동은 교회가 펼쳐야 한다. 성직자가 앞서면 교인들도 함께 할 것이다. 이 시대를 구하는 것은 예수 그리스도의 복음이며 정직의 실천운동이라고 본다. 우리 모두 진실의 신을 신고 믿음의 길로 가자.

36. 말의 능력

말을 한다는 것은 사람됨의 증거이며 축복이다. 말이란 의사소통 그 이상의 무엇을 가지고 있다. 말은 능력을 가지고 있다. 파괴하기도 하며 세우기도 한다. 행복을 선물하기도 하지만 불행을 초청하기도 한다. 말은 사람들로 하여금 사랑하게도 하고 미워하게도 한다. 평화롭게도 하지만 싸움도 만든다. 용기를 주기도 하지만 좌절도 준다. 말은 아픈 마음을 치유하기도 하지만 말로써 준 상처는 어떤 상처보다 깊기도 하다.

말이란 먼저 마음에서 만들어지고 그 다음에 밖으로 나와서 사람들의 귀에 들리게 된다. 말의 능력이란 결국 생각의 위력이라고 해도 틀리지 않을 것이다. 말은 사람의 일들을 결정하게 한다. 말을 하기 전에는 자유했으나 말로서 약속을 하고 나면 그 말에 매이게 된다. 그렇기 때문에 말 이전에 마음이 더 중요하다. 말하기 전에 한 번 더 생각하는 훈련이 필요하다. 그래서 일언삼사(一言三思)라는 말도 생겨났다. 불평스러운 마음에는 감사의 말을 내어놓지 못한다. 미워하는 마음이라면 사랑의 언어를 기대하기 어렵다. 아름다운 마음에서 고운 말이 나온다. 긍정적인 마음이라야 "할 수 있다"는 말을 한다.

말에도 색깔이 있다고 한다. 인격이라는 색깔, 교양이라는 색깔, 사상이라는 색깔이 있다. 말로서 그 사람을 그려볼 수 있다. 긍정적인 사람인지 부정적인 사람인지, 진실한 사람인지 거짓된 사람인지 알 수 있다.

말은 생각에도 영향을 준다. 듣는 사람뿐만이 아니라 말을 하는 사람 자신도 영향을 받는다. 말은 운명까지도 바꾸어 놓는다. 하나님께서는 우리가 말하는 대로 되어진다고 하셨다. 민수기 14장 28절에 보면 "너희 말이 내 귀에 들린 대로 너희에게 행하리니"라고 하셨다. 그런가하면 "죽고 사는 것이 혀의 권세에 달렸나니(The to -ngue has the power of life and death) 혀를 쓰기를 좋아하는 자는 그 열매를 먹으리라"(잠언18:21)고 했다.

말은 잊혀지는 것이 아니라 사람들 사이에 회자(膾炙) 된다. 역사에 유전된다. 그러므로 말은 후대까지 영향을 준다. 만날 수는 없는 지난 시대의 사람이지만 들려진 말로서 그 사람을 판단한다. 우리가 마하트마 간디(M. Gandi)를 만나지 못했으나 "약한 자의 무기는 비폭력"이라는 말로서 그를 이해한다. 우리가 또한 BC. 3세기에 살았던 그리이스의 철학자 소크라테스(Socrates)를 만나지 못했으나 "나는 죽으러 가고 여러분은 살기 위해서 가야할 시간입니다. 그렇지만 우리들 중에 어느 쪽이 좋은 곳으로 가게 될지는 하나님만이 알고 계십니다"라는 남겨진 말로서 그의 사람됨을 알 수 있다. 20세기 흑인 목사 마틴 루터 킹 주니어(Martin Luther King. Jr) 목사가 남긴

말 "나에게는 꿈이 있습니다"를 통하여 그가 얼마나 흑인의 자유를 갈망하고 확신했는가를 알 수 있다.

요즈음 우리나라는 정치가들의 순화되지 않은 말 때문에 말이 많다. 너무 가볍게 하고 말이 많다는 지적도 이제 지쳤다는 표정들이다. 권력이 크고 지위가 높을수록 그의 말은 파장이 더 크다는 것을 알았으면 좋겠다고 말들을 한다. 그러나 그런 말도 계산된 말이라고 이야기 하는 사람들도 있다.

우리는 말의 지혜를 얻기 위해 과거 선배들을 찾아갈 수 있고 오늘의 선생님들을 찾아갈 수도 있다. 그러나 무엇보다도 지혜의 근원이신 하나님 앞으로 나오는 것이 필요하다. 성경은 말씀한다. "유순한 대답은 분노를 쉬게 하여도 과격한 말은 노를 격동하느니라" (잠언 15:1) "경우에 합당한 말은 아로새긴 은쟁반에 금사과니라" (잠언25:11)

말은 지혜이다. 지혜는 하나님을 경외하는 사람들이 받는 축복이다. 솔로몬처럼 지혜를 얻기를 위하여 기도하는 사람들은 많으나 말을 잘하기를 위하여 기도한다는 사람은 적다. 우리는 말의 능력을 알고 그 축복된 일을 알아서 기도로써 말의 지혜를 구해야 한다. 하나님은 구하는 이들이 받는다고 말씀하셨다.

37. 따라 하기

어느 집회에서 두 분의 남녀 교수가 부른 찬송은 감동이었다. 『주님과 함께 걷는 길』이라는 곡이다. "주님과 함께 걷는 길은 멀고도 가까워, 고통도 기쁨으로 변하네, 고통을 나누고 기쁨을 나누며 주님과 함께 걸어가노라면, 나는 어느새 주님을 닮아가" 그리스도인들이 가장 원하는 모습은 예수님을 닮아가는 것이 아닌가 한다.

요즈음 부자 되기 원하는 이들이 많아 '부자 따라 하기' 가 유행하고 있다고 한다. 부자 되는 법(how to be rich)을 배우려는 사람들이 많다고 한다. 부자가 되려면 부자의 사고방식, 생활습관을 따라 하라고 충고한다. 부자들은 열심히 일하고, 부지런히 배우고, 힘 다해 저축한다고 하는데, 그렇게 하는 것이 부자 되는 길이라고 말하지만 결과는 더 두고 볼 일이다.

군대에 다녀온 이들은 훈련소라는 특별한 곳에서 조교라는 특별한 사람을 만날 것이다. 교관의 지시에 따라서 시범을 보이는 사람이 조교다. '숙달된 조교의 시범' 을 보고 따라 하라고 한다. 처음에는 잘 안되지만 조교가 보여준 동작 하나 하나를 닮으려고 반복하여 따라하다 보면 근사한 군인의 기본자세가 나오는 것을 경험하게 되는 것이다.

사실 인생뿐만이 아니라 동물의 세계는 더욱 따라 하기로써 삶의 방식을 배워간다. 새의 하늘을 나는 능력도 어미새의 날개 짓을 따라하다가 얻어지는 것이며, 어린 육식동물의 사냥도 어른 동물들의 모습을 따라하다가 배우게 되는 것이다. 미국 북부지방에 사는 나무오리는 알에서 부화한 후 24시간 안에 7-8m의 높은 나무둥지에서 강물로 뛰어 내릴 수 있는 것도, 어미 오리가 뛰어 내리는 모습을 보고 따라 해서 가능한 것이다.

사람들의 언어도 먼저 말하는 이들의 모습을 따라하다 보면 되는 것임을 알게 된다. 입모양이 먼저이며 여러 번 반복해서 따라하다 보면 소리가 되고 언어가 되는 것이다. 사람들의 생활습관이 지역에 따라 다른 것을 볼 수 있고 가족에 따라 풍습이 다른 것은 어른들의 모습을 후손들이 따라 함으로써 학습되기 때문이다.

그러고 보면 따라 하기가 중요하다는 것을 알게 된다. 교육학에서는 모방이 교육의 첫 걸음이라고 가르친다. 모방이 교육의 모두는 아닐지 모르나 바람직한 것을 모방하는 것은 필요하다. 한때는 비실비실하며 걷던 코미디언의 모습을 모방하여 어린아이들이 모두 비실 비실하는 것을 흉내 내던 일도 있었다. 어른들의 생활은 어린이들에게 보고 따라하라는 시범과 같은 것이어서 어른들의 오늘의 모습은 어린이의 내일에 모습이 될 것이다.

유대인의 전승(傳承)에 의하면 유대 랍비들의 교육은 스승과 학생이 가장 가까운 거리에서 듣기도 하지만 보고 따라함으로 배우게 한다는 것이다. 우리 주 예수 그리스도께서도 제자들과 3년을 함께 거하시면서 보고 듣고 배우도록 하셨다. 그래서 제자들은 후에 "우리 주님과 함께 있을 때에" 라는 말로 가르침을 베풀기도 했다.

기독교 고전인 토마스 아 캠피스(Thomas Akempis)의 『그리스도를 본받아』(*Imitatione Christi*)라는 책에서, 예수님처럼 생각하고, 예수님처럼 말하고, 예수님처럼 행동하려는 깊은 경험을 만나게 한다. 예수님을 닮으려면 예수님처럼 살아가고, 어느 성자를 닮으려면 그의 모습을 따라하면 닮게 되리라고 본다.

이미 예수님께서 말씀하신 일이 있다. "나는 마음이 온유하고 겸손하니 나의 멍에를 메고 내게 배우라" 그런가하면 제자들의 발을 씻기시고 나서 "내가 너희에게 행한 것같이 너희도 행하게 하려하여 본을 보였노라"(요13:15) 이처럼 닮으려면 따라 하라!

38. 죄의식 실종시대

과거 우리 선조들은 사람들의 기본적인 행동양식으로 '염치'(廉恥)라는 말을 사용했다. 체면을 차릴 줄 알고 부끄러움을 아는 마음을 염치라고 한다. 염치를 마음에 두고 살아가던 시대에는 나름대로 외형적 질서가 있었다. '염치없는 놈'이라면 큰 욕으로 여겼었다. 그래서 염치를 모르는 사람은 사람대접을 받기 어려운 사회였었다.

그런데 산업화되고 도시화된 현대는, 사회적 전승이며 정신적 약속인 염치라는 오래된 사회적 규범을 내어버린 지 이미 오래다. 오히려 염치없는 사람을, 자기주장이 강하고 나름대로의 삶의 목표와, 의지를 가지고 사는 사람으로까지 생각하게 된다.

게다가 현대는 죄를 죄로 여기지 않는 '죄의식 실종' 시대가 되었다. 사회적 지도층의 죄의식 실종은 일반대중에게 별다른 저항 없이 전파된다. 정치인들의 부정부패, 거짓과 속임은 사회 전반에 부정적 파급효과가 크고 빠르다. 지식인의 죄의식 실종은 젊은이들을 그렇게 교육한다. 논문 표절(plagiarism)은 이제 애교(?)가 되고 있다. 가짜학위로도 아무렇지 않게 대학 강단에서 교육하는 현장이고 보면, 교육으로 사회를 바로 세울 수 있다는 희망은 어디서 찾아야 하는지 한숨이 절로 나온다.

독일의 역사가 레오폴드 랑케(Leopold von Ranke)는 "한 사회나 국가의 흥망성쇠는 그 공동체가 가지는 도덕적 에너지(moral energy)에 달려있다"고 했다. 그렇다면 우리 사회의 도덕적 힘은 어떠한가? 사회 구성 요소 중에서 가장 높은 도덕적 가치를 사회에 전해야 하는 곳이 종교계이다.

종교계가 사회를 밝게 하고 아름답게 하고, 소금과 빛의 역할을 다하고 있는가? 라는 물음에 긍정적인 답을 얼른 얻기가 어렵게 되어 가고 있다는 소리가 높다.

종교는 사회를 계도(啓導)하고 사람들에게 정신적 안정을 주고, 더 높은 가치를 세워줌으로써, 한 차원 높은 사회를 지향하도록 하는 역할을 한다. 그럼으로 사회의 도덕적 타락과 정신적 부패를 막아주고 사회를 정화하는 역할까지 하게 된다.

그런데 그 같은 종교계의 사회적 역할은 다문화(多文化) 사회의 도래와 물신(物神)숭배 사상에 함몰(陷沒)되어가고 있는 것 같다. 오히려 종교계의 역할 기대보다, 종교계를 염려해야 하는 일들도 종종 있다. 이를 어찌할 것인가?

종교계의 죄의식은 사회적 죄의식과 다른 것인가를 묻는 이들도 있다. 어느 종교에서는 성직자의 문제가 생기면, '가짜 O려'다 라고 둘러대고 피해간다. 그런데 어느 종교는 성직자가 문제를 만들면, '가짜 ○사' 다 라고 말해도 통하지 않는다. 사실 가짜가 문제를 일으키지만 어떤 경우는 가짜들이 만들었다고 둘러댈 수 없는 난감한 문제들도 있다. 그 문제의 속내를 들여다보면 모두 죄의식 결핍으로 인한 문제이다.

국가의 신뢰도에 관한 문제도 죄의식의 문제와 연결됨을 알 수 있다. 세계 제2차 대전의 주범 독일과 일본의 전후 태도가 사뭇 다르고 그로 인하여 신뢰도에도 상당한 차이가 있다. 독일은 전쟁에 대한 죄악을 진심으로 사죄하되, 기회 있을 때 마다 몇 번이고 사죄하여 그 진정성을 보이고 있다. 반면에 일본은 마지못하여 사과의 시늉을 하지만, 그것을 바라보는 세계인들은 이를 신뢰하지 못하고 있다.

왜 그런가? 독일과 일본의 태도를 종교적 가치에서 나온 것이라고 보는 견해가 지배적이다. 독일인은 기독교적 정신이 바탕에 되어 있어서 언제나 하나님 앞에 선 자신들을 인식하지만, 일본인은 자신의 죄악들을 벌할 신이란 존재하지 않기 때문에 현실만 회피하면 되고, 죄의식까지 가질 이유가 없다고 생각한다는 것이다.

최근 우리 사회에서 큰 파장을 몰고 온 유명 연예인들의 연이은 자살 사태도 그 내막은 죄의식이 없는 네티즌들의 악플 때문이라는 분석이다. 이는 '죄의식 없음' 이 우리 사회를 얼마나 피폐(疲弊)하고 비참하게 하는가를 보여주는 사례라고 볼 수 있다. 자신들이 하는 행위를 죄의식 없이 하고 있다는 반증이, 고인이 죽은 그날도 계속되고 있었다는 것이다. 남의 입장은 생각하지 않고 악의적으로 달아대는 악플은 양심의 실종에서 오는 죄의식 부재라고 밖에 달리 해석하기 어렵다.

윤동주의 서시, "잎 새에 이는 바람에도 괴로워했다"는 시구는 결벽주의가 아니라, 인간 본연의 소리이며 아름다운 울림의 마땅함이다. 이 시대의 죄의식 없음을 어떻게 치유해야 하는가?

독일의 철학자 칸트(Immanuel Kant)의 말대로 '하늘에는 별이 있듯이 인간의 마음에는 양심(내적 법정의 의지)이 있으며, 양심은 교육에 의해서도 세워져간다' 고 하였다. 그렇다면 더 늦기 전에, 우리 사회를 살리는 길은 양심을 일깨우고 양심의 소리를 들을 수 있게 하는 일임을 인식하고, 더욱 힘써야 되지 않는가!

39. 무당의 세상을 만들려는가?

　　최근 우리 사회는 전통이라는 미명하에 미신을 조장하거나 우상을 숭배케 하는 행위로 충만하다. 굿하고 점치고 무당 찾아다니고 제사하고 장승세우고 단군상을 세우는 등 그야말로 혼돈의 세상으로 빠져 들어가고 있다. 게다가 소위 "우리 것은 좋은 것이야"라는 국수주의적인 사상들이 폭력적인 힘을 발휘하고 있다. 이 같은 일은 우리 사회가 건강하지 않다는 증거이기도 하다. 역사를 통해서 배우는 교훈 중에 하나는 사회 안정성에 문제가 생길 때는 사상적 이단과 종교적 사이비들이 많이 등장하는 것이기 때문이다.

　　언론들도 사회계도의 사명을 망각한 것이 아닌가 한다. 방송들은 역사극이나 드라마를 흥미 위주로 하여 복술가들을 찾아다니는 내용을 너무도 많이 방영하고 있으며, 신문들은 조선일보 국민일보를 제외하고는 "점 보러 오세요"라는 광고를 여러면에 걸쳐서 광고하고 있다. 이는 사회 공기(公器)로서의 기능을 외면하고 혹세무민(惑世誣民)하는 자들과 부화뇌동(附和雷同)하는 행위라고 비판받아 마땅하다.

　　사회가 아무리 불안하고 미래가 불투명해도 혹세무민하고 미신을 조장하는 점쟁이에게 자신들의 장래를 맡기는 것은 어리석음만

이 아니라 위험하기 짝이 없는 일이다. 어려울수록 합리적인 이성과 불굴의 개척정신으로 자신의 문제를 해결해야지 요행이나 운수에 맡긴다는 것은 책임 있는 현대인의 자세라고 볼 수 없다. 이 같은 일에 대해서 일찍이 실학자 이익(李瀷)은 『성호사설』(星湖僿說)에서 경계하기를 "귀신의 복이 사람에게 미친다는 설은 망령되고 허탄한 말"이라고 했으며, 다산 정약용도 무당이나 풍수지리에 대해서 말하기를 "사람을 현혹하는 간사하고 요망한 일"이라고 했다.

풍수설과 점치는 행위, 그리고 역술행위가 사람들에게 효험이 있고 복을 준다면 어찌하여 왕조는 망하였고 사람들에게 불행이 찾아오는가? 조선조의 왕능은 천하에 유명한 풍수가들의 작품이 아니던가? 점치기 좋아하고 굿하기 좋아하던 명성황후는 그의 최후가 어떠했는가? 그분은 그의 아들이 죽었을 때에 전국 8도에서 용하다는 무당 수 백 명을 왕궁으로 불러들여서 10 일간 굿을 하게 하였고 자기 신변의 대소사를 점에 의존하였었다. 점술가들이 사람들의 장래를 예언해 준다는 것이 사실이라면 어찌하여 우리 나라 역사상 가장 참혹하고 국민의 마음과 자존심에 씻을 수 없는 깊은 상처를 안겨 주었던 국모(國母)의 시해(弑害)만이라도 면하지 못하게 하였는가?

점쟁이나 역술가의 미신조장행위는 사람들로 하여금 숙명론에 빠져서 창조적인 사람이 되지 못하게 하는 것이다. 처음에는 의존

상태에서 출발할지 모르나 후에는 종속관계에 묶이게 되어 평생을 미신(迷信) 가운데 헤어나지 못하게 되는 것이다.

이사하는 문제, 사업하는 문제, 사랑의 상대자를 선택하고 결혼을 결정하는 문제, 직원을 채용하고 정리하는 문제, 학교나 학과를 정한다거나 유학하는 문제, 심지어 정치가들이 정책을 결정하는 것까지 점쟁이에게 의존한다면 한 가지도 자기의 의지대로 할 수 있는 일이란 없을 것이다. 이는 유아가 모든 문제를 유모에게 의존하듯이 우리 나라는 총체적으로 미신과 혼돈의 유아기적 사회가 될 수밖에 없을 것이다.

이 같은 현실을 대하면서 한국교회는 신앙적인 해석과 대안을 가져야 한다고 본다. 이미 한국 교회는 사회에 가장 책임 있는 존재가 되어 있다. 천 만이 넘는 기독교인들이 있다. 그럼에도 불구하고 이 사회가 미신(迷信)과 우상행위로 회귀하고 있는 것은 교회가 대(對) 사회적 사명을 다하고 있는가에 대한 반성이 있어야 한다.

아울러서 강력한 사회 운동을 펼쳐야 한다고 본다. 미신을 조장하는 신문이나 방송에 경고를 하고 그래도 시정되지 않을시는 교회의 일치된 힘으로 불매운동까지 불사해야 할 것이다.

하나님께서는 "진언자나 신접자나 박수나 초혼자를 너희중에 용납지 말라"(Let no one who casts spells, who is a medium or spiritist or who consults the dead.)(신 18:11)고 하셨다. 그 같은 행위에 대해서 하나님께서 진노하신다고 하셨다.(레20:6) 행여 풍문에만 들리던 대로 기독교인들 중에서도 더러 점 집을 찾는 사람들이 있다면 알아야 할 것은, 그 같은 행위는 하나님께 대한 불신앙을 넘어서 하나님을 망령(妄靈)되이 여기는 행위임을 알아야 한다. 장래의 일은 하나님의 권한에 속한 것이다.

이제 한국 교회는 하나님 명령을 준행하는 측면에서도 그렇거니와 '우상 숭배하는 민족의 미래는 없다' 는 나라사랑의 마음에서도 무당이 판을 치는 세상을 바로 세워 하나님의 진리가 다스리시는 의에 나라가 임하도록 해야 할 것이다.

40. 욕심은 천국가는 화물이 아니다

　지금 세계는 금융위기에 직면해서 경제적 파산을 염려하는 불안한 세상이 되었다. 그런데 그 복잡해 보이는 내면들을 이해하는 단순한 키워드는 '욕심'이라는 단어이다. 금융회사들은 더 많은 이익을 내기 위하여 무리하게 돈을 빌려주고 높은 이자를 받아왔고, 기업이나 개인은 그 돈을 빌려서 무모하게 부동산 등에 투기하여 이자도 감당하기 어려운 환경이 되니까 채무자가 파산하고, 채권은 가치가 없어지니까 금융권도 돈이 마르게 되는 것이 현재 금융계의 문제인 것이다. 어느 경제학자의 지적처럼, 경제윤리를 지탱해 왔던 기독교 윤리의 실종이 금융위기에 한 원인이라는 말은 옳아 보인다.

　성경은 "욕심이 잉태한즉 죄를 낳고 죄가 장성한즉 사망을 낳느니라"(야고보서 1:15)고 했다. 공자에게서 배운 사람들도 40 이면 욕심이 없어진다고 해서 불혹(不惑)이라고 했다. 50 이면 하늘의 뜻을 깨달아 안다고 해서 지천명(知天命)이라고 했다. 예수 그리스도의 제자들이 왜 인간 공자의 제자들보다 달라야 하는지는 묻지 않을 수 없다.

　　현재 우리 사회에서 종교지도자들이 왜 문제를 일으키는가?, 종교는 필요하지만, 종교지도자는 꼭 필요한 존재인가? 라고 물어올까 두렵다. 최근 불교계가 이익집단처럼 집단행동한 일이 국민들에게는 물론이거니와 불교 신자들에서 조차 동의하지 않았던 현상은 시민들의 인식수준을 알게 하는 일이다. 그렇다면 현재 기독교 내에서 벌어지고 있는 교단장 선거로 불거진 사태는 어떻게 이해해야 하는가? 싸움의 당사자들은 모두 자신들이 옳고 상대가 틀리다고 주장한다. 내가 해야 너보다 잘할 수 있다고 한다. 또한 하나같이 자신들이 하나님의 뜻대로 하고 있다는 신념이 금강석처럼 굳건해 보인다. 그러나 사태를 보는 사람들은 다르다. 모두 감투에 눈이 멀었거나 눈을 뜨고도 볼 수 없거나 이다. 싸우는 사람들만 하나님의 음성을 못 듣는 것처럼 보인다.

　　그런가하면 하는 일들은 하나같이 자기중심적이다. 교회법이 불리할 것 같으면 사회법으로 가고, 사회법에서 지면, 왜 교회 일을 사회법으로 가느냐고 눈을 부라린다. 한 편으로는 모두 옳은 것 같지만, 한 편으로는 모두 틀리다. 한 편만 옳아도 문제는 해결되는 법인데 모두 옳다고 주장하는데도 어찌하여 문제는 더 심각해지는가? 교회 문제는 예수님의 사랑으로 용서 못할 일도 없고, 교회법으로 해결 못할 문제도 없을 것이다. 그런데 싸움이 끝나지 않는 것은 욕심이 눈을 가리우고, 귀를 막아서 일 것이다.

　욕심에는 명예에 대한 욕심, 금전, 재물에 대한 욕심, 그리고 권세에 대한 욕심이 있는데 이 모두가 성직자들에게는 가까이 하기에는 너무 위험이 큰 것들이다. 그러므로 말로는 그렇게 가르침을 베푼다. 그러나 정작 자신들은 그것을 탐해도 욕심이 아닌 것으로 여기는 것 같다. 성직자들이 하는 것은 모두 신의 이름으로 행하기 때문에 신께로부터 면죄부나 받아놓은 것처럼 행동하는 일이 많다.

　청년들 사이에서 유행하는 풍자(諷刺)가운데 베드로에 대한 것이 있다. 어느 날 천사가 베드로에게 '이제 가자'고 했다. 그 말이 무엇인지 알았던 베드로는 천사에게 한 가지만 가지고 가면 안 되겠느냐고 물었다. 천사의 허락을 받은 베드로는 배낭에 무엇인가 열심히 담고 있었다. 가져갈 만큼 힘껏 가져갈 모양이었다. 허리가 휘도록 무겁게 짊어지고 가는 것은 황금이었다. 황금은 천국에서도 값이 제법 나아갈 것이라는 확신에서였다. 드디어 천국 문에 도착했다. 베드로 사도가 온다니까 수많은 성도들이 환영 나왔다. 그런데 그들은 땀 흘리며 짊어지고 온 것이 무엇인지 궁금했다. 베드로는 이거면 천국에서도 부자대접 받을 것이라는 투로 자랑스럽게 배낭에서 금을 꺼내 보여주었다. 그때에 성도들은 베드로에게 발밑을 보라고 했다. 천국에는 길에도 황금을 깔아 놓았기 때문에 발로 밟고 다닌다는 것을 그제야 알게 된 베드로는 한 없이 부끄러워했음은 물론이었다.

명예나 권세는 예수님이 이미 버리신 것이다. 예수님은 "인자는 머리 둘 곳도 없다"고 하셨으며 주님의 분부를 받들어서 제자들이 세상으로 나아갈 때에 "두 벌 옷도 전대도 가지지 말라"고 하셨다. 그런데 현대는 왜 복음의 일을 위한 것 외에 더 많은 재물이 필요한 것인지를 물어올 후배들에게 전해줄 내용이 있는지 궁금하다. '나 버림의 모습'이 예수님의 모습이신데 예수님의 제자들 모습은 달리 보이니, 그것은 보는 사람들의 시각이 잘못된 것인지, 아니면 보여 주는 분들의 실수인지 모를 일이다. 욕심의 짐은 지기도 무거울 터 인데, 천국 가는 짐도 아닐 터인데, 수의(壽衣)에 주머니가 없는 것 은 세상의 것을 천국까지 가지고 가지 못한다는 것을 웅변하고 있 는데, 더 늦기 전에 반드시 돌아보아야 할 것이다.

욕심!

그것은 하나님의 의를 이루지도 못하고, 자신들에게 복되지도 못 하며, 신앙을 역행하는 일이다. 무엇으로 포장하든지 그렇다.

41. 우리 시대의 성직자

최근 우리 사회에서 성직자는 누구인가? 라는 담론(談論)에 대한 검증이 시작된 것처럼 보인다. 성직자, 그들이 우리 사회에 어떤 존재인가? 라는 물음에 부정적 답을 가져올 만한 사건들을 만들어내는 것은 언론이 아니라 성직자 그들 자신들이 아니냐?는 세간의 따가운 눈총은 피할 수 없게 되어간다.

기독교 비판 선봉에 섰던 MBC가 일전에는 '뉴스후'에서 불교사찰의 부정을 보도했다. 무소유(無所有)의 가르침을 따라 수행에 정진한다는 승려들의 발언은 뻔뻔한 면피용 주장이라는 비난에 할 말이 없게 되었다. 승려들은 무소유가 아니라 호사스럽고 탐욕스러우며 공금 횡령에 일탈적 행동을 일삼는 파렴치한으로 투영된 모습은, 앞선 기독교의 일부 성직자의 부정적인 보도와 함께 일반인들이 성직자로 여기는, 종교에 몸담아 사는 모든 성직자에게 '이 시대에 성직자는 과연 누구인가' 라는 강력한 물음표를 던지기에 충분하다고 본다.

성직자는 과연 누구인가? 그들은 사회 공동체에 어떤 긍정적 역할을 하는가? 에 대한 물음에 답을 해야 한다. 그에 대한 긍정적 답이 없을 때에는 '과연 우리 사회에서 성직자가 필요한가' 라는 도전에 직면하게 될 것이다. 그런데 다른 종교와 함께 기독교 성직자가 동등한 취급대상으로 여겨지는 것은 아무래도 우리 주님 예수 그리스도께 송구스러운 일이 아닐 수 없다. 그렇다면 다른 종교의 종사자들보다 기독교 성직자가 그들이 섬기는 주님을 욕되게 하지 않음이 우선이며, 다음으로 그 직(職)을 올바로 수행함으로써 주님을 영화롭게 해야 할 것이라고 본다.

한국교회언론회에서는 2008년 3월 13일에 개최한 포럼, "한국교회 나아갈 길을 말한다"에서 한국교회의 문제를 성직자가 짊어져야 한다는 취지의 발제가 있었다. 이견이 없는 것이 아니나 교회의 문제는 그 원인의 상당부분이 성직자의 몫인 것은 부인하기 어렵다. "신학교가 있는 곳에 목회자가 나오고, 목회자가 가는 곳에 교회가 있다"는 주장이 사실이라면 교회의 모든 것은 목회자로부터 기인하는 것은 아닌가? 그것이 칭찬들을 일이 되었든 혹은 비난받을 일이든 그렇다. 그러므로 성직자가 나서서 "문제의 모든 책임이 우리에게 있다"라고 해야 문제 해결의 길이 보일 것이다.

성직자는 종교적 가르침을 세상에 베푸는 사람들이다. 기독교 성직자는 하나님의 말씀을 세상에 전하며, 성례를 집례하고, 성도들을 위하여 기도하며, 하나님의 이름으로 성도들을 축복하는 그 직을 행함에는 신적인 대리자이며, 사람들 가운데서 하나님께 가장 가까이 있는 사람들이다. 성직자는 돈을 위하여 그 직을 수행하는 것이 아니라 거룩하신 하나님이 부르시고 부여하신 거룩한 사업을 수행하는 것이기에 세상의 직업과 구별하여 성직이라 부르는 것이며 그 직을 수행하는 사람들이기에 성직자라고 호칭하는 것이다. 성직자는 하나님의 말씀과 그 정신을 말로써 설파하는 것뿐만이 아니라 그들이 전한 것을 삶으로써 증명해야 하는 사람들이다.

성직자가 중요하기에 중세에 주교(bishop)와 교회를 동일시하려는 사상이 있었다 그래서 성당(cathedral)은 주교의 의자(cathedra)에서 연원(淵源)된 어휘이다. 그러나 교회와 성직자는 불가분리에 관계이며 교회의 모습은 성직자의 역할로 결과(結果)된 것이다. 교회사적으로 보면 성직자가 바로서면 교회가 바로서고, 성직자의 문제는 필연적으로 교회문제로 이어졌다.

성직자는 칼빈(J. Calvin)의 말대로 복음의 일을 위하여 하나님께로 소명(calling)되어진 사람들이다. 그러므로 그들을 부르신 주님을 위하여 목숨까지도 기꺼이 내어놓을 각오가 되어있는 사람들이다. 그런가하면 주장하는 자세의 주인이 아니라, 주님의 자녀들인 교인들을 섬기는 종의 봉사를 수행하는 사람들이다.

성직자는 예수님의 모습을 본받아 살기를 힘써서 작은 예수(christianos)가 되어 가는 사람들이다. 성직자의 말은 천금보다 무게가 있어야 하며, 그 들이 가르치는 말씀은 진리요 진실이어야 한다. 성직자는 주님께서 기록해 주신 말씀을 전하고 있지만 그 자세와 내용은 언제나 예언자적이어야 한다. 성직자의 예언자적 품격은 사라지고 사람을 즐겁게 하려는 감언이설(甘言利說)과 만담(漫談) 수준이 설교로 둔갑하고 있고 성례(聖禮)가 경시되고 있다는 지적은 오늘의 성직자들이 뼈아프게 받아들어야 할 것이다.

아직도 성직자에게는 가난(청빈), 순결, 순종은 수도원의 입원서약인 한 물간 도덕적 삶의 덕목만은 아니어야 한다. 랑케(Leopold von Ranke)는 "한 사회나 국가의 흥망성쇠는 그 공동체가 소유하고 있는 도덕적 힘(moral energy)에 달려있다"고 했는데 성직자는 우월한 도덕적 수준이 힘이 되는 것이다. 언제나 심령이 가난하여 부요를 탐하지 않으며 자기 십자가를 지고 예수님을 따르는 사람들이 성직자가 아닌가? 시대적 아픔도 짊어지고, 온갖 사회의 문제도 내 탓으로 짊어지고, 성도들의 삶의 고단함과 고민도 짊어지고 하나님 앞으로 나아가는 사람들이 성직자가 아닌가? 화평을 구하는 사람이 하나님의 아들이라 하셨는데 세상의 다툼과 미움 등의 모든 불협화음까지도 사랑의 교향악으로 바꾸어서 희망을 가져오는 것도 성직자의 몫이 아닌가? 성직자가 바로서야 교회가 바로 서며, 교회는 곧 세상의 희망이다. 성직자상을 돌아보아 바로 세우는 일을 위하여 기도할 때이다.

42. 우리 시대의 양심회복

사람들에게는 듣지 말아야 할 소리도 있으나 꼭 들어야 할 소리도 있다. 귀로 들리는 소리가 있으나 마음으로만 들리는 소리도 있다.

생 떽쥬베리(Saint-Exupéry)가 『어린 왕자』(*Le Petit Prince*)의 입을 통해서 "나의 비밀은 눈으로 보는 것이 아니라 마음으로 보는 거야"라고 말했듯이 마음의 눈으로 보고 마음의 귀로 들어야 들을 수 있는 소리가 있다. 그 중에 하나가 양심의 소리라고 본다. 양심도 소리를 내는 것이다.

오늘날 우리 사회 곳곳에서 '양심'이라는 의미를 들먹이고 있다. 학자의 양심, 법관의 양심, 정치가의 양심을 말하고 있다. 그러면 양심이라는 의미는 무엇이며 언제부터 인간들 사회에서 사람으로 지켜가야 하며 사회를 유지시킬 수 있는 절대의 가치를 갖게 되었는가? 양심에 대한 연구는 고대부터 있어 왔으며 그것은 도덕적 가치라고 결론짓는다.

도덕의식이 자유와 결부되어서 선과 악을 식별하게 해주며 양심이 이끌어 가는 것을 선의 가치라고 말할 수 있다. 사물의 선악과 옳고 그름을 판단하여 올바르게 살아가도록 하는 마음이 양심이라는 말이다.

양심에 태생적인 면은 선천적인 것이냐 후천적인 것이냐의 논란이 있으나 옳고 그름은 배워서 알듯이 양심은 인간의 본래적인 바탕에다 사회 규범이나 법도를 배워서 마음속에 행동준칙으로 담아가고 쌓아서 이루어 가는 것이라는 결론에 이르게 된다.

성경에는 양심에도 종류가 있음을 알게 한다. 열거하면, 선한 양심, 착한 양심, 깨끗한 양심, 화인(火印) 맞은 양심, 청결한 양심 등이다.(딤전1:1, 19, 3:9, 4:2, 딤후1:3) 이것으로 알 수 있는 것은 양심은 모두 같은 것이 아니라는 말이다. 그런데 사람들은 양심을 들고 나오면 모두 옳다고 인정받을 사람으로 여기는 것으로 안다.

중요한 것은 어떤 양심이냐? 이다. 청년 윤동주처럼 잎새에 이는 바람에도 괴로워 할 수 있는 양심이냐 아니면, 전쟁으로 수많은 인명을 희생시키고도 자신의 악행이 정당하며 자신에게 해당하는 처벌이 억울하다고 억지 주장을 펴던 세계 제2차 대전의 패전국 일본의 전쟁 원흉 토오조오 히데키의 양심이냐 이다.

양심의 가치에 대해서 임마누엘 칸트(I. Kant)는 하늘의 별처럼 인간의 마음에는 양심이 있다는 말을 했다. 칼빈(J. Calvin)은 "인간 마음속에 양심은 하나님의 선물"(donum Dei)이라고 했다. 양심은 인간의 법보다도 위에 있고, 경우에 따라서는 생명과도 바꿀 수 있는 것처럼 여기기도 한다. 양심의 가치를 아는 이들은 이 시대의 모든 문제를 치유할 수 있는 길은 양심회복이라고 믿는다.

법관이 돈과 양심을 바꾸었다고 야단이다. 학자가 그것도 교육과 학부의 수장에 올랐던 어느 사람이 양심을 팔고서도 거짓말로 일관한다고 국민들은 분을 삭이고 있다. 서울의 어느 대형 서점에는 일년에 수천 권의 책이 도난을 당해서 억대의 손해를 보고 있다고 하소연을 한다. 그래서 책을 지키는 직원을 몇 명 두고 있다고 한다. 더욱 놀라운 것은 책을 훔치는 것은 어린아이들만이 아니라 학교 교사들, 심지어 대학교 교수들까지 있다고 한다.

범죄 피의자나 이해 당사자들에게서 돈을 받고도 법적용에 형평성(衡平性)을 지킬 수 있다고 항변하는 법관이 있는 법정, 표절 논문(剽竊論文)이 교수 양심에 문제가 없다고 여기고, 학생들은 커닝은 다른 학생들이 모두 하는 것이라서 나도 한다는 학교, 포도주에 물을 섞고, 저울추를 각기 달리 쓰는 경제 환경, 책을 훔치는 것은 도둑이 아니라고 여기는 사회라면 심각한 중병이라고 진단할 수 있다.

민주정치 역사가 길지 않은 우리나라에서는 정치가들의 비양심적인 언행은 전통처럼 되어 왔다. 거짓말을 해도 국민들에게 '표'만 받으면 된다는 심산이고 그것이 통용되는 정치사회라면 이 역시 수술 받아야만 한다. 그래서 어거스틴(Augustinus)은 "정의가 없는 왕국이란 거대한 강도떼가 아니고 무엇인가?(remota itaque iustitia quid sunt regna nisi magna latrocinia?) 라고 반문했던 것이다.

그래도 마지막 남은 양심의 보루는 아무래도 종교인들이라고 여긴다. 그런데 과연 종교인, 성직자들의 양심은 건전한가? 사회의 다른 구성원들의 양심이란 사람들 사이에서의 양심이라면 성직자의 양심은 하나님 앞에서의 양심이라고 본다.

그러므로 그 수준은 더 높고 적용은 더욱 엄격해야 된다. 양심이 의무와 밀접하다고 철학자들이 말하고 있거니와 성직자의 의무는 하나님 앞에서 사람들의 영혼을 책임지는 의무라면 더욱 무겁고 무거운 것이 아니겠는가?

오늘날 양심회복을 외치는 소리가 있는가? 광야의 세례요한처럼 누가 외치겠는가? 시대를 구하는 것은 양심회복이라고 외쳐야 한다. 이 중요성을 알고 있던 교황 요한 23세(John XXⅢ)는 1962년 10월 11일 제2차 바티칸 공의회(The Second Vatican Council) 때에 "양심회복에 힘쓰라"고 역설했던 기록이 있다.

천부적이고 한 편으로는 인간으로 세상에서 배운 학습 중에서 가장 고귀한 양심, 그 회복이야 말로 이 시대에 힘쓸 시급하고 중요한 일이 아닌가?

43. 무신론의 도전

역사상 기독교 진리에 대한 반항과 도전은 늘 있어왔던 일이다. 권력이나 학문의 이름으로, 또는 타 종교들에 의한 도전은 새로운 것이 아니다. "어리석은 자는 그 마음에 이르기를 하나님이 없다 하도다"(시편14:1) 는 하나님의 말씀처럼 어리석은 자들의 일로써 놀라운 일은 아니다.

그런데 '어리석은 자'(the fool)의 주장이라고 치부하기에는 문제가 있는, 세상적으로 학자적 명성(옥스퍼드대 석좌교수, prospect 誌의 여론조사 결과 세계 최고지성 3인중 한 명)이 뛰어난 학문 소유자의 주장이기에 그 영향력은 유럽 전역과 세계로 번져가고 있는 일이 있다. 옥스퍼드대학교의 리처드 도킨스(Richard Dawkins)의 이야기이다. 최근에 그는 책 제목처럼 하나님은 『만들어진 신』, (*The God Delusion*)라며 하나님의 존재를 부정하고 나섰다. 하나님은 원래 없었던 것인데 사람들이 상상으로 만들어 냈다는 주장이다.

그 주장에 대하여 데이비드 로버트슨(David Robertson)은 『스스로 있는 신』이라는 책에서 '무신론으로 진화된, 도킨스의 합리적 그리고 과학적 이론으로 펼친 무신론의 이론들을 정면으로 부정하고 있으며, 그것은 더 높은 수준의 허구이며, 무신론도 신앙(세뇌)이라고 반박하고 있다.

이같은 유신론 논쟁이 이제는 광고전으로 확대되고 있다는 소식이다. 금년 들어 영국에서는 리처드 도킨스를 중심으로 한 무신론 단체들이 "아마 신은 없을 것이다. 이제 걱정을 그치고 너의 인생을 즐겨라"(There's probably no God. now stop worrying and enjoy your life)는 내용의 무신론 광고를 영국전역을 운행하는 수 만대 버스 가운데서 800 대에 게재했다고 한다. 그 같은 무신론 광고는 로마 카톨릭 국가인 스페인과 이탈리아까지 확산되고 있다고 전한다.

이러한 현상에 대해 기독교 사상가인 테오스 폴 울리(T. P. Wooley)는 다음과 같이 반박하고 있었다. "그들의 광고가 경기 침체로 일자리나 집을 잃은 이들에게 평안을 주지는 못할 것이다. 걱정을 그친 다음 우리 보고 무엇을 하란 말인가? 자원봉사, 자선 단체기부, 환경운동도 아니다. 이 광고는 우리에게 스스로 즐기라고 말한다. 이보다 더 자기 중심적인 메시지를 들어 본 적이 없다."

이탈리아의 무신론 단체에서는 앞의 두 나라의 무신론 광고와 다소 차이가 있지만 더 노골적인 내용 "나쁜 소식은 하나님이 없다는 것이고, 좋은 소식은 우리가 하나님을 원하지 않는다는 것이다"의 광고를 2월부터 하기로 준비하고 있다고 한다. 그와 같은 무신론의 도전이 한국에 상륙하는 것은 시간문제라고 보여 진다. 우리나라에서는 최근 10여 년 동안 맹렬하게 안티 기독교 활동이 가열차게 전개되고 있었음을 감안할 때 당연한 예상이라고 본다. 또한 그 파장은 최근 일고 있는 모 종교의 종교편향 주장과 기독교 견제 움직임과 연계하여 복음전파에 큰 장애가 될 것이라는 우려를 갖기에 충분하며 그에 대한 대처가 요망된다.

신에 대한 사람들의 논쟁은 시대마다 있어왔으나, 최근의 이 같은 사태는 과학 만능시대에 과학의 이름과 인간 이성에 기초하여 기독교를 상대로 한 반 기독교적 운동이라는데 문제가 있으므로 대응하지 않을 수 없다. 물론, 해 아래 새로운 것이 없듯이, 신 존재에 대한 논쟁은 초유의 일은 아니다. 니체(F. Nietzsche)는 그의 책 『짜라투스트라는 이렇게 말했다』(*Also Sprach Zarathustra*)는 책에서 신은 죽었다는 주장을 했었다. 그러나 데이비드 흄(David Hume)은 신 존재에 대하여 불가지론(不可知論)을 말하면서도 "종교성(religiosity)이 없는 사람을 찾아보라. 만약 찾는다면 그는 어느 정도 짐승에 가까울 것이다"라고 했다.

현재 일어나고 있는 반 기독교적 무신론 논쟁은 점점 더 시대적 상황으로 발전되어지고 있다. 즉 시대의 옷을 입고 학문적 이론을 갖추고 있다. 그에 대한 변론 혹은 증명은 완전하지 못하다고 해도, 이제 하나님의 사람들이 적극 힘써야 할 일이다.

무신론 주장에 대한 유신논증(有神論證), 즉 신 존재 증명에 대한 이론은 역사적으로 늘 있어 왔는바, 먼저 전제할 것은 인간의 그 같은 노력이나 이론들이 하나님의 존재를 증명하는 일에는 언제나 불완전하고 불가능하다는 것이다. 하나님은 불가사의한 존재가 아니시다. 반대로 인간의 논리로 충분하게 증명 할 수 있는 존재도 아니다. 다만 하나님께서 당신의 존재를 인간에게 알려 주실 때에라야 인간이 알 수 있는, 인간과의 특별한 관계를 설정하고 계신 분이다. 하나님은 "하나님이 있었으면"이라는 인간의 소망에 의해서 만들어진 상상력의 산물이거나, "하나님은 이제 없었으면 좋겠다"는 인간의 바람에 의해서 사라지는 존재가 아니다. 오히려 인간이 하나님에 의해서 만들어진 존재라는 것이 기독교 진리이다.

지금 세계에서 벌어지고 있는 무신론 확산 운동 역시 하나님에 대한 사탄적 세력의 운동이며, 리처드 도킨스는 유물론이라는 이데올로기에 사로잡힌 또 다른 근본주의자(fundamental)일뿐이고, 무신론 역시 일종의 신념체계를 이미 지니고 있다고 보아야 한다. 그것은 하나님이 존재하지 않는다는 증거를 보여주는 것이 아니라, 하나님이 없다는 신앙을 만들어 주장하는 것이기 때문이다. 그래서 무신론도 일종의 신앙이라고 보아야 한다.

그러나 하나님은 "하나님이 있었으면"이라는 인간의 소망에 의해서 만들어진 상상의 산물이거나, "하나님은 이제 없었으면 좋겠다"는 인간의 바람에 의해서 사라지는 존재가 아니다. 오히려 인간이 하나님에 의해서 만들어진 존재라는 것이 기독교 진리이다.

그동안 하나님이 두려워서 인생을 마음대로 즐기지 못하였는데 이제 하나님이 없는 것 같으니까 인생을 즐기라는 이 꼴사나운 주장에 대해 하나님의 사람들은 "시대적 사명이 있다"는 강력한 메시지로 받아들여야 할 것이다.

미국 달라스 신학교(Dallas Theological Seminary) 하워드 헨드릭스(H. Hendriks)의 말대로, "사람들은 성경에서 하나님을 발견

하기 보다는 하나님의 사람들에게서 하나님을 발견한다"는 말은 시
사하는 바가 크다. 그러므로 그리스도인들은 그 믿는바 성경의 진
리에 굳게 서며, 성경 말씀이 유일하고 확실한 논증의 자료이며, 증
거의 능력은 우리의 선한 행실인 것을 분명히 하고 실천할 때이다.

44. 훔치지 말라

"사랑을 훔친 죄 100만불"이라는 신문 기사를 본 적이 있습니다. 외국에서 있었던 일이라고 합니다. 결혼한 지 18년이 된 어떤 남자가 회사의 사장으로 있으면서 그의 여비서와 결혼을 하기 위해 본부인을 버렸다는 것입니다. 이 여인은 남편의 사랑을 남편의 여비서에게 도둑맞은 것입니다. 그래서 법원에 소송을 제기해서 승소했다고 합니다. 법원의 판결은 남편의 사랑을 빼앗아 간 여인에게 그 값으로 본 부인에게 100만 불을 배상하라고 판결했다는 것입니다. 타인의 사랑을 훔치고 그 가정을 파탄으로 몰아간 일을 어떻게 돈으로 계산할 수가 있겠습니까?

'훔친다'는 일은 그것이 무엇이든 옳다는 생각이 들지 않습니다. 신사다워야 합니다. 훔쳐서 무엇을 얻었다고 해도 그의 구겨진 양심은 언제나 그를 따라다닐 것입니다. 그리고 훔쳐서 얻은 것 보다 후에는 더 많은 것을 잃게 될 것입니다.

얼마 전 어느 대학 4학년 학생의 '대학생 커닝 부끄러워' 라는 글을 보았습니다. 그 학생의 말이 "커닝을 안 하면 나만 손해 본다"는 생각에서 모두들 커닝(cheating)을 한다는 것입니다. 우리나라의 대학은 커닝이 보편화되어 있음은 이제 비밀이 아닙니다. 커닝은 성적을 훔치는 것입니다. 학점을 훔치는 부끄러운 일입니다. 학생 시절 대부분의 사람들이 커닝의 유혹을 떨치기가 쉽지 않겠지만, 부끄러운 A학점보다는 정직한 C학점이 낫습니다. 아니 낙제를 해도 정직해야 합니다. 작은 것을 얻기 위해서 양심의 소리를 덮어두는 부끄러운 일을 버릴 수 있는 용기가 귀하다고 봅니다.

알렉산더 대왕이 페르시아와의 전쟁을 할 때의 일입니다. 일전을 앞둔 양측 군대는 매우 긴장하고 있었습니다. 알렉산더의 부장인 파르메니오(Parmenio) 장군이 왕에게 말했습니다. "왕이여 지금 이 밤에 기습을 해야 적의 사기를 꺾을 수 있습니다." 이에 알렉산더는 말했습니다. "나는 승리를 훔치지 않겠소". 수단 방법 가리지 않고 반드시 이기고 보아야 하는 전쟁에서도 승리를 훔치지 않겠다고 말한 알렉산더의 용기와 대왕다운 도량은 세월을 뛰어넘어 우리에게 감동을 주기에 충분하다고 봅니다. 이와는 반대로 중국 고대사에 등장하는 조조는 한(漢)나라를 훔쳤다고 해서 후세 사람들에게 손가락질을 당하고 있습니다.

남의 사랑을 훔치면 안 됩니다. 명예를 훔쳐도 안 됩니다. 권력을 훔쳐도 안 됩니다. 지난날 소위 "신군부 세력"이 권력을 훔친 적이 있었습니다. 1980년대에 일입니다. 그들은 지금 국민들에게 철저히 외면당하고 있습니다. 역사도 그들을 용서하지 않을 것입니다. 훔치는 일이 부끄럽다는 것을 알아야 합니다.

지금 우리나라는 벌써부터 연말에 있을 대선에 관심이 쏠려 있습니다. 대선을 향한 예비 주자들의 면면을 살펴보면 모두 훌륭해 보입니다. 그들의 주장을 듣다보면 모두 대통령감입니다. 그런데 언제나 그러했듯이 모두 페어 플레이를 약속은 했지만 지켜지지 않고 있었습니다. 거짓은 진실을 압도했었습니다.

일단 상대에게 불리한 말을 만들어서 터뜨리고 보면 자기에게 유리하리라고 생각하는 모양입니다. 거짓도 권력을 얻는데 필요한 하나의 처세로 아는가 봅니다. 그래서 현재 훌륭하다고 하는 사람들, 대선 주자들까지도 국민이 보는 눈은 곱지 않을 때가 많습니다. 이제 국민은 지켜볼 것입니다.

하나님의 종들도 진실과 정직함이 최선의 무기임을 알고 있다면 이제 실천의 장으로 가져가야 합니다. 그릇된 세상의 방법을 정치라는 방편으로 알고 행한다면 불꽃같은 눈으로 살피시는 하나님 앞에서 버림받을 수밖에 없을 것입니다. 다른 것도 물론이려니와 권력을 훔쳐서는 안 됩니다. 훔친 자는 진정한 승리자가 될 수 없기 때문입니다.

"속이고 취한 식물은 맛이 좋은듯하나 후에는 그 입에 모래가 가득하게 되리라." 잠언 20:17

45. 종교편향유감

최근 우리 사회는 집단 이기주의의 만개(滿開)를 보는 것 같다. 아직도 제대로 자리 잡지 못한 정부의 작은 실정(失政)도 자신들의 이익을 위한 공격의 호재(好材)로 삼는 것이 아닌가 하는 느낌이 든다.

이러한 분위기 가운데 결국 우려했던 대로, 종교계까지 들고 일어나서 정부를 압박하게 된 것은 우리 사회의 큰 염려거리로 등장하고 있다.

'종교편향'이라고 주장하는 내용들을 들여다보면, 그에 대한 올바른 이해가 필요해서, 누군가 말해 주어야 한다고 본다. 종교편향이라는 주장을 반복적으로 하게 되면, 그것은 결국 사실인 것처럼 굳어진다. 그러나 이로 인하여 다른 종교는 큰 불만을 가질 수밖에 없다.

최근 불거진 소위 종교편향이라는 문제거리는 기독교계가 만든 것이 아님에도, 마치 기독교계가 떠안아야 할 과오처럼 몰아가고 있다. 물론 기독교 인사 중에 몇몇 인사의 부적절한 발언, 즉 타종교 비하발언에 대하여는 기독교계 내에서도 책망하는 입장이다.

그러나 종교편향이라고 내세우는 몇 가지 주장은 누가 보더라도 문제가 있다. 정부는 그에 대한 지적에 잘못을 인정하고 바로 시정

조치했고, 또한 정책담당부서장이 사과하고 재발방지를 약속했다면, 좀 부족하다고 느끼더라도 받아들이는 것이, 이익집단과 다른 종교의 모습이 아닌가 한다.

한국교회언론회에서는 수 주전에 정부를 향하여 종교의 가치를 훼손하는 '함부로의 행정'을 지적한 적이 있다. 정부에서 발생시킨 그 같은 종교편향이 종교 간의 갈등을 불러올 수 있다는 우려를 표시한 것이다.

그런데 이제는 종교편향 반대 집회에서, 대통령 취임 전에 행한 신앙의 표현까지 문제 삼고 있는 것은 누가 봐도 옳지 못하다. 특정 종교가 지난 8월 27일 일간지에 광고한 것을 보면, MB의 2004년 5월의 발언, 2005년 9월, 11월의 발언, 2007년의 언행을 문제 삼고 있다.

그것도 자신의 신앙 공동체에서 행한 발언을 발췌하여, 국민이 직접 뽑은 대통령을 정치적으로 굴복시키려는 시도는 불온한 것으로 판단된다. "이명박 대통령은 무릎 꿇고 사죄하라"는 요구는 도를 넘어도 너무 많이 넘은 발언이다.

그렇다면, 대통령이나 정부 관리들은 과거나 현재에도 개인적인 종교 신념에 따라, 자신이 섬기는 종교 모임에서조차도 신앙적인 발언은 절대 해서는 안 된다고 하는 것인가? 이는 헌법에 보장된 개인의 '종교의 자유'도 침해하는 초헌법적인 발상이라고 보여 염려된다.

소위 종교편향에 대하여는 기독교도 할 말이 많다. 전에 불교 신자 대통령이 행한 일들, 동전에 다보탑과 그 속에 불상을 넣은 일, 청와대에 불상을 들여 놓은 일 등에 대하여도 기독교는 종교차별이라고 문제를 제기하지 않았고, 최근처럼 거리에서 대형집회로 응수하지 않았다.

거기에다 특정종교의 템플 스테이(temple stay)라는 종교적인 프로그램에 정부의 막대한 재정 지원이 있어도 '안 된다'고 문제를 제기하지도 않았다. 그런가하면 일반 국민들로는 상상이 안 되는 막대한 금액을 사찰에 지원해도, 문화재 관리 보존을 위한다고 하여 아무 문제도 제기하지 않았다.

또한 청와대 전 변모 정책실장이 특정 종교 신도회 회장으로써, 불법적으로 사찰에 많은 교부금을 지원한 것이 드러났을 때에도, 기독교는 이를 문제 삼지 않았다. 이는 종교 간의 평화를 고려한 것이며, 종교의 가치를 존중하였기 때문이다.

종교의 자유는 헌법에 명시된 인간의 기본권이다. 타 종교를 차별했다면 문제가 되지만, 신앙 공동체 안에서의 자신의 종교적 신앙표현을 종교편향으로 몰아간다면, 이것은 지나친 억지가 아니고 무엇이겠는가?

우리는 종교인들이 타종교를 비하하는 것을 잘못으로 규탄한다. 동시에 종교적 교리의 훼손과 같은 중대한 문제가 아닌, 단순한 종교적 유익을 위하여 집단 행동하는 것도 거부한다.

또한 정부와 일부 국회의원들에 의해서 추진되고 있는, 종교차별 금지 법안에서, 국가공무원과 지방공무원법에게 '종교적 차별금지와 피해구제 절차'를 신설하는 것도 신중히 해 줄 것을 바란다. 이는 헌법이 정한 종교의 자유를 침해하는 위헌의 소지가 크기 때문이다.

작금에 우리 사회 일각에서 벌어지는 과민한 종교편향 주장을 우려하며, 특정종교에 의한 지나친 종교편향 주장은 또 다른 종교에 대한 역차별을 초래할 수 있기에 이를 우려하며, 그러한 현상이 발생하지 않도록 경계해야 할 것이다.

46. 인생, 아름다운 이야기

세상에는 사람들이 살아가면서 만들어내는 수많은 이야기가 있다. 책으로 기록되지 않은 이야기가 더 많다. 사람 개개인의 모든 이야기가 있다. 슬픈 이야기도 있고, 감동의 이야기도 있으며, 듣고 있노라면 저절로 행복해지는 이야기도 있다. 그런가하면 부끄럽고 얼굴 뜨거운 이야기도 있다. 들으면 분노하게 되는 이야기도 있다. 내가 그 주인공이 아닌 것이 다행으로 여겨지는 이야기도 있다. 아름다운 이야기도 있다.

어느 결혼식에서 주례 목사님의 "신랑 신부 두 분의 삶은 아름다운 이야기 모음집 같은 인생이 되시라"고 하신 주례사는 두고두고 생각이 난다. 인생은 추억 쌓아가기라는 말도 의미가 있다. 어떤 추억을 쌓아 가는가에 따라서 행복과 불행을 말할 수 있겠다. 보람과 후회의 삶도 그렇다. 하나님께서 사람들에게 한 번 만 주신 인생을 아름답게 살아간다는 것은 복된 일이다.

사람들이 세상을 살아가면서 만들어내는 이야기 중에서 순수한 사랑의 이야기가 아름답다. 순수한 사랑은 인간 본성의 표현이기도 하다. 그래서 사랑을 주제로 한 소설이나 이야기가 많다. 지순한 영혼의 이야기가 아름답다.

아씨시의 성 프란체스코(St, Francis of Assisi)는 들새들을 자매(little sisters)라고 부르며 그들을 위하여 하나님께 기도했다. 용서하는 이야기가 아름답다. 원수의 일을 사랑으로 돌려주는 일이 아름답다. 예수님은 십자가 위에서 자기를 죽이는 사람들을 용서하시며 하나님께 기도하셨는데 이 일은 인류 역사에서 가장 아름다운 이야기이다. 용서와 희생의 본을 보이신 것이다.

선한 가치를 위하여 헌신하는 이야기가 아름답다. 히틀러의 유대인 학살 때에 유대인 한 명이라도 더 살려내려는 쉰들러 부부의 눈물어린 이야기는 잊어지지 않는 감동의 아름다운 이야기이다. 불쌍한 이웃을 위하여 마음 아파하며 그들과 사랑을 나누는 모습이 아름답다. 검정 연탄을 나르는 손이 아름답다. 친구에 대한 우정, 다윗과 요나단의 이야기가 아름답다.

절망스런 환경을 만났어도 희망을 포기하지 않는 사람들의 모습이 아름답다. 사람들은 어떤 이야기를 만들어가고 있는가에 따라서 인생이 그와 같다고 말해진다. 그렇다면 인생은 이야기 만들어가기가 아닌가. 그런데 사람들은 왜 아름다운 이야기를 만들지 않고 슬픈 이야기, 추한 이야기, 부끄러운 이야기를 만들어 가는가?

행복한 인생을 원한다면 후회없는 이야기, 아름다운 이야기를 만들어 가면 되리라. 결국 인생은 어떤 이야기를 남기었는가? 이다.

뒤에 오는 사람들이 그것을 말하게 될 것이다.

성경은 하나님 앞에서 인생들 스스로가 말하게 되리라고 하셨다. 사람으로 산다는 것은 하나님의 축복인데 아름다운 인생은 스스로 만들어가야 하는 과제이다. 데모스테네스(Demosthenes)는 아테네 시민들을 향하여 삼류 배우처럼 되지 말라고 외친일이 있다. 우리의 인생, 아름다운 이야기이기를 … .

47. 사람을 설득한다는 것

"말을 물가로 데리고 갈 수는 있어도 물을 강제로 먹일 수는 없다"는 서양 속담이 전하는 뜻은 무엇을 스스로 하도록 하는 동기 부여가 중요하다는 것이다. 말에게 물을 먹이려면 소금을 먼저 먹이면 목마른 말이 스스로 물을 먹을 것이다. '목이 마른' 동기부여가 되었기 때문이다. 사람이나 짐승까지도 강요된 힘에 의한 것이 아니라 자원하는 마음으로 무엇을 할 때에 일의 능률은 높아지고 일하는 이들도 즐거울 것이다. 그러므로 사람들은 때로 보너스라는 물질적인 이익을 제시하기도 한다.

사람들을 설득하여 자신들의 어떤 목적을 이루려는 시도로써 심리학적 설득이나 애국심에 호소하기도 한다. 과거의 전제군주들은 백성들을 충성심으로 설득하려고 했다. 전쟁에 임하는 병사들에게도 형편없는 이유를 들어서 설득하려고 하기도 했다.

나폴레옹(B. Napoleon)은 이탈리아 원정에 앞서 행한, "병사 여러분, 여러분은 헐벗고 굶주리고 있습니다. 정부는 여러분에게 많은 빚을 지고 있지만 아무것도 여러분에게 줄 수는 없습니다. 험난한 암벽 투성이의 산맥 한 복판에서 여러분이 보여준 인내와 용기

는 찬탄할 만합니다. 그러나 그것들이 여러분의 명성을 가져다주지
는 못했으며 명예를 낳지도 못했습니다. 나는 여러분을 세계에서
가장 비옥한 평원으로 안내할 것입니다. 풍족한 시골, 훌륭한 대도
시가 여러분 손안에 들어올 것입니다. 그곳에서 여러분은 명예와
영광과 부를 발견할 것입니다"

이 연설이 얼마나 허황된가를 보여주고 있으나 병사들은 설득되
어 용감하게 전장으로 나갔다. 그러나 진정한 애국심에 호소했던
독일의 철학자 피히테(J. G. Fichte)는 나폴레옹의 프랑스 군대에
함락된 베를린 한복판에서 진정한 애국심으로 "조상과 아직 태어나
지 않은 후손들을 놓고 호소한다. 나의 목소리에는 종교와 신앙의
자유를 위하여 성스러운 전쟁에서 쓰러져간 여러분의 비교적 가까
운 조상의 영혼이 섞여 있습니다. 여러분은 조상을 자랑으로 여기
고 그 고귀한 혈통이 끊임없이 이어나가는 것을 영광으로 생각한
다" 며 정복자에게 굴복할 수 없는 이유가 있음을 들어서 시민들을
설득했다.

사람들은 옳은 일을 위하여 타인을 설득하기도 하지만, 자신의
탐욕을 위하여 위장된 이유를 들어서 설득하기도 한다. 아직 수사
가 진행되고 있는 사건이지만, 검찰총장이 언급한대로 우리나라 역
사상 가장 큰 사기사건일 수도 있는 제이 유 다단계 사건에 35만 명
이라는 사람들이 피해를 보게 되었고 그 피해액이 이미 수 조원에
이른다고 전한다. 무엇이 그들로 이 사건에 말려들어가게 했는가?

분명 그들은 쉽게 큰돈을 벌 수 있다는 잘못된 이유로 인하여 설득되었던 사람들일 것이다. 돈을 쉽게 벌 수 있다는 이유는 쉽게 손해 볼 수도 있다는 사실을 설득하는 계기가 되었으면 한다. 보다 밝은 사회를 위하여 '고통 없이, 거둠이 없다'(no pain, no gain)의 원칙이 이해되었으면 한다.

그리고 보면 사람들에게 무엇보다도 바람직한 설득은 인간본성에 호소하는 것이 아닌가 한다. 진선미를 추구하는 인간의 본성, 사랑의 마음, 긍휼의 마음, 거룩함을 위한 이유가 사람에게 가장 중요한 설득이유가 되지 않을까 생각한다.

초나라를 이기고 오랜 전쟁을 마감한 한(漢)나라 고조 유방에게 육가(陸賈)는 "마상에서 천하를 얻을 수 있으나 마상에서 천하를 다스릴 수는 없다"고 하여 유방을 설득한 일이 있다. 맹자는 양왕에게 패도(覇道)가 아니라 왕도(王道)로써, 백성을 긍휼히 여기는 마음으로 정치할 것을 설득한 일이 있다.

필자는 무엇보다도 예수님의 마음, 사랑으로의 말과 행동이 사람들을 설득하는 가장 중요하고 확실한 방법이라고 생각한다.

48. 낮은 자리를 탐하라

높은 자리를 탐하는 세상이 되었다. 모두 높아지려고 한다. 높은 자리는 그 수가 낮은 자리보다 적기 때문에 경쟁이 심하다. 교회에서도 사람들은 겸손한 것처럼 말은 하지만 실은 마음으로 높은 자리를 원한다.

9월은 각 교단 총회로 교계가 분주하다. 교단에서 가장 높다고 생각하는 총회장이 되어 보려고 나서는 사람들이 너무 많다. 그들은 보통의 사람들이 상상하기 어려운 큰돈을 쓴다는 소리도 들린다. 돈으로 사람들에게 환심을 사기도 하며 지연 혹은 학연으로 편가르기도 한다. 심지어 이전투구(利錢鬪毆)까지 한다. 상대를 깎아내려야 자신에게 유리하다고 여겨서다.

그 같은 일들은 예수님의 마음도 아니며 방법도 아니다. 세상은 그렇다고 해도 하나님의 백성들은 예수님의 가르치심을 따라야 한다. 예수님이 어떻게 하셨는가? 하늘 높은 보좌를 버리시고 낮고 낮은 이 땅에 오셨을 때도 귀족의 호화저택이나 왕궁으로 오신 것이 아니라 마구간에 오셨고 말구유에 누우셨다. 또한 삶에도 섬김을 받으러 오신 것이 아니라 섬기려고 오셨다는 말씀을 실천으로 증거해주셨다. 친히 제자들의 발을 씻기셨다.

그래서 성경에 말씀하셨다. 그는 하나님의 본체시나 하나님과 동등됨을 취할 것으로 여기지 않으시고 오히려 자기를 비어 종의 형체를 가져 사람들과 같이 되었고, 사람의 모양으로 나타나셨으며 자기를 낮추시고 죽기까지 복종하셨으니 곧 십자가에 죽으심이라. 그러므로 하나님께서 그를 지극히 높여 모든 이름 위에 뛰어난 이름을 주사 하늘에 있는 자들과 땅에 있는 자들로 모든 무릎을 예수의 이름에 꿇게 하시고 모든 입으로 예수 그리스도를 주라 시인하여 하나님 아버지께 영광을 돌리게 하셨느니라.

높은 자리가 교만이고 낮은 자리가 겸손이라는 말은 아니다. 자리가 문제되는 것이 아니라 스스로 높아진 것이 교만이다. 높은 자리에 앉아도 겸손을 실천할 수 있다면 축복이지만 자리 때문에 교만해진다면 그것은 저주이다. 바벨론 왕 느부갓네살은 스스로 높아진 일로 인하여 하나님께 저주를 받아 짐승의 마음을 받게 되었고 짐승처럼 살아야 했던 일이 있다.

'알다' 의 영어 표현(understand)은 낮은 자리에 선다는 의미이다. 지도자들은 낮은 자리에 서 보아야 대중을 이해할 수 있다. 역사상 훌륭한 리더들은 하나같이 낮은 자리에서 출발하였다는 역사의 교훈을 알아야 한다. 역사를 통해서 배우는 교훈은 앞선 이들의 발자취를 볼 수 있는 것이다. 성경은 높아지고자 하는 자는 낮아져야 하며, 섬김을 받고자 하는 자는 섬기는 자가 되라고 했다.

로마 감독 그레고리 대제(Gregory the Great)는 자신을 감독으로 세우려고 하는 사람들을 피해서 자신의 거처를 옮기기까지 하였다. 감독이 된 후에 그는 말하기를 자신은 하나님의 종들의 종(servant of servants)이라고 했다. 진정으로 낮은 자리에 처하는 은혜를 아는 사람이었다. 앤드류 머리(Andrew Murray)는 그의 책 『겸손』(*Humility*)에서 겸손이야말로 하나님의 축복을 누리는 기초며, 사랑도 겸손의 나무에서 피어난 꽃이라고 했다. 겸손, 낮은 자리에 처함을 사랑보다 우선으로 꼽고 있는 것이다.

높은 자리에 앉아서 겸손을 유지하지 못한다면 차라리 낮은 자리에 처하는 것이 더 복되지 않겠는가. 토머스 아켐피스(Thomas Akempis)는 지식적 우월감에서, 권세가 있다고 해서, 많이 가졌다고 해서 사람들 앞에 우쭐대는 것도 교만이라고 했고, 낮은 자리에 처하는 것은 떨어질 염려가 없는 은혜의 자리라고 했다. 그러므로 낮은 자리를 탐하라. 낮은 자리에 처함은 참으로 예수님을 닮아가는 것이며 진정한 지혜요 축복이다.

49. 교회와 국가사랑

국가 권력이 교회를 적극보호해 주고 반면에 교회는 국가권력을 위하여 힘써 지원했던 시대가 있었다. 로마 국가권력은 기독교 초기에 철저한 박해를 가했으나 313년 콘스탄틴(Constantine) 황제의 밀라노 칙령(Edict of Milan) 이후 기독교는 신앙의 자유를 얻었으며 395년 데오도시우스(Theodosius) 황제 때에 기독교가 로마의 국교가 된 후에 교회는 세상의 큰 권력처럼 자리하였다.

당시 일부의 교회 지도자들과 교인들은 로마 교회를 지상의 하나님 나라로 여기기도 하였다. 이후 교회시대인 중세로 이어지면서 교회는 종종 국가권력과 마찰을 빚었다. 어느 권력이 우위에 있느냐의 논쟁이었다. 이 논쟁에서 어느 쪽도 일방적인 승리는 없었다. 로마서 13장을 근거한 세속 권력의 반격도 만만치 않았기 때문이다. 한 발짝씩 물러서서 세속권력이나 교회나 모두 하나님이 세우신 기관으로 인정하며 공존의 시대를 걷게 된 것이 종교개혁시대 이후라고 할 수 있다.

한국교회는 개혁교회로써 기독교가 전래된 시점이 한말 민족 비극의 시대였기에 교회가 민족의 아픔을 감싸고 함께 고통하면서 성장해왔다. 일제강점기에는 민족사랑, 나라사랑을 교회가 앞장서서 실천해 왔다. 애국자들은 대부분 교회에 있을 정도였다고 해도 지나친 표현이 아니었다. 김구선생은 상동교회 청년회일원이었으며, 김규식 안창호 서재필 조만식 이승만 등이 기독교인이었다는 것은 잘 알려진 사실이다.

이들은 기독교가 민족의 교회가 되기를 소망하던 이들이었다. 한국교회의 민족사랑, 국가사랑은 일제 식민지 시대에도 식을 줄 몰랐다. 강단에서 외치는 설교와 기도는 언제나 '나라와 민족'이라는 수식어를 빼놓지 않았다. 그 전통은 지금도 교회의 대표기도 내용에 그대로 전승되고 있다.

그럼에도 불구하고 한국교회에는 국가와 교회의 관계 설정에 있어서 오해가 있다. 그것은 정교분리(政敎分離)라는 말로서 교회는 국가의 일에 대하여 관여를 않는 것이 원칙인 것처럼 여겨온 때문이다. 그런 경향은 소위 칼빈주의자라고 자처하는 이들 중에 많다. 그러나 그런 주장은 칼빈의 교회관이나 국가관을 모르고 하는 말이다.

16세기에 칼빈은 제네바를 개혁하는 데 있어서 국가기관 즉 의회(Geneva Council)를 통하여 그 일을 하고자 했다. 한국에서의 정교분리원칙이라는 말은 교회 보호를 위한 당시 선교사들에 의한 이론이었다.

비교적 국제정서에 밝은 선교사들은 본국의 훈령도 있고, 한국의 망국은 돌이킬 수 없는 현실인데 아직 자리도 잡기 전인 한국교회가 일제에 의해서 박해를 받을까 하여 정치에 개입하지 않도록 하기 위해 내놓은 것이 정교분리라는 이론이다. 그러나 그렇다고 해서 교회가 일제에 의한 박해를 피할 수 있었던 것도 아니었다.

당시에 선각자 그리스도인들은 한국이라는 강토를 하나님이 주신 동산이라고 노래했다. 조국이 일제 식민지에서 해방되기를 밤낮 없이 기도했다. 비폭력 독립운동인 3·1운동이나 간도와 만주의 무장독립투쟁에서도 기독교인들이 앞장섰다. 그와 같은 일들을 하늘나라 시민권과 세상의 시민권이라는 두 개의 시민권을 지닌 그리스도인으로서 당연한 의무이며 하나님 앞에서의 시대적 사명으로 여겼다.

그런데 오늘날 국가적 위기에 직면한 현실에 교회의 나라사랑이 왜 문제인가? 교회가 정권을 향하여 바르게 해야 한다는 목소리가 정치적이라고 혹은 정교분리원칙에 어긋난다는 논리로 막아서는 것이 옳은 일인가? 예수님의 말씀처럼 사람들이 부르짖지 아니하면 돌들이라도 소리를 외칠 사태를 만났어도 교회는 침묵해야 한단 말인가?

혹시 현 국가적 위기가 특정인들에게 어떠한 목적을 위한 좋은 기회이기 때문에 교회가 국가를 위하여 일어서는 것을 막으려는 의도는 아닌가? 교회와 국가는 함께 추구하는 공동의 목표가 있다. 세상을 밝게 하고, 사람들을 행복하게 하고자 하는 보편적 가치에 있어서 목표가 같다. 숭고한 영혼 사랑과 인류애에 있어서는 교회가 독점권을 갖는다고 할 수 있다.

그 일을 이루기 위해서도, 국가가 바로 되기 위하여 교회가 목소리를 내는 것은 하나님의 뜻에도 부합되며 인류의 보편적 가치에서도 합치한다. 교회의 국가 사랑은 당연한 의무이며 하나님의 명령이다. 따라서 국가 위정자를 위한 기도 역시 하나님의 분부이기도 한 것이다.

50. 역사에서 배운다

역사에 대한 정의는 다양하다. 아널드 토인비(A. J. Toynbee)는 "도전에 대한 응전"이라고 했고, 카아(E. H. Carr)는 "역사가와 사실 사이의 끊임없는 상호작용의 과정이며 현재와 과거 사이의 대화"(History is a continuous process of interaction between the historian and facts, an unending dialogue between the prese-nt and the past)라고 했다. 베네딕도 크로체(B. Croce)는 "모든 역사는 현재사"라고 했으며, 신채호는 "아(我)와 비아(非我)의 투쟁"이라고 했다. 그런가 하면 헤겔(F. G. W. Hegel)은 "절대정신(Absolute Geist)이 변증법적으로 자기 발전하는 것"이라고 했다. '거짓이 역사를 쓰며 진실은 침묵한다' 며 역사의 객관성에 강한 의구심을 제기하기도 했으나 거짓과 속임수가 숨기에는 역사라는 뒤뜰이 결코 안전한 장소는 아니다.

이렇듯 역사에 대한 정의가 다양하지만 역사란 사람들이 남긴 삶의 자취라고 말할 수 있다. 인생들이 행복을 추구했었던 흔적이라고 말하기도 한다. 역사는 사람들의 삶의 이야기다. 성공한 일들과 실패한 일들도 있다. 부자와 가난한 자의 다툼도 보인다. 남이 가진 것을 빼앗기 위한 측과 빼앗기지 않으려는 처절한 싸움도 있으며,

행복의 환희도 있고 슬픔과 눈물의 흔적도 간직하고 있다. 역사는
인생의 유한함을 분명히 인식하라고 웅변하기도 하며, 영원한 가치
를 밝혀주기도 한다.

역사란 사람들의 일이라고 해서 우리가 역사의 주인공인 것처럼
여기지만 사실 인생은 역사라는 무대에선 언제나 단역배우에 불과
하다. 역할이 끝나면 그가 어떤 사람이든 무대에서 내려와야 한다.
역사라는 무대를 영원히 지배하고 계신 절대감독의 명령을 거역할
수 없는 것이 인생이다. 그리스도인들은 절대감독을 하나님이라고
부르는데 이의가 없다. 그분께서는 인간 역사의 거울에서 자신들의
모습을 비춰볼 수 있게 되기를 바라신다.

오늘날처럼 부끄러움을 문제로 여기지 않는 시대에, 역사 속의 아
름다운 사람 한 명을 소개하고 싶다. 삼국지에 등장하는 제갈량이
다. 그는 역사를 아는 사람이었다. 나름대로 인생의 존재 목적을 알
고 있었던 인물이다. 선황제 유비에 대한 맹세를 지키기 위해 위나
라와의 전쟁에 출정하면서 나이 어린 황제 유선에게 바친 출사표
(出師表)에서 그의 인물됨을 충분히 엿볼 수 있다.

"신은 본래 포의로서 몸소 남양에서 밭을 갈고 있었습니다. 어지
러운 세상에 목숨이나 보전하기를 바랄 뿐 이름이 조금이라도 제후
의 귀에 들어가 그들에게 쓰임받기를 바라지 않았습니다. 그러나
선제께서는 신이 더럽고 보잘것 없음을 꺼리지 않으시고 귀한 몸을

굽혀 신의 초가를 세 번이나 찾으시고 저에게 지금 세상에서 해야할 일을 물으셨습니다. 이에 감격한 신은 선제를 위하여 개나 말처럼 닫고 헤맴을 무릅썼습니다.”

제갈량은 자기를 알아준 주군에게 목숨을 다하여 충성했던 인물이다. 그리고 죽은 뒤에도 보상을 요구하지 않았으며 자기를 믿어준 주군의 믿음을 저버리지 않기 위해 조그마한 부정이나 부패 없이 살았으며 전장에서 죽음으로써 그 약속을 지킨 인물이다. 인간 유비가 자신을 알아주고 삼고초려(三顧草廬)했다고 해서 그를 위하여 목숨을 걸어야 하는 전장에 출정하면서도 한실 중흥이라는 사명에 진인사대천명 하는 모습에서 숙연함을 느끼게 한다.

우리가 하나님의 사람들이라면, 우리를 알아주시고 우리를 얻으시려고 낮고 천한 이 땅을 찾아오시고 십자가에서 죽으신 우리 주 예수님의 은혜를 안다면, 과연 우리의 인생을 지금처럼 살아도 되는 것인지 생각해볼 일이다.

51. 정직한 사회를 위하여

정직은 시대에 뒤진 삶의 방식이 아니다. 한물간 시대정신도 아니다.

성경은 정직할 것을 명하신다. 사람들은 정직하면 손해 본다고 생각하는 경향이 있다. 정직하면 불편하다고 생각한다. 나아가 거짓되게 행하면 편리하다고 생각한다. 그러나 정말 그런가?

기업은 어떤가?

『성공하는 사람들의 7가지 습관』의 저자 스티븐 코비(Steven Covey)는 "기업의 경쟁력도 정직이다"라고 했다. 미국의 대표적 국가 기업인 제너럴 일렉트릭(GE)의 회장 제프 이멜트(Jeff Imelt)는 "윤리경영보다 더 가치 있는 사업은 없다"고 했다.

또한 카아네기(Andrew Carnegie)에게 성공의 비결이 무엇인가?를 물었더니 '정직'(honesty)이라고 했다.

그러나 정직하지 못한 것이 불행이다.

정치는 어떠한가?

우리나라 정치는 믿을만한가? 국민을 속여서 이익이 되는가? 6.25 때에 북한군이 미아리까지 진격해 왔어도 라디오 방송을 통해

들려오는 이승만 당시 대통령의 음성은 "국민 여러분 안심하십시오 우리의 국방군이 북한 침략자들을 물리치고 있습니다"였다.

미국의 닉슨(Richard Nixon) 대통령은 미국 역사상 유일하게 임기를 채우지 못하고 도중하차한 대통령이다.

그의 사임 문제는 민주당 선거전략 도청사건이지만, 그것보다는 도청사실을 은폐하려는 계속된 거짓말 때문이었다.

현재 우리나라는 대선을 앞두고 정책이나 정당이나 인물을 검증하는 것이 아니라 상대의 흠집내기 혹은 누군가는 거짓말로 판명날, 혹은 의혹은 계속 남을 수도 있는 진흙탕싸움을 벌이고 있다.

서민들 상호간에는 어떤가? 어린이들은 무엇을 보고 배울 것인가? 오늘날 사람들은 자기 자신은 정직하지 못하면서도 타인의 부정직한 일에 있어서는 공격하느라고 열을 올리고 있다.

우리는 어떻게 살아야 하는가?

예수님은 말씀하셨다. "너희는 그렇다, 그렇다, 아니다, 아니다 하라." 하나님이 미워하시는 것 중에 하나는 거짓, 정직하지 않은 것이라고 하셨다.

우리 그리스도인들은 혹시 정직해서 손해를 본다고 해도 정직해야 할 것이다. 정직이 세상을 바꾸는 힘이라고 믿고 가자.

52. 김수환 추기경의 선종과 기독교

고 김수환 추기경 선종 후 한주간 우리 사회는 고 김수환 추기경에 관한 이야기 밖에 없었던 것처럼 보였다.

그 분은 사회적으로도 존경받았던 종교지도자 중에 한 분이었다. 방송 3사는 뉴스 시간마다 15-20분을 고 김수환 추기경과 관련된 것을 방영했다. 신문도 3면 내지 4면을 고 김수환 추기경 기사를 실었다. 너무한다는 불평이 나올 정도였다.

그런데 왜 한국 사회가 고 김수환 추기경의 이야기에 열광하는가? 지도자에 대한 목마름도 있었을 것이고, 그 분의 성직자다운 삶, 즉 가난한자들을 사랑하고, 사회정의를 위하여 불의에 용감하게 맞설 수 있는 용기에 대한 존경심도 있었을 것이다. 사실 기독교 지도자 중에는 왜 그만한 인물이 없는가에 대한 부러움이 있다는 것은 숨길 수 없는 현실이다. 그럼에도 불구하고 언론의 무슨 의도는 없었는가? 라며 의문을 제기하는 이들도 많이 있다. 천주교 미디어관련 홍보전략, 그리고 현 정부의 용산참사 잠재우기 작전이 의심 가는 부분이라고 말하는 이들도 있다. 어떠하든 우리 사회는 고 김수환 추기경 태풍이 불어 닥쳤었다.

우리는 이 사건을 어떤 시각으로 보아야 하며 해석해야 하는가를 고민해야 한다. 그런 와중에 일부 기독교 인사들의 추태에 가까운 언동은 참으로 민망할 정도였다. 교계 자유주의 신학계열의 어느 인사의 '선한 목자여 우리를 위해 기도해주소서'라는 글이나, 모 교단 총회장의 '천주교가 우리의 큰 집'이라는 발언은 망언이라고 밖에 달리 볼 수 없다.

먼저 선한 목자는 우리 주 예수님뿐이시다. 사람에게 선한 목자라고 부를 수는 없다. 예수님께서 말씀하시기를 "나는 선한 목자라 선한 목자는 양들을 위하여 목숨을 버리거니와"라고 하셨다.(요 10:11) 그런데 기독교 목사가 어떻게 로마 천주교 신부에게 우리의 선한 목자라고 호칭할 수 있다는 말인가? 그런가하면, 천주교가 우리의 큰집이라니? 이 무슨 해괴한 망언인가? 제 정신으로 하는 소리들인가? 다른 것은 차제(此際)하더라도, 로마 천주교의 탈성경(脫聖經), 반신학(反神學)을 바로잡기 위하여 종교개혁을 하다가 로마 천주교에게 살해당한 수백 만 명의 '순교자들의 피'(sanquis christianorum)는 무엇이라고 설명해야 하는가?

로마 천주교는 우리와 성경이 다르다. 우리는 66권의 하나님의 말씀을 가지고 있으나 저들은 외경(外經)을 성경과 동등의 위치에 놓고 있으며, 교황의 교시가 성경과 동일한 권위를 갖는다는 것을 알아야 한다. 또한 로마 천주교는 성경 가운데 10계명을 변조했다.

두 번째 계명, 너를 위하여 새긴 우상을 만들지 말고, 절하지 말고 섬기지 말라는 계명을 없애 버렸다. 그러므로 9계명 밖에 없게 되므로 열 번째 계명을 둘로 나누어서, 9번째 계명은 '네 이웃의 아내를 탐내지 말라' 이며 10번째 계명은 '네 이웃의 재산을 탐내지 말라'고 해서 10 계명을 하나님의 명령과 다르게 변조했다.

로마 천주교는 우리와는 예전(禮典)이 다르다. 우리는 전능하신 하나님께 주 예수 그리스도의 이름으로 예배한다. 예수 그리스도의 이름으로 찬송하고, 예수 그리스도의 이름으로 기도한다. 그러나 저들은 미사(Mass), 즉 제사를 드린다. 하나님께 드리는 제사는 예수 그리스도께서 직접 자신의 몸으로 하나님께 완성의 마지막 제사를 마감하셨다. 그래서 예수님은 "이 성전을 헐라 내가 사흘 만에 일으키리라"고 하셨다.

로마 천주교는 우리와 구원관(救援觀)이 다르고 신관(神觀)이 다르다. 기독교 진리는 구원주는 오직 주 예수 그리스도뿐인데 로마 천주교는 최근에 공동 구속주(co-redemprix) 성모 마리아가 있다는 것을 발표준비하고 있다고 한다. 그런가하면 우리와는 다른 하나님을 섬기고 있다. 그들은 전능하신 창조주 하나님을 하느님이라고 부른다. 여호와를 우리나라식의 표현으로 우리는 하나님, 로마 천주교는 하느님으로 하는 것으로 안다면 착각이다. 하느님은 동양의 하늘님이다. 문법적으로 하늘님에서 'ㄹ'이 탈락하여 하느님이 된 것이다. 동양에서는 하늘을 신으로 여겨서 하늘님이라고 부르고 있었던 것이다. 그러므로 로마 천주교의 신관은 동양 불교의 하늘님과 같은 것이다. 이렇듯 신관이 다르다. 이렇듯 성경이 다르고, 예전이 다르고 신관이 다른데 어떻게 큰 집이 되며, 로마 천주교 신부를 선한 목자라고 부를 수 있는가?

종교개혁은 성경이 마땅히 하나님의 백성들의 소유였던 것을 로마 천주교 사제들에게 빼앗겼었는데, 하나님의 백성들에게 돌려준 하나님의 전적인 역사이며, 하나님의 백성이 아버지 하나님 앞으로 예수님의 보혈을 의지하여 직접 나아가는 길을 다시 보장해준 하나님의 눈물겨운 은혜의 역사였다. 그 길은 중세 천년동안 거간꾼들에게 의해서 봉쇄되었었던 길이었다. 소위 사제들이 가로막고 있었던 것이다. 사실 면죄부(indulgentia) 판매는 종교개혁의 도화선이었으나 기실 부차적인 문제였다.

다음은 중세시대의 주장만이 아니다. 1965년에 발표한 제2 바티칸 공의회의 결의 내용만 보더라도, '죽은 자에게 기도할 것을 가르치고, 연옥(purgatory)을 주장' 하니 로마 천주교는 우리와 다른 종교, 다른 신관, 다른 예전으로 가지고 있는 우리와는 본질이 다른 종교이다. 그런 측면에서 기독교의 본류는 성경대로의 종교가 본류인 것이 틀림없지 않는가?

고 김수환 추기경이 천주교 성직자로서 존경스러운 삶을 살았다는 것은 본받을 일이다. 그러므로 그 분이 믿고 포교했던 진리가 빛이 나는 현실이나, 그렇더라도 다른 종교의 진리 가치가 달라지는 것은 아니다. 즉 사람에 의해서 진리의 가치가 달라지지는 않는다.

이제 우리는 우리 자신과 우리가 믿는 신앙의 진리를 돌아보아야 한다. 성도가 성도답지 못해서 그들이 섬기는 하나님의 영광이 손상을 입지 않았는가? 목회자가 목회자답게 살지 못함으로 인하여 그들이 주님의 이름을 망령되게 하지는 아니 했는가? 또한 그들이 전하는 복음진리가 의심을 받고 있지는 않았는가를 살피고, 뼈저리게 회개하고, 반성하고 고쳐야 할 것이다. 아직도 완성되지 못한, 우리 기독교 가운데 또 다른 종교개혁을 위하여 기독교인들은 철저한 신앙적 계도와 삶으로 거듭나야 한다. 어느 때나 그렇듯이 신앙의 모든 문제들은 복음의 진리대로 살지 않음에 문제가 있었음을 기억하자.

53. 스포츠 그리고 애국심

2009년 3월 24일 WBC(World Baseball Classic) 세계야구 대회가 야구의 본 고장인 미국에서 20여 일간 열전의 막을 내렸다. 참으로 국민적 관심이 컸었고 많은 화제를 남긴 대회였다.

우리나라는 아시아 예선에서 2승 1패의 성적으로 아시아 1위의 성적으로 샌 디에이고(San Diego)에서 열리는 8강에 진출했다. 우리나라에게 야구를 가르쳐준 일본을 일본 야구의 성지라는 도쿄돔에서 연파한 것이다. 멕시코와 베네수엘라를 가볍게 누르고 결승에 올랐다. 그러나 우리 야구의 위대한 도전은, 쿠바와 미국을 이기고 올라온 일본과 결승에서 10회 연장까지 가는 접전 끝에 미완성이 되고 말았다. 아깝게 준우승을 했다.

아깝지만 감동은 최고였다. 그런데 국민들은 우승보다 더 자랑스러운 준우승이라고 즐거워했다. 우리나라가 준우승을 차지했지만 경기의 내용이나 응원은 우승감이라는 평가이다. 정말 대단했던 경기라는 평가였다고 한다. 야구가 열리는 동안 국민들은 야구 선수들과 마음으로 하나가 되었고 행복했다고 말하는 국민은 73%에 달한다.

경제적으로 어려운 때에 야구 대표팀 선수들이 국가를 위하여 애국자 노릇을 단단히 했다고 본다. 일본 야구대표팀의 하라 감독은 일본 선수들은 국가를 대표해서 나왔다고 했고, 우리나라 야구팀 감독인 김인식 감독도 출정식에서 "국가가 있고 야구가 있는 것이 아닌가. 국가가 없는데 무슨 야구가 있겠는가"라고 한 말에서 이미 감독과 선수들은 애국심으로 경기에 임했다는 것을 분명히 했다.

경기성적은 실력만으로 결정되지 않는다는 것은 잘 아는 일이다. 정신력, 특별히 국가대항경기에서는 애국심이 성적에 큰 영향을 미치는 것을 알 수 있다. 객관적인 비교에서는 일본에 비교할 수 없을 정도로 열악하다. 우선 야구의 모판이라고 할 수 있는 고교 야구팀의 비교는 우리나라 53개 팀이나 일본은 1700개이다.

돔 경기장은 우리나라는 하나도 없지만, 일본은 6개이다. 야구 선수의 연봉 차이는 1/15 수준이다. 이 같은 뚜렷한 객관적 열세를 극복하고 일본과 대등한 경기를 할 수 있었던 것은, 국가를 위하여 싸운다는 정신, 선수들의 애국심 때문이었다.

위대한 결과는 위대한 정신에서 시작된다. 야구를 비롯한 스포츠가 국민들의 마음을 하나로 묶는 마력이 있다. 김연아 선수의 피겨 스케이팅 선수권대회에서 전대미답(前代未踏)의 성적으로 우승을 했다. 지난번 WBC에서 일본에게 진 야구를 갚아주었다는 마음들이다. 김연아 선수도 시상식에서 태극기가 올라가고 애국가가 연주

될 때에 눈물을 흘렸다. 선수는 국가의 이름을 위해서 최선을 다했으며, 국민들은 자신이 우승한 것처럼 자랑스러워하고 기뻐했다.

일반은총(一般恩寵)인 스포츠를 통해서도 하나님께서 우리들에게 주시는 메시지도 있다고 생각된다. 실수한 선수를 책망하는 것은 아니지만, 우리나라의 야구선수 중에 마지막 투수가, 감독은 결승타점을 친 일본 선수를 걸러 보내라고 사인을 보냈는데 무시하고, 자신의 생각대로 이치로와 정면 승부를 하다가 그 선수에게 안타를 허용하여 결국은 2점 차로 지게 되었다는 이야기를 들었다. 우리들의 신앙의 삶도 하나님이 보내주시는 사인을 잘 보면서 살아가야 되겠다는 생각이 들었다.

자신의 조국, 혹은 국가를 위하여 최선을 다하는 스포츠 선수들의 모습을 보면서 하나님의 사람들은 생각하는 것이 있어야 한다. 그것은 하나님 나라를 위하여 우리들은 모두 선수라는 것이다. 성경에서도 스포츠 경기로 비유한 말씀이 있다. 믿음의 경주라고 말씀한다.

올림픽경기와 견줄 수 있는 이스무스(Isthmus)라는 경기를 잘 알고 있는 고린도 지방, 그리이스 지방의 성도들에게는 절제하기를 말씀하셨다. 히브리서 12장에서는 경기하는 선수들은 모든 무거운 것과, 얽매이기 쉬운 죄를 벗어버리라고 하셨다.

　그런가하면 빌립보 성도들에게는 푯대를 향하여 위에서 부르신 부름의 상을 위하여 달려가는 것과 같다고 하셨다. 국가 대표 스포츠 선수들이 최선을 다하는 모습처럼, 우리 크리스천들도 하나님께서 우리에게 주신 믿음의 경주를 위하여 최선을 다하여 달려가서 생명의 면류관을 모두 다 얻게 되시기를 바란다.

　세상에서의 상은 썩을 면류관인데 비하여 하늘나라의 면류관은 영원한 면류관이라고 하셨다. 우리 모두는 대한민국을 위한 애국자인 동시에, 하나님 나라를 위한 애국자이기도 해야 한다.

54. 기독언론, 교회의 동반자

루돌프 아우크슈타인(Rudolf Aukstein)은 『권력과 언론』에서 성역 없는 보도와 가차 없는 비판을 언론의 길로 얘기했다. 언론은 입법, 사법, 행정에 이어 '제4의 권력'이라고도 일컫는다.

국민들은 언론이 권력 기관이라는 인식에 대하여는 유쾌해하지 않으나, 언론이 힘이 있다는 점에서는 동의한다. 국가 권력과 재벌이 합작하면 국가경제의 흐름을 왜곡시키고 결국 국가경제를 어렵게 한다. 국가 권력과 언론이 유착(癒着)하여 언론이 권력의 시녀가 된다면 국민의 눈과 귀는 멀게 된다. 결국 왜곡된 정보로 인하여 국가 운영과 발전에 큰 문제가 생긴다. 그래서 언론은 진실보도에 의한 권력 감시자로서의 자리를 지켜야 한다. 초병(哨兵)이 눈을 감으면 부대는 적에게 습격을 당하기 마련이다. 마찬가지로 언론도 그 사명으로 깨어있어야 한다.

언론에 대한 사회적 기대는 정확한 정보 제공과 사실보도에 의한 권력의 감시자와 민심의 대변자 역할이다. 그러므로 언론은 사회적 공기(公器)이다. 교계 언론은 사회 언론에서 기대할 수 없는 다른 기능이 추가된다. 사회 언론이 국가권력과 일정한 거리를 두어야 한다면 교계 언론은 교회와의 친밀한 관계를 유지해야 한다. 그 이유는 교계 언론의 태생이 교회를 위한 것이기 때문이다. 복음을 위한 도구 즉, 선교를 위한 공기(公器)이기 때문이다. 그렇다고 해도 언론의 고유한 기능인 진실보도를 통한 감시자의 역할을 포기하라는 것은 아니다. '교회와 교계 언론은 동반자'라는 인식이 필요하다. 교회는 교계 언론을 선교의 도구로 귀하게 여겨야 한다.

교계 언론은 방송과 신문으로 분류된다. 방송은 라디오와 TV 그리고 인터넷 방송이다. 신문은 교단 신문과 초교파 신문으로 분류한다. 대부분의 교계 신문은 주간지이며 격주간지도 있다. 그런데 최근 교계 언론의 문제성이 크다고 우려의 목소리가 높다. 그것은 먼저 교계 신문의 난립성(亂立性)과 질적 저열성(低劣性)이다.

최근 5년 사이에 기독교 신문은 110여 개에 이르는 것으로 파악되고 있다. 교계 신문의 난립은 전문성의 부족과 한정된 독자로 인한 운영의 문제가 심각해진다. 교단 신문의 경우는 교단이 직영하기 때문에 사정이 다르나 초교파지는 운영의 어려움을 피할 수 없다.

교계 언론의 건강한 성장은 교회의 건전성과도 상관관계가 있다. 이를 위하여 교회들은 언론에 대하여 새롭게 눈을 돌려야 한다. 선교라는 교회의 사명과 명분은 성도들의 헌신을 이끌어 내기에 충분한 이유가 되고 있다. 그러나 교계 언론이 복음 전파에 유용한 도구라는 사실은 아직 교회들이 인식하지 못하고 있는 듯하다. 물론 일부 방송사는 전파성도 강하고 해서 방송선교에 어느 정도 교인들의 동참을 성공시키고 있는 듯하다. 그러나 교계 신문에 대하여는 광고 매체 정도로 여기는 경향도 있다. 그러나 신문은 방송이 가지지 못하는 장점이 있다. 신문 특성상 정적이어서 전파성이 약하기는 하나 흘러가지 않고 지워지지 않아서 기록된 내용이 오래 지속되어 방송과 다른 장점이 있고, 많은 내용을 담을 수 있는 복음 전파의 유용한 도구가 된다.

이제 교회는 교계 언론을 복음을 위한 하나님의 도구이며 선교를 위한 교계의 공기로 인식해야 한다. 그러므로 교회는 해외선교를 하듯이 언론을 재정적으로 지원해야 한다. 그런가하면 교계 언론사들도 끊임없는 자기 스스로의 경쟁력이 있어야 한다. 즉 기사의 전문성과 경영의 합리성을 주문한다.

교계 언론은 분명 사명으로 운영되고 있다. 어려운 현실에서도 사명을 다하고 자리를 지키는 그 헌신의 짐을 교회들이 함께 나누어지고 가야 한다. 그 이유는 교회와 교계 언론은 복음을 위한 동반자 관계이기 때문이다.

55. 교회교육을 점검한다

교육이 백년지대계라는 말에 이의를 제기할 사람은 없다. 사람은 교육에 의해서 사람이 된다는 칸트(I. Kant)의 말도 옳다. 문제는 어떤 교육이냐? 하는 것이다. 대부분의 국가에서 국가 예산의 우선순위를 국방 다음으로 교육비에 배정한다. 그러나 그 같은 노력에도 불구하고 교육의 효용성에 대하여 의문을 제기하는 이들이 많다.

영국의 역사가 크리스토퍼 도오슨(Christopher Dawson)이 그 중 한 사람이다. 그의 주장 내용은 비용 투자에 비하여 교육의 목표가 달성되었는가?라는 강한 의문이다. 서구의 사정이 그러하다면 우리나라는 어떠한가? 일관성 없는 교육정책, 문제점이 드러나면 하는 땜질식 처방이 무너지는 공교육을 가져왔다는 비판이 과한지는 모르겠으나 국가 예산의 20% 이상의 돈을 쏟아 붓는 것도 모자라서 국민들의 사교육비 지출은 이미 공교육의 예산을 넘어선지 오래다.

2009년 6월 2일자 『시사저널』의 커버 스토리는 "월 천만원 막장 사교육"이었다. 사교육의 행태는 이미 갈 데까지 간 형국이었다. MB 정부의 대책없이 헤메는 갈짓자 교육정책에 자녀들의 메니저인 강남 엄마들은 자녀 한 명당 월 천만원의 돈을 투자하고 있다.

교육이 기성세대가 자라나는 세대에게 끼치는 바람직한 영향이라고 보면 오늘날의 국가 교육정책은 중대한 결함을 드러내고 있다. 그렇다면 교회 교육의 문제는 없는가? 교회 교육의 문제점을 지적하고 해결책을 조금이나마 제시해본다.

첫째, 비전문가에 의한 교육을 들 수 있다. 사회는 끊임없이 전문가를 양성하여 교육현장에 투입하고도 사회변화에 따른 요구를 만족시키지 못하여 수많은 문제점이 노출되고 있는데 교회는 아직도 수십 년 전의 체제를 답습하고 있으니 큰 문제가 아닐 수 없다.

대부분의 교회들이 교사 수급 문제에 어려움을 겪고 있다는 것은 이해하지만 고등학교를 마친 학생들에게 정규적인 교육과정을 생략하고 교회 교육을 맡기는 것은 무책임하다고 보여진다. 공과책이 교회학교 교육을 대신하는 시대는 성공하지 못한다. 이 같은 교회학교 후진성 개선은 이제 더 이상 뒤로 미룰 수 없는 단계라고 본다. 교회 학교 교사를 위한 체계적인 교육이 시급하다. 그러므로 교회학교를 위한 전문가 교육을 서두를 때라고 본다. 교단이나 큰 교회에서 교회학교 교육 전문 목사를 양성하여 활용하도록 하고 중소교회를 순회 교육하는 시스템도 도입했으면 한다.

둘째, 교회학교 교육에 분명한 의지가 있어야 한다. 교회의 미래는 교육과 언론에 있다는 말은 옳다. 어느 대학교 교수들에게 근황을 물었더니 돌아온 답이 "요즈음 우리가 교수인지 학생인지 모릅니다" 였다. 그만큼 요구사항이 많고 연구하지 않으면 도태(淘汰)되고 마는 생존경쟁이 치열한 사회가 되었다는 말이다. 교회가 교육에 확고한 의지를 가질 때이다.

셋째, 교육의 내용에 있어서 신앙과 삶의 연계, 혹은 삶의 적용 혹은 실천에 있어 철저함을 기해야 한다. 우리는 신앙하는 바를 삶으로 실천하는 교육을 강화해야 할 때라고 본다.

넷째, 교단이나 총회 차원의 장기적인 교육정책을 수립할 때이다. 조급하여 단기적인 효과에만 매이지 말아야 한다. 또한 모든 교회들이 함께 해택을 볼 수 있는 것이어야 한다. 이 말은 교회들이 경쟁하지 말고 넓은 어장을 함께 개척해 가자는 말이다.

다섯째, 교회 예산에서 교육비를 새롭게 책정하자. 한국교회의 70%이상이 미자립교회라는 통계가 있다. 그러나 '농부가 굶어 죽어도 씨앗을 심고 죽는다' 는 정신으로 교육에 힘써야 미래가 있다. 이 일에 큰 교회는 작은 교회를 돕겠다는 의지를 실천하자.

여섯째, 지식의 수치를 높이는데 그치지 말고 품성교육에 힘써야 한다. 사람들의 사회적 성공의 비결이 실력이나 능력보다는 품성이라고 한다. 품성이 인생의 성공을 좌우한다는 최근의 주장들을 새겨들어야 한다. 예수님의 품성 닮기 교회 교육이 절실하다. 한국 교회의 미래를 보는 시각에는 긍정과 부정이 공존하고 있으나 최근 어느 보고서에 의하면 교회가 교육만 잘 하면 희망을 가져도 좋다는 것이다. 초등학교 현장에 있는 교사들의 보고에는 대도시 초등학교 학생들의 50% 이상이 교회에 나가고 있다고 한다. 또한 수도권의 어느 교육 대학교의 경우 신입생의 50%가 기독교인이라고 한다. 이 같은 보고는 한국교회의 미래가 어둡지만은 않다는 증거이기도 하다. 교회는 이제 희망의 싹을 보았으면 건실하게 키워서 풍성한 열매를 거두도록 힘써야 한다.

56. 만일 예수 그리스도의 부활이 없었다면

역사학에서는 가정의문부정사(假定疑問不定詞)를 사용하지 않는다. 예를 든다면, "만일 시져가 루비콘강을 건너지 않았다면", "만일 트로츠키가 오리 사냥을 가지 않았다면", "만일 세종대왕이 한글을 만들지 않았다면" 등이다. 이는 이미 이루어진 사실을 인정하면서, 그 이루어진 사실이라는 결과가 나올 수 있었던 것과는 다른 원인을 제공했다면, 다른 결과가 나왔을 것이라는 뜻이 되기 때문이다. 그런데 이런 가정의문부정은 역사에서, 이루어진 사실에 대하여는 아무 쓸모없는 가정이 되고 만다. 그것은 역사학에서 사용하지 않고 소설에서나 사용하게 될 것이다.

이 같은 가정의문부정사를 예수 그리스도의 부활사건에 대입한다면, 예수 그리스도의 부활이 역사적 사실이며, 그 후에 계속된 역사가 있는데, "만일 예수 그리스도의 부활이 없었다면" 다른 역사들이 이어졌을 것이라는 것이다. 즉 예수 그리스도의 부활로 인하여 교회가 탄생하고 교회 시대가 있었고, 그로 인하여 세계의 지도가 그려졌던 일들이 없었을 것이며, 우리가 알고 있는 세계역사는 없었을 것이라는 말이 된다.

성경은 예수 그리스도 부활의 신앙적 중요성을 말씀했다. "만일 죽은 자가 다시 사는 것이 없으면 그리스도도 다시 사신 것이 없었을 터이요 그리스도께서 다시 사신 것이 없으면 너희의 믿음도 헛되고 너희가 여전히 죄 가운데 있을 것이요 또한 그리스도 안에서 잠자는 자도 망하였으리니 만일 그리스도 안에서 우리의 바라는 것이 다만 이생뿐이면 모든 사람 가운데 우리가 더욱 불쌍한 자리라"(고린도전서 15:16-18)

크리스천이라면 예수 그리스도 부활을 확실히 믿는 신앙이 중요하다. 그런데 신앙과 역사적 사실과는 항상 같지 않을 수 있기 때문에 믿음이 중요하지만, 진정한 믿음은 사실여부를 떠나서의 믿음이 아니라 사실을 믿는 믿음이어야 할 것이다.

어떤 이들은 부활신앙을 말할 때에, 믿음이 중요한 것이지 사실은 중요하지 않다는 말을 한다. 부활신앙을 말할 때에 예수 그리스도의 부활 사실여부를 떠나서 부활했다고 믿는 것이 중요하다는 것이다. 이 말은 매우 위험하다. 이해하기에 따라서 황당하다는 평가를 받게 된다. 사실이 아닌 것을 사실로 믿는다는 것은 현재 세계의 웃음거리가 되고 있는 북한의 우주선이 우주궤도를 돌고 있다고 믿는 북한 사람들의 신앙과 다를 바가 없다.

사실 여부를 떠나서 믿는다는 주장은 참된 신앙이라고 보기도 어

렵다. 참된 신앙이라면, 누가의 진술처럼 "우리 중에 이루어진 사실
에 대하여 처음부터 말씀의 목격자 되고 일꾼 된 자들의 전하여 준
그대로 내력을 저술하려고 붓을 든 사람이 많은지라"(누가복음1:1-
2) 는 그 사실을 믿는 신앙이다.

역사를 이해 할 때에 '사실로서의 역사'(History)와 '의미로서의
역사'(Geschichte)를 제시하는 사람들이 있는데, 사실로서의 역사
를 바탕으로 한 의미를 말하는 것이 옳음에도 불구하고, 사실보다
는 어떻게 해석하느냐, 어떤 의미가 있느냐가 중요하다고 생각하는
것 역시 기독교 신앙에서 매우 위험하다. 의미부여는 사실을 밝힌
후에 하는 것이다. 즉 예수 그리스도 부활의 의미는 빈 무덤만큼이
나 분명한 부활의 역사적 사실에 근거한 의미부여라야 옳은 것이
다. 그러므로 크리스천들은 예수 그리스도 부활의 역사적 사실을
사실대로 믿는 신앙의 사람들이다.

만일 예수 그리스도의 부활이 없었다면, 교회의 역사는 거짓의
역사이며, 거대한 사기 사건이 될 것이다. 또한 세계사는 전체를 다
시 써야 한다. 예수 그리스도를 중심으로 서술한 모든 역사기 연대
즉 BC(Before Christ)와 AD(Anno Domini-The Age of Our
Lord)도 모두 고쳐야 한다. 그것은 인류역사의 대재앙이다.
그런데 그 같은 일이 일어날 가능성은 전혀 없다. 예수 그리스도
의 부활은 그 빈 무덤만큼이나 분명하다. 예수 그리스도의 제자들

이 예수 그리스도의 부활 소식을 전했을 때에 그것은 진실에 목숨을 건 용기였고, 예수 그리스도를 십자가에 못 박았던 사람들은 부활을 부정하는 어떤 사실도 제시하지 못했었다.

"역사는 사료(史料)로 말한다"는 역사적 명제가 있다. 예수 그리스도의 부활을 증거 하는 사료는 빈 무덤이고, 당시의 기록물들이며, 무엇보다도 하나님의 말씀인 성경이다. 고대 유대 역사가 교회사의 아버지인 유세비우스(Eusebius of caesarea;c265~c339)의 기록을 보면, "바로 이때에 예수라는 지혜로운 사람 - 신기한 일들을 많이 행하였기에 인간이라고 볼 수 있을지는 몰라도, … 중략, … 빌라도가 유대의 유력 인사들의 청에 의해 그를 십자가에 달려 죽게 했으나 그를 처음부터 사랑하던 제자들은 그를 버리지 않았다. 왜냐하면 하나님의 선지자들이 그에 관해 예언한 대로 3일 만에 다시 살아나서 그들에게 나타났기 때문이었다"라고 했다.

"만일 예수 그리스도의 부활이 없었다면"이라는 가정의문부정사가 아니라, 예수 그리스도의 부활을 믿는 것은, 그 믿는 사람의 현재 존재만큼이나 명백한 역사적 사실이다!

57. '좋은 것'이 항상 좋은가

　사람들은 '좋다' 혹은 '나쁘다'는 형용사를 만들어 사용한다. 그 같은 언어 사용은 사람들만의 특권일 것이다. 좋다는 것은 나쁘다는 것의 반대다. 사람들은 좋은 것이 무엇인지 설명하기가 쉽지 않으나 좋은 것이 무엇인지, 그리고 나쁜 것이 무엇인지 알고 있으며, 좋은 것을 좋아한다. 날씨를 말할 때에 흐린 날은 나쁘다고 말하고 맑게 갠 날을 좋다고 말한다. 추운 날은 날씨가 나쁘다고 하고 따뜻한 날은 좋은 날이라고 말한다.

　문제는 사람들이 좋다고 생각하는 것이 항상 좋은 결과를 가져오는 것은 아니다. 예를 든다면 비가 오지 않고 활짝 갠 날씨가 좋다고 하지만 항상 맑은 날씨가 계속된다면 어떤 결과가 나타날까. 비 오지 않는 날이 계속된다면 푸르던 들판이 먼저 시들겠고, 시내가 마르고 나뭇잎이 마르게 될 것이다. 이어서 초식동물들이 떠나거나 혹은 굶어죽게 되며 자연은 사막화될 것이다. 맑은 날이 좋으나 맑은 날만 계속된다면 그것이 좋은 것이 아니라 재앙일 수가 있다. 날씨도 가끔은 흐리기도 하고 비가 뿌려지기도 해야 풀도 자라고 나무도 자라게 된다.

내가 좋은 것이 남들에게도 항상 좋은 것이 아닐 수 있다. 경쟁사회에서는 승리자가 되어야 하지만 항상 이기기만 한다면 그것도 좋은 것만이 아닐 것이다. 교회에서 어르신들이 윷놀이를 하였는데 이긴 팀에서 좋다고 일어나서 춤을 추면 진 팀에서는 얼굴을 찡그리고 우리는 져서 속상한데 좋다고 춤까지 추느냐고 언짢아 한다. 내가 좋은 것이 남들에게 좋은 것이 아니면, 내가 이긴 것으로 인해 남들과 원수가 될 수도 있음을 알아야 한다. 그래서 져주면서 이기는 방법이 있겠고, 항상 이기는 것이 항상 좋은 것이 아님도 알게 된다.

우리의 삶에도 항상 좋은 날, 좋은 일만 있다면 좋을 것 같으나 생각해볼 일이다. 좋은 일만 있다면 인생으로서의 진선미 그리고 의와 긍휼, 헌신과 섬김, 자비와 사랑과 겸손 등의 가치에 대해 알 수 있겠는가. 흐린 날처럼 힘든 날, 나쁜 날도 있어서 비에 젖기도 하고 바람이 불기도 해야 인생의 대지, 심령의 토양이 비옥해질 것이다.

젊은 날의 고생은 나쁜 날들이 아닐 수 있다. 인생의 작은 실패가 큰 실패를 막아줄 수도 있으며 인생을 성공으로 이끄는 좋은 일일 수도 있다. 중국 후한의 황제 유비는 "내 고향에 세 고랑의 밭만 있었다면 오늘의 내가 없었을 것"이라고 해 젊은 날의 가난, 즉 나쁜 날이 자기를 성공으로 이끌 수 있었다고 말했다. 카네기는 젊은 날의 가난하고 고단함, 즉 나쁜 날이 있었기에 부자가 될 수 있었다고 회고했다. 공자는 어린 나이에 양친을 잃었고 젊은 날에 창고관리인, 가축관리인 등의 고생스러운 생활을 통해 인생에 대해 말할 수 있는 인류의 스승이 되었다.

좋은 것이 항상 좋은 것이 아니다. 나쁜 것, 고생스러운 것이 좋을 수도 있다는 사실을 알아야 한다. 이것이 하나님의 은총이다. 그러므로 좋다고 즐거워할 것이 아니요, 힘들다고 슬퍼할 일만도 아니다. 고난 속에 숨은 하나님의 뜻을 발견하는 사람이 진정 지혜로운 사람이다

4부

하나님의 입 (Sermon)

하나님의 입
(sermon)

우리나라는 과거에 경험해보지 못한 급격한 변화의 시대를 맞고 있습니다. 혼란스럽기까지 한 현실을 수용하기를 요구하고 있는 시대입니다.

이러한 때에 우리는 지금가고 있는 길이 바른 길인가를 점검해보아야 합니다. 하나님 앞에서 우리의 신앙을 돌아보아야 합니다. 또한 교회는 시대의 등불이 되어야 합니다. 희망이 되어야 합니다. 하나님 앞에서 우리가 어떤 존재로 살아야 하는가를 다시 돌아보아야 합니다. 그러기 위해서는 우리의 정체성을 확인해야 합니다. 우리가 가지고 있는 소망에 관한 이유를 묻는 이들에게 대답할 것을 항상 예비하라는 베드로 사도를 통한 주님의 말씀을 기억해야 합니다.

"하나님의 말씀을 선포하는 사람의 입은 곧 '하나님의 입'이 된다"

-John Calvin-

58. 성도라는 고귀한 이름 (골로새서 1:9-14)

나는 누구인가? 나는 무엇을 할 수 있으며 어떻게 살아야 하는가? 죽음이란 무엇이며 그것이 내게도 적용되는가? 등의 물음은 인생에 대한 철학적 물음이라고 합니다. 이 물음은 인류에게 있어서 심각하고 중대한 질문입니다. 점심식사를 무엇으로 할까? 라는 문제라면 큰 고민이 필요치 않을 것입니다. 그러나 인간 존재와 그 역할에 대한 물음은 심각한 주제입니다. 그러나 그에 대한 해답은 철학자들도 수 천 년 동안 이루지 못했습니다. 어떤 사람은 이렇게 말하고 또 다른 철학자는 저렇게 말하기 때문입니다.

그러나 다행히도 성경은 우리에게 "너희는 성도"라고 하심으로 주 예수를 믿는 우리들의 정체성을 분명하게 해 주었습니다.

성도는 그리스어로 '하기오스'(hagios) 라고 합니다. 거룩, 혹은 구별하다는 뜻을 지니고 있습니다. 비록 세상에서는 사람들과 섞여서 살아가고 있지만 하나님의 눈에는 달리 보이신다는 말씀입니다. 죄에서 불러내서 하나님의 기이한 빛에 들어가게 된 사람들이라는 말씀입니다.

성도는 예수님과 관계된 이름입니다.

1. 성도란 주께 합당하게 살아가는 사람들입니다.(10절)

빌립보서 1:27에는 "복음에 합당하게 생활하는 사람들"이라고 했으며 에베소서 4:1에는 "부르심을 입은 부름에 합당하게 살아야 하는 사람들"이라고 하셨습니다. 성도는 예수 그리스도의 대속의 공로로 부름 받은 사람들입니다. 택함 받은 사람들입니다. 존귀한 존재입니다.(베드로전서2:9-10)

삶의 동기와 목적이 주님께 합당해야 합니다. 살아야 하는 이유와 그 결과가 하나님의 영광이 되어야 합니다. 그렇게 살아가는 것은 성도의 의무이기도 하지만 특징이기도 합니다. 성도가 아닌 이들은 자신의 뜻대로 살아가면 그만입니다. 자기들의 좋을 대로 살아가도 그만입니다. 그들의 열매는 그들이 거두기 때문입니다. 그러나 성도들은 주께 합당하게 행하여 범사에 하나님을 기쁘시게 하고 모든 선한 일에 열매 맺는 삶이어야 합니다. 그것은 결혼서약문과 같은 것이어야 합니다.

성도는 예수 그리스도로 인하여 즐거워하는 사람들입니다. 성도는 예수 그리스도로 인하여 새 생명 얻은 사람들입니다. 성도는 예수 그리스도로 인하여 행복한 사람들입니다. 성도는 예수 그리스도로 인하여 고난도 받는 사람들입니다. 성도는 예수 그리스도를 닮아 의와 진리의 거룩함을 입은 사람들입니다. 로마의 키케로(Cicero)는 초대교회 성도들의 모습을 이렇게 적고 있습니다. "사자의 밥으로 던져지면서도 하나님을 찬양하는 저 사람들을 보라. 나는 저들의 신앙을 위협할 수는 있으나 저들의 신앙은 부인할 수 없다. 저들이 삶과 죽음으로 증거 하는 저들의 하나님을 어떻게 부인할 수 있다는 말인가?"

시대는 바뀌었고 사람들도 2000년 전의 사람들이 아니어도 동일한 예수 그리스도를 믿는 이들은 그 믿음이 같아야 한다는 말씀입니다. 에녹처럼 하나님과 동행하는 사람들, 요셉처럼 성결하게 살아가는 사람들, 세상이 어떠하든 하나님의 거룩하심을 닮아가는 사람들이 성도입니다.

2. 성도는 하나님의 권능으로 강하게 되며, 역사를 이루며, 모든 어려움을 인내로 견디는 사람들입니다. (11절)

초대교회 성도들은 신앙을 지키기 위하여 수많은 고난과 박해를 감내해야 했습니다. 고향에서 추방당하기도 했으며, 재산을 빼앗기기도 했고, 죄 없는 죄인으로 옥에 갇히기도 했으며, 심지어 순교까지 했습니다. 영화 쿼바디스(Quo Vadis) 마지막 장면에 로마황제 네로(Nero)가 등불을 켜들고 웃으며 순교했던 이들을 다시 살펴보고는 여기도 웃으며 죽었고, 저기도 웃으며 죽었다고 실망하는 것을 봅니다. 오늘날도 나약해 보이는 신앙인들처럼 보이지만 전능하신 주님의 능력을 힘입어 "내게 능력 주시는 자 안에서 내가 모든 것을 할 수 있느니라"고 고백할 수 있는 이들이 성도들입니다.

3. 성도는 흑암의 권세에서 건짐 받아 하나님의 나라로 옮기운 사람들입니다.

죄 사함을 받고 구원을 선물 받아 천국의 기업을 이을 사람들입니다. 그러므로 신학성경학자 로버트 건드리(Robert Gundrey)는 성도가 받을 '여덟가지 복'(The Beatitude)에 대하여 설명하기를 "심령이 가난한 자는 복이 있나니 천국이 저희 것임이요"를 "심령이 가난한 이들이여 축하합니다. 천국이 여러분의 것입니다"라고 했습니다. (애통하는 이들이여 축하합니다...)

성도라는 이름은 축하받을 이름입니다. "이스라엘이여 너는 행복자로다 하나님의 구원을 너같이 받은 백성이 누구뇨"(신33:29) 성도는 그 이름을 귀히 여겨야 합니다.(잠언22:1)

구약의 에서처럼 한 그릇 식물 때문에 명예를 버려서는 안됩니다. 프랑스 사람들은 식사 초대에 응하면서 가문에 명예를 걸고 식사를 한다는 말이 있습니다. 성도라는 이름에 우리의 명예를 걸어야 합니다. 세상에서는 어려움이 있으나 후에는 반드시 승리와 축복이 있으며 천국의 상속자들이기 때문입니다.

59. 하나님 안에서 자유한 자 (로마서6:15-23)

세상 사람들이 듣기에 껄끄러운 주제요 그리스도인들에게도 듣기에 유쾌하지 못한 죄에 대하여 말씀을 전하려고 합니다. 죄의 해결 없이는 영혼의 평안이 없습니다. 죄의 문제를 해결하지 않고는 올바른 길을 가지 못합니다. 죄의 문제를 해결 받지 못하고는 하나님께로부터 오는 축복을 기대할 수 없습니다. 죄는 인류 최대의 적입니다. 죄는 선하게 사는가 악하게 사는가의 도덕적인 문제를 넘어 섭니다. 생명에 관한 문제와 직결됩니다. 죄는 자유자로 살 것인가? 아니면 노예로 살 것인가? 를 정합니다.

예수님께서 이런 말씀을 하셨습니다. "너희가 내 말에 거하면 참으로 내 제자가 되고 진리를 알지니 진리가 너희를 자유케 하리라" (요8:31)

오늘 성경은 누가 우리의 주인인가를 묻고 있습니다. 이 말씀은 2000년 전 로마교회 교인들에게만 묻는 것이 아닙니다. 또한 누가 우리의 주인인가를 묻는 것은 우리들은 누구에게 속해 있는가에 대한 물음입니다. 사람들이 아무리 "내 인생은 나의 것"을 외쳐보아도 인생은 독립적인 존재일 수 없습니다.

우리 시대에 노예제도란 없습니다. 모두 자유인으로 태어납니다. 어느 누구도 다른 사람들을 강제하지 못합니다. 인권이라는 것이 있고 자유가 보장된 나라이며 헌법에도 행복추구권이라는 것도 있습니다. 그러나 이 같은 것은 표면적인 자유일 뿐입니다. 실상은 무엇엔가 매여살고 있습니다. 소유의 노예라는 말도 있습니다. 재물의 종으로 산다는 말이 됩니다. 재물을 위해서는 해서는 안 될 일도 마다하지 않는 현실입니다. 물질이 신이라는 말도 있습니다. 맘몬(mammon)이라고 부릅니다.

다음으로 쾌락의 노예도 있습니다. 높은 차원의 정신적인 즐거움이 아니라 육체적 쾌락을 위해서 살아가는 사람들입니다.

현대인들은 이런 저런 모양의 주인을 섬기고 살아갑니다. 그러나 분명한 것은 그와 같은 일은 죄로 인한 결과이며 인생에게 죄가 가장 두려운 존재임을 알아야 합니다. 세계 제2차 대전 말기에 일본 본토를 폭격하는 미국의 B 29 폭격기를 피해서 방공호로 달려가는 일본인들을 향해서 내촌감삼(Uchimura Ganzo)은 "미국의 폭격기를 두려워하지 말고 당신들 속에 있는 죄를 두려워하라"고 외쳤다고 합니다.

예수님의 전령인 세례 요한의 첫 번째 외침이 "회개하라 천국이 가까웠느니라"였으며, 오신 메시야 예수님의 첫 번째 메시지도 "회개하라 천국이 가까웠느니라"였습니다. 회개해야 하나님의 나라에 들어갈 수 있다는 말씀은 죄의 종에서 해방될 수 있다는 말씀입니다.

오늘 성경은 죄의 종으로서의 결과가 무엇인지 말씀하고 있습니다.

1. 죄의 종은 부끄럽고 더러운 생활을 하게 된다고 하셨습니다.

갈라디아서 5:19-21에 보면 죄의 지배 아래 있는 자들의 열매가 분명한 타락의 열매라고 했습니다. 그 삶은 하나님 나라를 유업으로 받을 수 없게 한다고 하셨습니다.

2. 그 마지막은 사망이라고 하셨습니다.

죄의 길이 자신들을 자유롭게 할 것으로 알았으나 필경은 멸망의 길입니다. 그러므로 성경은 거듭 말씀하셨습니다.(6:16, 21, 23) 죄의 삯은 사망이라고 하셨는데 삯이란 용병(傭兵)들의 급료로서 반드시 갚지 않으면 안 되는 필연성의 값을 말합니다. 죄는 사망으로 갚아야 한다는 말씀입니다.

그러나 하나님께서는 그리스도 예수 안에서의 새로운 한 법을 주셨습니다. 누구든지 예수 안에 있으면 새로운 피조물이 되며 죄에서 해방된다고 하셨습니다. 주인이 바뀌었다는 말씀입니다. 그렇지만 바뀌신 주인 하나님은 우리를 종으로 대우하지 않으시고 자녀로 삼으셨습니다. 그러므로 사도 바울은 "하나님께 감사하리로다"(6:17)라고 찬양하고 있습니다. 전에 비참한 죄의 종살이가 청산된 것에 대한 감사입니다. 전에는 의에 대하여 자유 했다고 했는데 그 말은 의로운 일을 이룰 수도 없었으며, 하는 일이란 사망에 이르는 것만 골라했다는 말씀입니다. 그러나 이제는 하나님의 부르심으로 예수 안에서 자유자가 되었다고 했습니다. 이보다 큰 복이 다시없다는 말씀입니다. 과거에는 노예였으나 이제는 자유인. 전에는 죄의 종이었으나 이제는 하나님의 자녀, 전에는 악함이었으나 이제는 거룩함. 전에는 부끄러움이었으나 이제는 심령의 평안함. 전에는 사망이었으나 이제는 영원한 생명이라고 하셨습니다. 성경은 이렇듯 그리스도 예수 안에 있는 이들의 행복에 대하여 말씀하고 있습니다. 그들을 하나님의 자녀라고 하셨습니다. 하나님의 사랑받는 사람들이라고 하셨습니다. 그들은 하나님의 법 안에서 자유, 참 자유를 누리는 사람들이라고 하셨습니다. 더 이상 죄가 억압치 못하는 사람들이라고 하셨습니다. 그들은 하늘나라의 영원한 생명이 준비되어 있는 사람들이라고 하셨습니다. 이 축복은 세상이 주는 어느 것과도 바꿀 수 없는 은혜입니다. 아무도 끊을 수 없는 사랑입니다. 그것이 그리스도인의 행복입니다. 자기 아들을 아끼지 아니하시고 우리를 위해서 주신 하나님의 은혜로 거저 받은 이 축복의 사람이 된 것을 감사하면서 살아가시기를 바랍니다.

60. 함께 계시는 하나님 (여호수아 1:1-9)

"종교성이 없는 사람들을 찾아보시오. 만약 찾아 발견한다면 그는 어느 정도 짐승에 가까워 있을 것입니다"라고 철학자 데이비드 흄(David Hume)은 말했습니다.

사람들은 모두 자기 나름대로의 신을 모시고 산다는 말이 옳은 것 같습니다. 어거스틴(Augustinus)은 사람들의 심령 속에는 하나님을 모셔야만 하는 공간이 있다고 했고 종교개혁자 칼빈(J. Calvin)은 어느 누구에게나 '종교의 씨앗'(sermen religionis)이 있다고 했습니다.

인생이라면 누구나 신에 대한 두려움을 가지고 있습니다. 그러나 우리가 믿는 여호와 하나님은 인간에게 두려움만 주는 신이 아닙니다. 인생의 어려움을 멀리서 지켜만 보는 하나님이 아닙니다. 성경이 말씀하시는 대로 은혜로우시며 자비하심이 자식을 대하시는 부모님 같으시다고 했습니다. 우리가 연약하여 주의 이름을 부르면 응답해 주시는 하나님 이십니다. 도움을 청하면 언제든지 도우실 준비가 되신 분입니다. 그래서 우리들은 하나님을 아버지라고 부르고 있습니다.

이처럼 전능하신 하나님이 두렵지 않으니까 신앙의 선조들은 하나님이 함께 계시는 것을 기쁨으로 생각하며 살았습니다. 또한 하나님께서 "내가 너와 함께 하겠다"는 말씀이 그리스도인에게는 최고의 축복이 됩니다.

하나님께서 인류를 지으신 목적도 사람들과 함께 계시기 위함이었습니다. 그런데 인간 편에서 하나님과 함께 있기를 거부하고 돌아올 수 없는 다리를 건넜습니다. 불순종으로 인한 죄악의 다리입니다. 은혜에 대한 배신입니다. 그러나 사랑의 하나님은 인간들에게 돌아올 다리를 놓으라고 하지 않으시고 직접 작업을 하셨습니다. 독생자 예수님을 보내주신 것입니다. 예수님을 보내시면서 그 별명을 임마누엘(Immanuel)이라고 이름 하셨습니다. 임마누엘은 하나님이 함께 계신다는 뜻입니다. 하나님께서 그 백성들과 함께 하시겠다는 약속입니다. 이 약속은 그 백성들에게 큰 능력이 됩니다.

이 약속을 믿는 사람들은 새로운 일들을 이루어 냈습니다. 갈 바를 알지 못하고 떠났었던 아브라함도, 멀리 이집트에 종으로 팔렸던 요셉도 결국 승리자의 삶을 살았습니다. 다윗은 이 약속을 믿고 "내가 주를 의뢰하고 적군에 달리며 내 하나님을 의지하고 성벽을 뛰어 넘나이다"고 했습니다.

오늘 본문을 요약하면 1) 모세가 죽었어도 하나님의 약속은 하나님께서 이루어 주시겠다. 2) 모세의 대를 잇는 여호수아야 너는 마음을 강하게 하고 담대해야 한다. 3) 하나님의 명령을 다 지켜 행하라. 좌로나 우로나 치우치지 말라. 그리하면 형통하리라. 4) 내가 너와 함께할 것이다. 특별히 본문 5절과 9절에 하나님께서 함께 하시겠다는 약속을 강조하고 계십니다.

하나님께서 함께하시겠다는 약속과 더불어 여호수아에게 명령하시는 "내 명령과 규례와 율법을 잘 지켜 행하라"고 하셨습니다. 그리하면 네게 어디로 가든지 무릇 무엇을 하든지 형통하리라고 하셨습니다. 형통은 잘되리라. 번영하리라는 뜻입니다.

하나님께서 함께 하신다는 약속을 온전히 믿는다면 우리는 다음과 같은 것들이 가능해집니다.

1. 불확실한 미래일지라도 확실성으로 전진할 수 있습니다.

모험을 할 수 있습니다. 고 유진오씨(전 신민당 당수)는 종교란 눈 가리고 낭떨어지기로 뛰어 내리는 것과 같다면서 신앙을 거부했으나 임종 직전에 그리스도인이 되어 세례 받고 세상을 떠났다고 전합니다. 『빵세』(*Penses*)로 유명한 프랑스의 브래이즈 파스칼(B. Pascal)은 예수 믿는 것은 이성으로 믿기기 않기에 오히려 하나님께 투자해야 한다고 했습니다. 믿기기 않는 부분이 있어도 하나님의 약속을 믿는다면 앞으로 나아갈 수 있습니다. 믿음은 바라는 것들의 실상이요 보지 못하는 것들의 증거라고 했습니다.(히11:1)

하나님께서 함께하심을 믿고 "너의 길을 여호와께 맡기라 저를 의지하면 저가 이루시고"(시37:5)는 말씀대로, 여호수아의 지휘를 받아 가나안을 들어갔던 이스라엘처럼 오늘날 우리도 그 같은 모험으로 승리할 수 있다고 확신합니다. 아브라함은 이 약속을 믿고서 갈 바를 알지 못하지만 떠났습니다. 불확실한 내일이지만 소망으로 떠났던 것입니다.

**2. 하나님께서 함께하신다는 사실을 믿는다면 우리에게는 참된 소
   망이 있는 것입니다.**

사람들의 말도 그 사람이 믿을 수 있는 분이라면 소망의 말이 됩니다. 하물며 전능하신 하나님의 말씀이겠습니까? 믿음은 바라보는 것이기도 합니다. 젊은이들은 야망을 품어야 합니다. 비전을 새롭게 해야 합니다. 천국의 소망과 이 땅에서 하나님께서 이루게 해주실 소망을 날로 새롭게 해야 합니다. 여호수아의 승리는 3,400년 전의 이야기만이 아닙니다. 오늘도 여호수아처럼 하나님의 약속을 믿는 이들에게 동일한 역사를 약속하시는 말씀입니다.

3. 하나님께서 함께 하시면 우리는 이미 승리한 것으로 믿어야 합니다.

이겨놓고 싸운다는 이야기가 있습니다. 주님과 함께하는 일에 있어서 실패라는 말이 성립 될 수 없습니다. 연약해 보여도 다윗이 골리앗을 이겼던 것처럼, 초대교회가 로마의 온갖 박해 중에서도 결국 로마를 기독교 국가로 만들었던 것처럼, 여호수아 지도 하에 이스라엘처럼 오늘도 우리 삶의 어려움이 있어도 승리할 것을 굳게 믿고 가시기 바랍니다.

오늘도 삶의 싸움터, 생존경쟁 중에 있는 우리들에게 하나님은 동일한 축복의 말씀을 주십니다. "내가 너와 함께 할 것이다!"

61. 거룩한 열심 (여호수아 14:6-15)

발명가 에디슨(Edison)의 이야기를 하나 먼저 소개하려고 합니다. 그는 지금 우리가 사용하고 있는 전구를 비롯하여 2,000가지를 발명한 노력파 천재입니다. 그는 크리스마스 날에 결혼식을 올렸다고 합니다. 신부는 19살로 에디슨의 공장에서 일하는 유년주일학교 교사인 메리 스틸웰(M. Stilwell)이라는 여성이었습니다. 결혼식후 피로연이 열리는 자리에서 에디슨이 빠져나갔습니다. 밤이 되도록 돌아오지 않는 신랑을 찾아 신부 아버지가 나섰습니다.

결국 그의 실험실에서 실험에 열중인 에디슨을 향하여 "지금은 연구도 중요하지만 집으로 가는 것이 좋겠네" 라고 말하자 에디슨의 말이 "할 일이 너무 밀려서 오늘은 집에 갈 수가 없겠습니다" 라고 했다고 합니다. 장인이 어이없어서 "아무리 일이 밀렸어도 그렇지 자네 오늘 내 딸과 결혼을 하지 않았나, 그리고 오늘 저녁에 신혼여행을 떠나기로 되어 있지 않았던가". 그제야 정신이 들은 에디슨은 "아 참 오늘 내가 결혼했지"라고 하면서 일어서더라는 것입니다. 그 같은 열심 때문에 인류역사상 가장 훌륭한 발명가가 되었다고 생각합니다.

열심이 일을 이룹니다. 자동차 왕이라고 불리 우는 헨리 포드(H. Ford)의 열심 또한 대단한 것으로 전해옵니다. 그는 잠을 잘 때도 손전등과 필기구를 머리맡에 놓고 잠을 잤다고 합니다. 영감이 떠오르면 놓치지 않고 메모하기 위함이라고 합니다.

게으르거나 나태하거나 일을 손에 꽉 잡지 않는다면 성공할 수 없습니다. 세상의 일만이 아니라 하나님의 일도 열심 있는 사람들을 통해서 이루어집니다. 하나님께서는 열심 있는 사람들을 중용(重用)하십니다. 우리가 하나님 앞에서 성공적인 사람이 되려면 열심 있는 신앙인이 되어야 할 것입니다.

그 같은 신앙 성공의 비결은 갈렙에게서 배울 수 있습니다. 먼저 갈렙의 인물됨을 살펴봅시다.

1. 갈렙은 여호수아와 함께 모세의 충성스러운 일꾼이었습니다.

이스라엘의 12지파의 후손이 아니라 그니스 족속의 사람이었습니다. 그럼에도 불구하고 12명의 정탐꾼 중에 한 사람이 되었다는 것은 그가 얼마나 인정받는 사람이었는가를 알 수 있습니다. 정탐꾼은 이스라엘 12지파에서 1명씩 추천을 받은 사람이었습니다.

2. 갈렙의 신앙은 하나님의 말씀을 온전히 믿고 따른 신앙입니다.

하나님께서 말씀하시면 반드시 이루어진다는 확신이 있었습니다. 환경에 따라서 변하는 신앙이 아니라 환경을 넘어서는 신앙입니다. 다수를 따라서 변하는 것이 아니라 하나님의 말씀만이 절대적이라고 믿는 신앙입니다. 그러므로 하나님의 약속을 받은 지 45년이 지난 후에도 그 약속을 굳게 잡은 결과 헤브론 산지를 얻을 수 있었던 것입니다.

3. 갈렙의 신앙은 사람들에게 희망을 주게 되었습니다.

10명의 정탐꾼은 백성들의 마음을 녹게 했고 낙담하게 했으나 여호수아와 함께 갈렙은 희망을 말했습니다. 할 수 있다는 믿음을 말했습니다. 하나님께서 함께하시면 능치 못함이 없다는 믿음입니다.

성경은 갈렙의 믿음의 역사로 인하여 그 땅에 전쟁이 그쳤다고 했습니다. 열심 있는 신앙인 갈렙은 하나님의 약속이 자신의 나이를 넘어설 수 있다는 믿음이 있었습니다. 그는 하나님의 약속으로 자신의 나이를 잊었습니다. 85세이지만 45년 전에 40세의 나이와 같다고 여겼습니다. 하나님의 약속을 이루려는 열심이 나이를 잊게 했습니다.

성경에서 성공한 신앙인들을 보면 한결같이 하나님의 말씀을 굳게 믿고 그 맡겨진 사명을 다 하려는 열성을 지닌 사람들이었음을 알 수 있습니다. 이것을 우리는 '거룩한 열심'(Pia desideria)이라고 부르기로 합니다. 하나님은 이 거룩한 열심을 기뻐하십니다. 하나님은 전능하신 하나님이시지만 사람들에게 원하시는 것은 믿음과 성결 그리고 거룩한 열심이라고 믿습니다. 거룩한 열심은 삶의 우선순위를 하나님께 두며, 하나님의 약속을 따라서 그의 나라와 그의 영광을 먼저 구하는 사람들입니다. 가장 소중한 것이 하나님의 일이라는 사실을 분명히 하는 사람들입니다.

스티븐 코비(Steven Covey)는 『성공하는 사람들의 7가지 습관』이라는 책에서 성공하는 사람들은 소중한 것부터 먼저 한다고 했습니다. 일의 우선순위를 정하되 소중한 것부터 먼저 하라는 말입니다. 그리스도인인 우리에게 가장 소중한 것이 무엇입니까? 하나님의 약속을 믿고 행하는 하나님의 영광된 일이 아니겠습니까? 그 일을 위한 열심, 그 거룩한 열심, 그 삶의 태도가 성공을 가져옵니다.

노아의 성공적인 삶도 그 같은 거룩한 열심에 기인한 것임을 알 수 있습니다.

다윗의 성공적인 삶도 거룩한 열심에 있었다는 것을 알 수 있습니다. 먼저는 자신에게 맡겨진 양치는 일에 대한 열심, 외적의 침입에서 나라를 구하려는 전쟁에서의 열심, 또한 모든 것 위에 하나님의 영광을 위한 열심 때문에 하나님 앞에서 성공적인 신앙인이 되었습니다.

유대인 모르드게와 에스더의 목숨 건 거룩한 열심은 멸망이 경각에 달려 있던 유대민족을 위기에서 구했습니다.

역사상 가장 위대한 전도자요 신학자로 일컬어지는 사도 바울의 거룩한 열심은 "사나 죽으나 주의 것이로다" 라는 고백에서 알 수 있습니다.

열심 있는 신앙인, 주를 위한 거룩한 열심을 품은 사람들만이 주의 역사를 이루어 갑니다.

62. 천국시민권을 지닌 사람들 (빌립보서3:17-21)

오늘날 우리나라는 경제적인 어려움으로 인하여 신용불량자가 경제 인구의 1/10에 이르는 현실입니다. 미래 희망을 찾아 외국으로 떠나는 사람들이 늘어납니다. 1960년대 70년대 서독으로 떠났던 간호사들처럼 미국으로 간호사들이 많이 나가고 있다고 합니다. 멕시코 국경에는 연간 수십만 명의 사람들이 미국으로 밀입국하기 위해 목숨을 걸고 국경을 넘는다고 합니다. 더 나은 환경의 나라를 찾아서, 그 나라의 시민권을 얻으려고 애쓰는 것입니다. 지금 미국 시민권이 있으면 국제 사회에서 가슴을 펴고 지냅니다.

지금부터 약 1900년 전 초기 기독교시절에 로마라는 나라의 시민권이 큰 힘을 발휘했었습니다. 시민권의 위력은 오늘날 우리나라 국회의원이 누리는 수준의 특혜였습니다.

현행범이 아니면 체포되거나 구금되지 않으며, 법에 의하지 않고는 구속되지 않으며, 로마 황제에게 직접 재판을 받을 특권이 있었다고 합니다. 또한 사형에 해당하는 죄인이라도 십자가 처형은 면한다고 합니다.

그러므로 로마 영토 내에 거주하는 사람들이라면 누구나 로마시민권을 얻으려고 애썼다는 기록이 있습니다. 바울을 심문하던 천부

장도 바울에게 "네가 로마 시민이냐 나는 이것을 얻으려고 돈을 많이 주었다"고 했으나 바울은 "나는 나면서부터 로마 시민이다"라고 대답했습니다.

오늘 성경은 이처럼 자랑스럽고 특권이 있는 로마 시민권을 귀히 여기는 빌립보 교인들을 향하여 "오직 우리의 시민권은 하늘에 있는지라"고 말씀합니다. 빌립보는 로마의 영토로서 로마호적에 등록된 것을 자랑으로 여기며, 로마의 옷을 입고 로마 말을 사용하고, 로마 법을 지켜 로마권력에 보호를 받으며, 로마 황제를 주인으로 섬기고 사는 것을 자랑으로 여기던 사람들을 향하여 우리의 시민권이 하늘에 있다고 선언한 것입니다.

사도 바울은 천국시민권의 우월성에 대해서 설명할 때에 땅에 있는 시민권과 비교하고 있습니다. 땅에 있는 시민권, 로마의 시민권의 유익이 무엇이냐고 묻습니다. 로마 시민권이 가져다주는 유익이 과연 땅의 한계를 벗어 날 수 있느냐는 것입니다. 아무리 로마의 시민권을 소유했다고 해도 땅의 천한 가치관으로 살아가는 것뿐이면 그 결국은 멸망인 것 외에 다른 것이 아니라는 말씀입니다. 그러나 하늘의 시민권은 세상의 모든 것이 끝나는 때에도 하늘의 구원이 있다고 하십니다. 육체의 멸망으로 모든 희망이 사라지는 것이 아니라 영광의 천국을 허락하신다는 말씀입니다. 우리의 몸은 비록 그 재료가 흙이며 흙에서 나는 산물을 먹고 살며 흙 위를 걸어 다니다가 죽어서 흙에 묻히는 것으로 모든 것이 끝나는 것이 아니라 이 낮고 천한 몸을 그리스도의 영광의 몸처럼 영화롭게 변화시켜 주신다는 약속이 천국시민권자들에게 주어진다는 말씀입니다. 하늘 호적, 생명책에 그 이름이 기록되어 있으며 이 땅에서도 하나님의 보호하심으로 살아가는 천국시민권자들이야 말로 가장 축복된 사람들인 것을 분명히 믿으며 살아야 할 줄 믿습니다.

그러나 우리는 가끔 이 같은 하나님의 크신 은혜로 주어진 천국시민권을 없는 것처럼 살아갈 때가 있습니다. 하늘나라의 백성임을 까맣게 잊고서 세상적인 가치관에 따라서 웃기도 하고 때론 울기도 합니다.

우리는 우리의 신분의식(身分意識), 정체성을 분명히 해야 합니다.(요1:12, 빌4:20)

천국시민권이 있는 사람들에게도 지난(至難)한 삶의 문제는 있습니다. 그것은 우리가 여전히 이 땅에 살고 있기 때문입니다. 땅의 요구와 하늘의 요구가 다르기 때문입니다. 땅의 법칙과 하늘의 법칙이 부딪치는 일이 있기 때문입니다. 하늘의 법칙으로 살려면 이 땅에서 손해가 있을 것이라는 생각 때문입니다. 그러나 두 개의 시민권이 있는 이들은 하늘의 법을 우선해야 합니다.

다음으로 세속에 물들지 않도록 거룩하게 사는 것이 천국시민권이 있는 이들의 의무입니다. 땅의 시민권이 있는 사람들은 속된 것을 추구한다고 했으나(빌3:19) 천국시민권자들은 주의 거룩하심을 따라 가야 합니다.(레11:44) 두 개의 시민권, 각기 다른 가치관이 부딪칠 때에 로마서 12:2의 말씀 따라서 살아야 합니다.

함부로 살 수 없는 하나님의 자녀로 천국을 바라보며 축복된 순례자로서 소망 중에 즐거워하는 사람들이 되어야 할 것입니다.

지금은 모두 같이 땅 위에서 살아가지만 종착역이 다름을 알고 존귀한 신분의식을 지닌 사람들로 살아가시기를 축원합니다.

Bibliography

· Audi, Robert, *The Cambridge Dictionary of Philosophy*, Cambridge; Cambridge Univ. Press. 1995

· Augustinus, A, *De Civitate Dei*, Eds,P.Subiaco and J.E.C, Welldon, 2vols, London, 1924, Harmondsworth,1972.

· Barth, Karl, *Die Theologie und die Kirche*, Münich 1936, E/T, Oxford, 1979.

· Bonhoeffer,D, *The Cost of Discipleship*, N.Y,Collier 1984.

· Brunner, Emil, *Das Gebot und die Ordnungen*, Tübingen 1932, The *Divine Imperative*, London 1937, St. Louis 1978.

· Calvin, John, *Institutio Christianae Religionis, Opera Selecta*, P. Barth. W.Niesel,Eds,Munich, 1926-36

· Carr, E.H, *What is History?* London : SPCK, 1978

· Dawson, Christopher, *"The Six Ages of the Church" Christianity and European Culture*, ed, G. J, Russello, Washington, 1998.

· Erickson, M.J, *Truth of Consequences-The Promise and Perils of Postmodernism* IL:Inter Varsity, 2001

· Flew, Anthony, *Hume's Philosophy of Belief : A Study of His first Inquiry,* Oxford, 1961

· Flew, Anthony, *David Hume, Philosopher of Moral Science,* Cambridge, 1986

· Foster, R.J. *The Celebration of Disciple,* San Francisco, Harper and Row, 1978

· Gibbon, Edward, *The Decline and Fall of the Roman Empire*, N.Y: Harcourt, Brace and Co, 1960.

· Iggers, G.J.M. Powell,(eds.), *Leopold Von Ranke and the Shaping of the*

Historical Discipline, N.Y: Syracuse, 1990.

· Kaufmann,W,Ed. *The Portable Nietzsche*, N.Y: Penguin, 1982

· Küng, Hans, *Projekt Weltethos*, Müunchen, R.Piper Gmbh and Ro, 1990.

· Lafuma, L. *Pascal's Pensees*, E/T by A.J, Krailsheimer Penguin
Classics, 1976.

· Lewis, C.S, *Christian Reflections*, Edinburgh: T and T Clark, 1967

· Lewis, C.S, *The Abolition of Man*, N.Y; Collier, 1986

· Luther, Martin, BornKamm, H, *Martin Luther in der Mittes Seines
Leben*, Gottingen, 1979, E/T, 1983, T&T Clark.

· Markus, R.A, *Saeculum : History and Society in the Theology of St,
Augustinus*, Cambridge, 1972

· Mouw, Richard. J, *Uncommon Decency*, IL: Inter-varsity.2006

· Mouw, Richard. J, *Consulting the Faithful : What Christian Intellectuals can
Learn from Popular Religion*, MI: Eerdmans,1994.

· Nietzsche,F.W, *Also Sprach Zarathustra*, (1883-1891),
Leipzig, *Thus Spake Zarathustra*, 1974, London.

· Peterson,Eugene H, *Christ Plays in Ten Thousand Place: A
Conversation in Spriritual Theology*, MT: Lakeside, 2005.

· Postman, Neal, *Amusing Ourselves to Death*, N.Y. Penguin, 1985

· Ranke, Leopold. Von, *Deutsche Geschichte im zeitalter der
Reformation*, (6,vols) 1839-1847, Münich, 1964.

· Robert,D.D *Benedetto Croce and the Use of Historicism*, CA:
Berkeley, 1987

· Schaeffer, Francis. A, *Now How Should We then Live*, MI: Eerdmans,
1986

· Strobel, Lee, *Inside the Mind of Unchurched Harry and Mary*, MI:
Zondervan, 1993

· Toynbee, A.J, *Study of History,* Vol. Ⅰ, Oxford, Oxford Univ. Press, 1974
· Valadier, *Nietzsche et la Critique la Christianisme,* E/T. H.W,
   Reichert, Univ of N.Caroliana Studies. 1968.
· Wachtel,A, *Beitrage Zur Geschichtstheologie des Aurelius Augustinus,*
   Bonner Historische Forschungen, 1960.
· Warfield,B.B, *Calvin and Calvinism,* N,J: Presbyterian and
   Reformed, 1981
· George Barna, "Morality Continues to Decay" Nov,03,2003,
   <www.Barna.org/cgibin/pagepressrelease.
   asp?pressreleaseID=152&reference=n>
· 　　　*論語,* 서울, 광문출판사, 1969.
· 金富軾, *三國史記,* 서울, 을유문화사, 1977.
· 一然, *三國遺事,* 서울, 을유문화사, 1994.
· 새무엘 스마일즈, 인격론, 서울, 21세기북스, 2005.
· 신채호, 조선상고사, 서울, 일신서출판, 1998.
· 徐連達외 2인, 중국통사, 서울, 청년사, 1989.
· 邊太燮, *韓國史通論,* 서울, 三英社, 1986.
· 鮮宇基聖, *韓國靑年運動史,* 서울 금문사, 1976.

Websites

· http://cafe.daum.net/clunanti
· http://www.antichrist.or.kr/index2.php
· http://gall.dcinside.com/list.php?od=religion
· http://cafe.daum.net/chiwoo
· http://www.antiesu.net
· http://www.antinews.or.kr